111 Gründe, Ihr Kind auf den Mond zu schießen
(und noch mehr, es nicht zu tun)

Martin Klein

111 GRÜNDE, IHR KIND AUF DEN MOND ZU SCHIESSEN

(UND NOCH MEHR, ES NICHT ZU TUN)

Wie Sie entspannt bleiben und die ersten Jahre mit den kleinen Nervensägen mehr oder weniger gut gelaunt überstehen

✦

Mit Illustrationen von Jana Moskito

SCHWARZKOPF & SCHWARZKOPF

zum Himmel stinkt – Weil sie quälen, was sie lieben – Weil sie Teil des Patchwork-Schwindels sind – Weil Eifersucht vorm Laufstall nicht haltmacht – Weil der erste Zahn immer der schwerste ist – Weil die Warum-Frage nicht zu beantworten ist

4. IMAGE-GAU DANK FALSCHER KINDERWAGEN
Seite 81

Weil Pink stinkt – Weil Rutschautos lauter sind als Starfighter – Weil Laufräder Höllenmaschinen sind – Weil Warnwesten nicht nur hässlich sind – Weil Luxuskarossen im Hausflur parken – Weil man sie jetzt nicht einmal mehr anbrüllen darf – Weil Jugendherbergen zu Wellness-Resorts verkommen – Weil sie der Werbung liebstes Kind sind – Weil sie nicht mehr arbeiten gehen – Weil es keine Fotos von ihnen gibt – Weil Gästekinder alles kaputt machen

5. DER KINDERGARTEN IST KEIN KINDERGARTEN
Seite 105

Weil Kindergärtnerinnen Profis sind und wir nicht – Weil Baby-Baden jeden nass macht – Weil Freundebücher nicht nur Freude machen – Weil beim Zähneputzen Schaumteppiche verlegt werden – Weil sie Pucki, Fluppi und Killer Dog überleben – Weil der Negerkönig aus dem Taka-Tuka-Land verbannt wurde – Weil Lob in Überdosen zur Droge wird – Weil Grimms Grausamkeiten nicht enden wollen – Weil sie immer ins Schwimmerbecken wollen – Weil Kindergeburtstage kein Kindergeburtstag sind – Weil sie nicht merken, wenn sie erfrieren

6. WENN DIE NANNY WEINEN MUSS
Seite 129

Weil sie es nie gewesen sind – Weil gute Babysitter lieb (und teuer!) sind – Weil sie keiner leiden kann – Weil gesund das Gegenteil von lecker ist – Weil sie den Rücken ruinieren – Weil Tagesmutti die Beste ist – Weil der Zappelphilipp abgeschafft wurde – Weil Schlechtschreibung die Schwester der Rechtschreibung ist – Weil Super Nanny weiß, wie es nicht geht – Weil Jungs nur spielen wollen – Weil Tiger-Mütter auch stumpfe Krallen haben

Weil sie einem den Schlaf rauben – Weil sie extrem laut und unglaublich nah sind – Weil Vorlesen müde macht, besonders den Vorleser – Weil alle Wege zur Coke führen – Weil es zu oft zu gut geht – Weil immer noch 30 Prozent bleiben – Weil sie im Schlaf lernen und wir nicht – Weil sie eben nicht jung halten – Weil jedes Kind schlafen lernen kann, aber selten sofort – Weil sie genau dazwischenliegen – Weil sie böse sind

Weil Quengelware den Tatbestand der Nötigung erfüllt – Weil Hochbegabung zur Epidemie geworden ist – Weil sie immer spielen wollen, wenn's gar nicht passt – Weil jetzt schon Tapeten tätowiert werden – Weil ganze Freundschaften im Elternloch verschwinden – Weil sie Reisekassen abfackeln – Weil Kinder für ihre Eltern haften – Weil sich der Qualm verzogen hat – Weil es keine wilden Spielplätze mehr gibt – Weil ich nicht alles teilen will – Weil Weihnachten der Baum brennt

Weil sie beim Geschwisterchenmachen stören – Weil keins besser als eins ist und fünf so gut wie zwei – Weil Watte harter Stoff ist – Weil Quality Time eine Selbsttäuschung ist – Weil Arschlochkinder Konjunktur haben – Weil sie allesamt Papakinder sind – Weil man nicht noch mal durch die Pubertät will – Weil sie einen rasend vor Eifersucht machen – Weil das Sandmännchen zum

Sensenmännchen schweigt – Weil sich die Bild-Zeitung um mein Sexleben sorgt – Weil sie immer zum falschen Zeitpunkt kommen

10. NICHT FÜR DIE SCHULE, FÜR DIE LEHRER LERNEN WIR
Seite 227

Weil Schluss ist mit lustig – Weil sie die Sprache zerstören – Weil das Fernsehgerät der beste Freund ist – Weil weiterführende Schulen gern in die Irre führen – Weil sie Eltern zu Hubschraubern machen – Weil BRF die Fotoalben verseucht – Weil Charles Bronson nichts gegen Mobbing ausrichten kann – Weil Schuleschwänzen illegal, aber legitim ist – Weil Kettenbriefe nicht aufhören zu nerven – Weil noch immer der PISA-Schock schockt – Weil die Einschulung eine Pein ist – Weil der Sack zu ist

1

EINE SCHWANGERSCHAFT IST KEIN RUBBELLOS

Weil man nie aufhört, Vater zu werden

Was Sie hier in den Händen halten, sind 111 Notizen eines werdenden Vaters. Werdenden Vaters? Ist etwa schon wieder was unterwegs?! Haha, nix da, niemals, never ever. Siehe Kapitel 111. Ich bin werdender Vater, weil es nie aufhört, so lange die Kinder Kinder sind. Ich bin ja noch nicht fertig. Ich weiß immer noch nicht, wie das geht, das mit der idealen Erziehung. Manchmal klappt alles, manchmal nichts. Die meiste Zeit liege ich dazwischen. Ein weiser Vater und Erziehungswissenschaftler hat mal gesagt: »Bis man wirklich gut ist im Erziehen, muss man mindestens vier Kinder haben.«[1] So weit, siehe Kapitel 111, wird es bei mir nicht kommen.

Ich habe zwei Töchter. Jeden Tag. Ich bin verliebt in sie wie damals in der dritten Klasse in Stefanie oder Gabi und in meine Grundschullehrerin. Alles kribbelt und ist schön. Ich komme nach Hause und noch bevor ich durch die Tür trete, habe ich das Gefühl, mir wird eine unsichtbare Heizdecke umgelegt. Doch kaum habe ich die Tür hinter mir geschlossen, könnte ich die Kinder auf den Mond schießen. Weil sie gar nicht lieb auf der Küchenbank sitzen, mich anhimmeln und applaudieren, nur weil ich da bin, meine Schuhe ausziehe und mein Handytelefonat fast beendet habe. Sie sprechen auch nicht meine sehnlichsten Wünsche aus und sagen Sachen wie: »Bestimmt möchtest du jetzt erst einmal deine Ruhe haben, hier ist deine Zeitung und im Kühlschrank wartet ein gekühltes Bier auf dich, Vater.« Nein, sie sind fordernd, sie sind laut. Sie schimpfen mit mir, obwohl sie eigentlich gerade Krach mit ihrer Mutter haben, die zufällig auch meine Frau ist und die ich jetzt gerne erst mal küssen würde. Doch dazu komme ich gar nicht, weil mir meine Jüngste von hinten einen Puppenwagen in die Hacken rammt und die Größere wissen will, ob ich wenigstens an die gewünschte DVD gedacht hätte, an die ich blöderweise *nicht* gedacht habe. Die Vorfreude auf einen entspannten Feierabend, an dem jeder ruhig und mit gerecht verteilten Redeanteilen von seinem Tag erzählt, während wir gepflegt Abendbrot essen wie einst die Buddenbrocks, bricht in wenigen Sekunden im größten anzunehmenden Chaos zusammen.

Vor 30 Jahren hat der Monty-Python-Komiker John Cleese zusammen mit dem Psychotherapeuten Robin Skynner ein Buch geschrieben mit dem wunderbaren Titel *Families and How to Survive Them*. Ins Deutsche wurde es leider etwas doof übersetzt mit *Familie sein dagegen sehr*[2] statt *Familien und wie man sie überlebt*. Darin steht ein kluger Satz über das Kinder-Eltern-Ding: »Eltern sollten verstehen, dass ihre Kinder überwiegend anderer Meinung sind und ihre Eltern als Tyrannen, als diktatorische Geistesgestörte ansehen.« Aber wenn schon nicht unsere Kinder, dann sollten wenigstens *wir* vollstes Verständnis für *uns* haben, und es wie die Moderatorin und Autorin Amelie Fried halten, die einmal ganz richtig sagte: »Es ist normal, wenn Sie gelegentlich Lust haben, Ihre Kinder aus dem Fenster zu werfen. Es ist nicht normal, wenn Sie es tun!«[3] Denn, das wurde mir immer klarer beim Aufschreiben dieser 111 Gründe, wir haben es immer in der Hand, das Fenster geschlossen zu lassen oder den Countdown für die Mondrakete rechtzeitig abzubrechen. Na ja, nicht immer. Aber manchmal bis meistens. Ich hätte beim Nachhausekommen mein Handytelefonat ja beenden können, bevor ich in der Tür stehe. Ich hätte auch erst mal auf die Kinder eingehen und dann meine Frau küssen können. Ich hätte also nicht sofort Teil der großen Chaos-Party werden müssen.

Es gibt also nicht nur 111 und mehr Gründe, Kinder auf den Mond zu schießen. Es gibt noch sehr viel mehr, es nicht zu tun. Was kann ein Kind dafür, (m)ein Kind zu sein? Vor allem, wenn ich selbst in vielen Situationen nicht erwachsen reagiere. Also nehme ich mir vor, es beim nächsten Mal besser zu machen. Das klappt nicht immer …

2. GRUND

Weil sie es nicht leicht machen, eine Familie zu gründen

Zwischen Geld und Geschlechtsverkehr besteht zwar im Bordell ein Zusammenhang, aber nicht, wenn's ums Kinderkriegen geht. Da ist Geld eher selten ein Anreiz für die Beteiligten, wie zuletzt das Elterngeld gezeigt hat. 2007 ging's damit los in Deutschland, doch der politische Wunsch, junge Eltern ohne Verhüterei ins Bett zu schicken, erfüllte sich nicht. Die Geburtenrate der Republik verharrt bei 1,4 Stück. (Man darf doch bei so einer krummen Statistik-Zahl von Stück sprechen?) Es wären aber 2,1 Stück (oder Kinder) pro Frau nötig, um die Bevölkerung stabil zu halten. Doch dieser statistische Druck scheint ebenso wenig stimulierend zu sein wie das Scheckbuch des Familienministeriums. Wenn also schon nicht für Kohle, wofür machen Menschen dann Kinder? Immerhin sagten 85 Prozent in einer Umfrage des Bundesinstituts für Bevölkerungsforschung, dass es wichtig sei, eigene Kinder zu haben.[4] Auf die einfache Frage »Warum?« antworteten die meisten mit dem Satz: »Weil durch sie das Leben bunter und vielfältiger wird.« Sehr populär war auch eine Antwort der Sorte Basta: »Das war immer schon so und wird auch immer so bleiben!« Wörtlich lautete die Antwort, dass Kinder einfach zum Leben dazugehören. Angst vor Einsamkeit im Alter ist auch eine Motivation, die Pille mal wegzulassen. Viele gehen auch über das Alter hinaus bis zum Friedhof: Die Hälfte der Befragten freut sich jetzt schon, in ihren Kindern über den eigenen Tod hinaus weiterzuleben. Noch ein Grund, wahrscheinlich der heikelste, weil nicht unbedingt richtigste: weil Kinder eine Beziehung stabiler machen. Ich jedenfalls habe im erweiterten Bekanntenkreis oft das Gegenteil erleben können. Sobald es hieß, in dieser kritischen Situation kann uns nur noch ein Kind wieder vereinen, war die Trennung besiegelt, und das Neugeborene wunderte sich, dass man es offenbar mit Zement verwechselt hatte.

Geld kommt dann doch noch am Rande ins Spiel. Aber nicht in dem Sinn, dass irgendwer der Meinung ist, dass Kinder reich machen (in finanzieller Hinsicht), auch nicht in dem Sinne, dass sie mal die Altersversorgung sichern. So wie früher, als die Söhne und Töchter schön Geld abdrücken mussten, solange sie ihre Füße unter »seinen« Tisch stellten, und auch später die Versorgung der alten Eltern gewährleisteten. Nein, bei der Umfrage war's umgekehrt: Eben weil von eigenen Kindern kein Geld erwartet wurde, große Kosten aber allemal, waren um die 80 Prozent der Befragten der Meinung, es müsse genügend Geld da sein, bevor man das Kondom in der Packung lässt und sich auf das unbekannte Abenteuer Familie einlässt. Da genügend Geld aber eigentlich nie da ist, es könnten ja immer gerne ein paar Cent mehr sein, und da kein König und keine Kanzlerin sich auf ein bedingungsloses Grundeinkommen einlassen wollen (sagen wir je 1.000 Kröten für die Eltern und 500 für jedes Kind), bleibt's in der eigenen Verantwortung. Bleibt es ein Abenteuer, auch finanziell.

Weil der Stress ultrafrüh beginnt

Wer mich richtig in die Bredouille bringen will, zeigt mir eine Ultraschallaufnahme und fragt: »Süß, oder?« Für mich sieht jede Ultraschallaufnahme aus wie die Satellitenaufnahme eines tropischen Wirbelsturms. Ich erkenne leider gar nichts, geschweige denn etwas Süßes. »Ja, aber …«, heißt es dann vom fassungslosen Gegenüber, meistens die werdende Mutter – manchmal haben auch stolze Väter in spe ein zerknittertes Ultraschallbild von ihrem Erben zwischen Dauerkarte und Fahrzeugschein im Portemonnaie stecken –, »ja, aber hier sieht man doch ganz deutlich die Nase! Und das hier ist das Füßchen, allerdings ein klein wenig verdeckt hinterm Popo.« Man ist ja nicht so und weiß um den Stolz und die Glückshormone werdender Eltern, also wird pflichtschuldig geantwortet: »Ach, jetzt sehe ich's auch! Donnerwetter, dann muss das hier der Pipimann sein!« – »Nein, es wird ein Mädchen, das ist ein Finger.«

Ich gehöre leider nicht zu den Profi-Eltern, die diese verwaschenen Schwarz-Weiß-Bilder lesen können wie Kunststudenten Rembrandts *Nachtwache*. Mir ist es nicht vergönnt, behaupten zu können, dass ja klar und deutlich die Müller- oder Schmitz-Linie zu erkennen ist, dass die Kopfform ja »eindeutig« nach dem Vater komme, dass man »jetzt schon« einen lebhaften Charakter ganz klar sehen könne. Ich kann immer nur versuchen, die Situation irgendwie zu retten: »Auf alle Fälle ist es ein richtig schöner Embryo!« – »Es ist kein Embryo«, lautet resigniert die Antwort, »es ist ein Fötus, ich bin bereits in der elften SSW.«

Richtig, wir sagen ja SSW und nicht Schwangerschaftswoche, wir sagen ja auch PND und niemals Pränataldiagnostik. Denn wir sind jetzt hauptberuflich schwanger, und neun Monate lang kann uns kein Gynäkologe etwas vormachen, so gut, wie wir uns informiert haben. Wenn der Frauenarzt eine Fachfrage hat, wir helfen ihm jederzeit gern!

Seit Ende der 1970er ist die Sonografie mehr und mehr zum Standard bei den Schwangerschaftsuntersuchungen geworden. Hauptzweck ist, zu erkennen, ob alles tipptopp läuft im immer dicker werdenden Bauch. Das beinhaltet die Möglichkeit, dass festgestellt wird, dass es *nicht* gut läuft, sich eine Erkrankung oder Behinderung abzeichnet. Das bringt unweigerlich die Frage mit sich: Was tun, wenn …? Auch meine Frau hat sich und mir diese Frage im Wartezimmer vor den wichtigen Arztterminen gestellt. Ich habe sehr männlich reagiert – mit Verdrängen und Vertagen. Hätte eine Untersuchung vielleicht Hinweise aufs Downsyndrom ergeben, ich hätte erst dann entscheiden wollen, was wir tun würden. Vorher wollte ich mir nicht den Kopf zerbrechen über einen Plan B für den Fall X. Denn es ist eine prekäre Situation. Konfrontiert mit der Nachricht, ein behindertes Kind zu bekommen, kann man sich für einen Schwangerschaftsabbruch entscheiden – das kann die richtige Entscheidung sein, aber auch eine, die man später bitter bereuen wird. Und man kann sich entscheiden, das behinderte Kind zu bekommen, um später unter Umständen festzustellen, dass man den Konsequenzen nicht gewachsen ist und sich und dem Kind nicht gerecht wird.

Wir wurden glücklicherweise nur vor die Frage gestellt, ob wir wissen wollen, was es wird. Meine Antwort »Das wissen wir doch, ein Baby!« war zu vorschnell. Es ging natürlich um die Frage, ob's ein Mädchen wird oder was Vernünftiges.

Weil Namen Körperverletzung sein können

Erika-Cheyenne, Elvis-Jesus-Lutz, Jihad-Pumuckl. Petra-Penelope, Chin-Chin Champain … es gibt Kindernamen, die gehören verboten. Und den Behörden und den Gerichten sei gedankt, sie sind es auch! In meiner Grundschule hießen alle Jungs Christian, Andreas, Michael und Martin, die Mädchen wurden auf Stefanie, Claudia, Kerstin und Andrea getauft. Für Doppelnamen hatten die Eltern schon mal überhaupt keine Zeit, sie sparten fürs Eigenheim oder einen neuen Opel Kadett. Gefragt, warum sie mir diesen Vornamen gegeben haben, wo ich doch schon mit meinem Nachnamen gestraft genug bin, lautete die Antwort meiner Mutter: »Ich fand den Namen schön!« Ich weiß nicht warum, ich weiß auch nicht, wer im früheren Leben meiner Mutter so hieß, mein Vater jedenfalls nicht. Den ich komischerweise nie gefragt habe, ob er den Namen auch schön fand. Ihm reichte bestimmt, dass er sich den Namen gut merken konnte. Mit der Namensgebung für den Nachwuchs hatte diese Vätergeneration weitgehend wenig zu tun. So wenig wie mit der Geburt, von der sie häufig im Stadion vom Stadionsprecher erfuhr: »Lieber Fußballfreund Karl-Günther, du bist soeben Vater eines prächtigen Knaben geworden! So, und jetzt wechseln wir den Spieler mit der Rückennummer sechs aus …«

Namen waren Schall und Rauch, bei mehr als sechs Kindern war man froh, wenn sie einem nicht ausgingen. Heute sind Namen Ausdruck größter Individualität, ein Alleinstellungsmerkmal. Das ist zwar eine Generation nach Kevin und Chantalle noch nicht überall geglückt, aber heute wissen junge Neu-Eltern, wie's geht und werden nur noch vom Frankfurter Oberlandesgericht gebremst, das den Vornamen »Schröder« partout nicht durchgehen ließ. Dieser Name sei nicht eintragungsfähig, wie es auf Juristisch heißt, weil ihn die Allgemeinheit als Familienname auffassen könnte.[5]

Humorlos sind die Gerichte auch, wenn spätere Hänseleien in den Namen eingebaut sind oder das Geschlecht nicht zu identifizieren ist. Das Amtsgericht Krefeld lehnte den Namen »Verleihnix« ab, und das Amtsgericht Kassel ließ »Borussia« nicht durchgehen – nicht wegen der Steilvorlage für späteren Spott im Klassenzimmer, sondern weil ein Mädchen mit dem Namen versehen werden sollte. Das Amtsgericht Nürnberg stoppte den Mädchennamen »Rosenherz«, das Landgericht Berlin die Eintragung des Namens »Venus« für einen Jungen, und das Amtsgericht München trat bei »Puschkin« als Mädchennamen auf die Bremse.[6] Manchmal sind die Gerichte und Ämter aber auch ohne Sinn für Poesie. Dass der Wunschname »Mika«, den offenbar rennsportbegeisterte Eltern und Fans des finnischen Formel-1-Piloten Mika Häkkinen für ihren Buben erwählt hatten, vor Gericht landete, ist genauso wenig nachzuvollziehen wie der Umgang mit dem Namen »Juli«. So heißt die Tochter meines Freundes, der Geld zahlen musste, um die Zulässigkeit dieses Namens prüfen zu lassen. Kein Schmiergeld, ich schwöre, echte Gebühren nach der entsprechenden Gebührenverordnung.

Mein Tipp: Wenn Sie den Drang verspüren, Ihrem Nachwuchs einen ungeheuer originellen, nie dagewesenen Namen zu verpassen, denken Sie zweimal darüber nach, ob Sie Ihren Einfallsreichtum nicht lieber in einem kreativen Töpferkurs ausleben wollen, statt eine lange und schmerzhafte Schul- und Hänselzeit in die Wege zu leiten. Ihr Kind wird es Ihnen danken, sobald es Danke sagen kann!

5. GRUND

Weil jede Geburt den Wert eines Autos halbiert

Es gibt einen besonders schönen Moment in Nick Hornbys wunderbarem Roman *About a Boy*[7]. Held ist ein notorischer Single und Schürzenjäger, der die Erfahrung macht, dass schöne alleinstehende Mütter prima Beute sind, denn sie haben wenig Gelegenheiten, neue Männer kennenzulernen, wegen all der Verpflichtungen rund um ihre Kinder. Also geht Will Freeman zielstrebig da hin, wo er schöne alleinstehende Mütter wähnt: zur Selbsthilfegruppe SPAT (Single Parents Alone Together). Tatsächlich landet er im Paradies: Außer ihm erscheinen nur Frauen! Zum Einstand macht er sich allerdings gleich verdächtig, gar kein Kind zu haben, weil er pünktlich erscheint. Welcher Alleinerziehende schafft das schon, entweder ist der Babysitter noch nicht da, oder die Kinder wollen einen nicht ziehen lassen. Dabei ist Freeman gut vorbereitet, er hat sich eine Geschichte zurechtgelegt von seiner Ex, die ihn verlassen und den zweijährigen Sohn gleich mitgenommen habe, und sich zum Beleg seiner Lüge sogar einen Kindersitz zulegt. Doch schon macht er den nächsten Fehler: Der Kindersitz ist in jungfräulichem Zustand. Das aber ist jeder Kindersitz in jedem Auto auf jeder Straße dieses Universums nur bis zur ersten Sitzprobe durch den Nachwuchs. Der angehende Retter der alleinstehenden Mütter bemerkt und korrigiert seinen Fehler umgehend, indem er Chips und Schokolade in den Kindersitz bröselt und schmiert. Endlich sieht sein Wagen aus wie eine richtige Familienkutsche. Dabei geht das Drama im echten Leben und in echten Autos ja noch weiter als in Hornbys Roman. So wie der Kindersitz sieht nach kurzer Zeit die ganze Karre aus: Schuhabdrücke auf der Rückbank, Schokoladenspuren an den Kopfstützen, Kaugummi in den Fußmatten, Saftränder auf der Mittelkonsole, vergammelte Waffelreste unterm Beifahrersitz, Puderzucker in der Klimaanlage, Fingerabdrücke an den Heckscheiben.

Ich behaupte an dieser Stelle, mit der Geburt eines Kindes halbiert sich der Wiederverkaufswert eines Fahrzeugs mit sofortiger Wirkung. Mit jedem weiteren Kind nimmt der dramatische Werteverfall exponentiell zu. Die Schwacke-Liste müsste dringend um die Zahl der ständig mitreisenden Kinder ergänzt werden. Bei Inseraten sollte neben dem Hinweis »Nichtraucherfahrzeug« auch der Hinweis »Nichtkinderfahrzeug« stehen. Oder – im Interesse der den Gebrauchtwagen verkaufenden Eltern – besser nicht. Ist ja nicht schön, wenn es heißt: »5.000 Euro würde ich Ihnen für den Wagen noch geben.« – »Toll, da werden sich auch die Kinder freuen!« – »Kinder?! Ich gebe Ihnen 500.«

Selbst 500 werde ich für meinen Wagen wohl kaum noch bekommen. Nicht nur, weil es drinnen haargenau so aussieht, wie oben beschrieben. Auf der linken hinteren Tür prangt zudem ein großes Quadrat, darin eine Art Pluszeichen. Allerfeinstes Scratching, gekonnt ausgeführt von meiner Jüngsten. Auf meine Frage, was sie denn mit dem Stein an der Autotür mache, antwortete sie, zu diesem Zeitpunkt noch sehr klein von Wuchs, laut und logisch: »Ein Fenster, ich kann doch sonst nichts sehen!«

Weil Schnuller mehr Fluch als Segen sind

»Haben Sie denn keinen Schnuller?!«, blaffte uns der Sitznachbar auf der anderen Seite des Ganges kurz nach Start des Flugzeugs in den Urlaub an. – »Nein, wir haben keinen Schnuller«. Und so plärrte meine Jüngste munter weiter. Sie hatte Druck auf den Ohren und war wohl außerdem nicht ganz ausgeschlafen. Der Sitznachbar hatte auch keinen Schnuller, er hätte ihn gut gebrauchen können, um sich für die Zeit des Fluges zu beruhigen.

Ein bisschen angeschwindelt hatte ich den etwas gereizten Mitreisenden ja schon. Wir hatten zwar keinen Schnuller dabei, doch wir besaßen schon welche. Die aber lagen unausgepackt in irgendeiner Schublade oder waren als Kinderspielzeug in der Puppenecke im Einsatz. Es waren Präsente von Bekannten oder Verwandten, die offensichtlich der Überzeugung waren, dass ein Schnuller zur Grundausstattung eines jeden Kindes gehört. Oder es waren Geschenke zum puren Selbstschutz, überreicht mit den Worten: »Damit die Großen auch mal Ruhe haben.« Dahinter unausgesprochen der Gedanke: »Hier, schluck das, du kleiner Schreihals, und dann schön Schnauze halten!«

Die Schnullerfrage wird entweder heiß und kontrovers diskutiert oder gar nicht. Für viele Eltern nämlich ist der Schnuller so selbstverständlich wie vollgekackte Windeln. Meine beiden Mädels hatten nie Schnuller, weil wir nie den Eindruck hatten, dass sie danach geschrien haben. Die Große hatte keinen erhöhten oralen Beruhigungsbedarf, und die Kleine entschied sich schnell für die Alternative: Daumen rein und gut. Das wiederum brachte uns regelmäßig Rügen ein. Als die Kleine einmal zufrieden nuckelnd im Einkaufswagen saß, reagierte die junge Kassiererin entsetzt: »Die nuckelt ja am Daumen, Sie müssen der Schnuller geben!« Und ein befreundeter Fünffachvater warnte mich bereits vor den Spätfolgen: »Der Daumen wird schrumpelig und schief werden, außerdem kann man einen Schnuller später wegnehmen, beim Daumen aber brauchst du dann einen Seitenschneider.«

So standen wir also vor der Wahl, unsere Kinder mit Waffengewalt zum Schnullern zu zwingen, als gescheiterte Eltern Hand in Hand in den Starnberger See zu gehen oder mal nachzugucken, was die Nuckelforschung zu dem Thema sagt. Was wir da fanden, hat uns so beruhigt wie der Daumen meine Tochter, denn der Schnulli ist nicht unumstritten: Er zögert das Hungergefühl hinaus, sodass Säuglinge oft zu spät angelegt werden. Wenn sie dann angelegt werden, ist das Saugbedürfnis bereits befriedigt und die Brust wird nicht ausreichend stimuliert – es fließt zu wenig Milch. Doch es kommt noch härter, jetzt wird richtig scharf geschossen: Pilzbefall im Mund, Zahnfehlstellungen und eine mangelhafte Ausprägung der Muskulatur im Mundraum können Schnullerfolgen sein. Viele Kinder, so steht's geschrieben, die später eine Behandlung bei einem Logopäden brauchen, bekamen als Baby einen Schnuller. Gibt's überhaupt Argumente pro Schnulli? Logo! Ein krankes Kind, das von der Mutter getrennt ein paar Tage im Krankenhaus liegt, lässt sich mit einem Schnuller schonender beruhigen als mit Medikamenten. Genau so, also wie ein Medikament, sollten die Plastikdinger eingesetzt werden: bei Bedarf und temporär, nicht als Standardartikel im Dauersedierungseinsatz.

Ein paar der oben genannten Anti-Schnulli-Argumente lassen sich natürlich auch bestens gegen den Daumen verwenden. Die Sache mit der Hygiene ganz besonders. Ich möchte gar nicht wissen, welche Keime direkt und ohne Umwege vom Sandkasten via Daumen in den Mund wandern, wo sie sich wohlig vermehren. Und auch die Schneidezähne werden die Nuckelphase nicht ganz unbeschädigt überstehen, fürchte ich. Manchmal gelingt es, den Daumen rauszuziehen, wenn die Kleine bei der Gutenachtgeschichte weggeschlummert ist, aber kaum ziehe ich die Kinderzimmertür etwas zu laut ins Schloss, wandert der Daumen wieder zielsicher zu seinem Hauptwohnsitz. Ich könnte zwar im Internet aus alten Psychiatriebeständen Fixiergurte erwerben, aber dann steigt mir mein Freund Tom vom Jugendamt aufs Dach, mit dem ich doch viel lieber FC-Spiele gucken gehe.

Tom kann übrigens in einer 15-minütigen Halbzeitpause locker 111 Gründe aufzählen, Eltern das Sorgerecht wegzunehmen, aber das ist ein ganz anderes Kapitel als dieses hier, in dem es ja nur um die Schnullifrage geht.

7. GRUND

Weil Mutti die Bestie ist

Mama ist die Beste, während Mutti eine Bestie ist. So krass unterscheidet der Psychoanalytiker und Autor Torsten Milsch Mama von Mutti. Auch Vatis können ein Mutti-Typ sein, doch in der Regel sei es Mutti, die für Milsch trotz bester Absichten alles falsch mache am Kind. Eine Mutti ist für Milsch ein Mensch, der seine Egozentrik auf Kosten seines Umfelds auslebe, selbst wenn es die eigene

Familie, die eigenen Kinder trifft. Muttis seien Machtmenschen, die unter dem Deckmäntelchen der Fürsorge und Liebe ihre Kinder dominieren und so eine eigenständige und gesunde Entwicklung verhindern. Der Mutti-Typ, so Milsch, entscheide ständig, was richtig sei fürs Kind, und was falsch. Kontrolliere die Hausaufgaben und Jackentaschen, bestimme, mit wem gespielt werden darf und mit wem nicht, greife massiv in die Freizeitgestaltung ein. Das Ergebnis seien Kinder, die zu unglücklichen und unselbstständigen Erwachsenen würden. Die sich nicht in andere Menschen einfühlen könnten, nicht einmal in sich selbst. »Sie haben keine emotionale Grundlage für ein zufriedenes und erfolgreiches Leben in Familie, Beruf und Gesellschaft«, so der Autor des Buchs *Mutti ist die Best(i) e – Die heimliche Diktatur vieler Mütter* in seinem Vorwort.[8] Woher der Doktor das weiß? Aus 30 Jahren Praxis als Arzt und Psychoanalytiker und aus persönlicher Erfahrung, die sich liest wie ein böses Märchen der Gebrüder Grimm: Er selbst habe als kleines Kind eine liebevolle Mama gehabt, doch nach deren frühem Tod kam eine Stiefmutter ins Haus, die sich als absolutistische Herrscherin entpuppt habe. »Durch ihre Terrorherrschaft weiß ich heute, wie sich viele Kinder fühlen«, sagt Milsch. Er kenne sowohl die liebevoll zugewandte Mama als auch die oberflächlich lächelnde, aber innerlich kalte und gefühllose Mutti.

Woran aber erkennt man den Unterschied zwischen Mama und Mutti im Detail? Auch da gibt der Fachmann für Bestien Auskunft: Muttis würden gerne laut über ihr Schicksal klagen, sich zu Opfern stilisieren. Lieblingssatz: »Ich mach das doch alles nur für euch!« Muttis würden vor Publikum mit ihren Kindern in einer niedlichen Pseudo-Kindersprache reden, den Tonfall aber auf der Stelle ändern, wenn das Publikum weg sei. Muttis würden für ihre Kinder antworten, selbst wenn die das ohne Weiteres selbst könnten. Hardcore-Muttis antworten sogar für ihre Männer. Weitere Mutti-Merkmale laut Milsch: Ständig würden sie Essbares bereitstellen, um Fürsorge vorzutäuschen und gleichzeitig Dankbarkeit zu sichern. Ob das Kind überhaupt Hunger habe, spiele dabei gar keine Rolle. Muttis lauern auf Fehler, um sagen zu dürfen: »Dann muss ich das wohl wieder machen, wenn ihr das nicht könnt.« Nicht zuletzt kutschieren Muttis ihre Kinder überallhin. Der Aufkleber »Muttis Taxi« hinten am Auto zeigt allen, wie sehr man sich sorge und mühe, doch tatsächlich gehe es darum, das Kind zu kontrollieren und abhängig zu machen. »Wir haben zu wenig Mamas, die ihre Kinder lieben, fördern und sich über ihre Entwicklung freuen«, lautet das Fazit von Torsten Milsch, »und zu viele Muttis, die vor allem sich selbst lieben und ihre Kinder benutzen, um sozial mächtig zu bleiben.« Wer Milschs Meinung teilt, kann ja schon mal anfangen, den »Taxi«-Aufkleber von Muttis Auto zu kratzen. Oder überkleben mit: »111 Gründe, Mutti in den Orkus zu jagen!«

8. GRUND

Weil Schuhe drücken

Was ist anfangs süß und später stinkt's? Richtig, Füße. Könnten Babyfüße noch glatt mit Marzipanschweinchen verwechselt werden, rosa, wohlriechend und lecker, so weiß man spätestens nach der ersten Turnstunde, dass sich mit Füßen auch vortrefflich Fliegen anlocken lassen. Und früher oder später ist auch nur noch ein Bruchteil der Füße der Welt ansehnlich, die meisten sind verformt, von Hühneraugen und Überbeinen grotesk entstellt, von jahrelangem Rumstehen plattgetreten und vom vielen Laufen in falschen

Schuhen für alle Zeiten deformiert. Das mit den falschen Schuhen – jeder Mann, der einmal High Heels angelegt hat, weiß, was falsche Schuhe sind, und jede Frau, die bei der Arbeit Gummistiefel tragen muss, auch – ist bereits für die Eltern von frisch entschlüpften Kindchen ein ganz großes Thema. Welche Schuhe sind für Kleinkinder richtig? Und ab wann? In der Hoffnung, dass Lauflernschuhe nicht nur so heißen, sondern das Laufenlernen massiv beschleunigen, bekommen bisweilen Kinder ihr erstes Paar, die noch nicht einmal formvollendet krabbeln können. Dabei warnt die Fußforschung bereits seit Jahren: Der beste Schuh für die ersten Schritte ist der eigene, also der blanke Fuß, nackt wie der Herr ihn schuf. Zwei Argumente: Zahllose Nerven im Fuß ertasten den Untergrund, erlernen im unmittelbaren Bodenkontakt den besten Halt. Noch überzeugender für mich: Keine Schuhe kosten nix! Eltern, die bereits frösteln, sobald die Abendsonne hinter der Hecke verschwindet, werden auf schlimme Erkältungsrisiken der Kleinen hinweisen, auf drohende Triefnasen und rasselnde Lungen. Doch dafür gibt's ja Rutschsocken, diese fetten Wollteile mit Gummibremsen auf der Unterseite. Damit sind immer noch Bodenkontakt und Bewegungsfreiheit gegeben, wenn auch nicht ganz so intensiv wie bei unten ohne. Rutschsocken sind natürlich auch teurer als nackte Füße!

Ich höre bereits die Schuhfetischisten drängeln: Wann ist es denn endlich an der Zeit für das erste richtige Paar Schuhe? Die Fußforschung sagt: sobald das Kind das Haus verlassen möchte. Draußen auf Straßen und Wegen, auf Weiden und im Wald sind Schühchen eine feine Sache. Wenn sie passen. Blöd am Kleinkind im Schuhgeschäft: Es rollt gerne die Zehen ein, und mit eingerollten Zehen passt der Fuß auch in viel zu kleine Schuhe. Mit verkrüppelten Füßen kann man zwar immer noch Geisha werden, aber Spaß macht's nicht. Wieder kennt die Fußforschung einen duften Kniff: Stellen Sie Ihr Kind am Nachmittag auf ein Stück Pappe, achten Sie darauf, dass die Zehen ausgestreckt sind, zeichnen Sie die Umrisse ab, Schere, fertig ist eine astreine Schablone für den optimalen Schuh.

Warum nachmittags? Weil dann der Fuß gemeinhin am breitesten ist. Kinderfüße sehen wie gesagt nicht allzu lange aus wie Marzipanschweinchen, sie wachsen zügig. Deshalb sollte die Fußschablone auch alle drei Monate an den Fuß gehalten und gegebenenfalls ersetzt werden – durch eine neue und hoffentlich nicht quadratische.

Anders als Schuhhändler, die natürlich ordentlich Neuware an den kleinen Mann bringen wollen, haben Orthopäden nichts gegen gebrauchte Schuhe. Es sei denn, vorne grüßen schon die Zehen oder die Sohle weist walnussgroße Löcher auf. Wenn sie aber in Ordnung sind, dann ist ein bereits eingelaufener Schuh oft angenehmer als ein fabrikneuer. Das weiß jeder, der einmal heulend in seinen brandneuen Bergsteigerstiefeln auf einem Felsen in 1.300 Metern Höhe saß – und diese 1.300 Meter auch wieder runter musste.

9. GRUND

Weil sie kosten, bevor sie da sind

Sie ziehen einem bereits die Kohle aus der Tasche, da sind sie noch gar nicht da! Kaum zeigt das erste unscharfe Ultraschallbild ein heranziehendes Azorentief, da wird im Schweinsgalopp für ein Vermögen die Erstausstattung zusammengekauft. Hieß es nicht immer, dass wir die Erstausstattung aus dem Freundeskreis bekommen? Von den vielen Freundinnen und Bekannten, deren Brut bereits aus der kleinsten Strampler-Generation (XXXXXXS) rausgewachsen ist? Gebraucht, getragen, mit hellbraunen Schattierungen im Win-

delbereich, aber umsonst? Es wurde doch immer auch schwer öko-
logisch für eine gebrauchte Erstausstattung argumentiert: »Wenn
wir gebrauchte Sachen nehmen, sind die Giftstoffe bereits komplett
aus der Kleidung rausgewaschen, ist doch super, oder?!« Armer
Vorbesitzer, der muss ja völlig vergiftet sein, wenn die Neuware
so hochgradig toxisch war, vergiftet durch die Farben und Weiß-
macher der Bekleidungsindustrie, die ja nichts lieber macht, als
ihre Neukunden mittelfristig umzubringen. Macht ja wirtschaftlich
Sinn! Aber woher dieser plötzliche Sinneswandel bei uns? Eben
noch waren gebrauchte Klamotten das Nonplusultra, jetzt werden
überteuerte Boutiquen mit Namen wie »Pusteblume«, »Maja's Läd-
chen«, »Das blaue Kind« oder »Design for Däumling« leer geshoppt
und die Kreditkarte gleich mit.

Pränatal erworbene Neuware, heißt es plötzlich, sei etwas Besonderes, Einzigartiges. Soll ja keiner sagen: »Die Mütze hab ich
doch schon mal gesehen, genau so eine, nur nicht so hässlich ausge-
bleicht …« Jaja, müsste man dann antworten, die haben wir günstig
von Laras Mutter bekommen, davor trug sie Peter. Deshalb also
wird nun doch gegen alle Abmachungen Neuware gekauft. Um die
Einzigartigkeit jedes einzelnen Kindes zu unterstreichen. »Dieser
irre schicke Body ist ein absolutes Unikat, den gibt es in der ganzen
Stadt nur viertausendmal!«

Wer in solchen Momenten jämmerlich einknickt (so wie ich),
der muss sich nicht wundern, wenn im zweiten Monat der Schwangerschaft bereits hochglänzende Kataloge auf dem Küchentisch liegen, aufgeschlagen die Seiten mit Kinder- und Jugendzimmern, mit
Kindersitzen fürs Auto und fürs Fahrrad, Wickelkommoden, einem
Babyfon in NASA-Qualität. »Wir haben doch das alte Teil von deinem Bruder bekommen, warum denn jetzt ein neues?!« – »Ich trau
dem alten Ding nicht, wenn es nicht funktioniert, stranguliert sich
das Baby, ich vertrau lieber dem Testsieger, der ist auch gerade auf
400 Euro runtergesetzt worden …« Und das ist noch günstig im
Vergleich zu den Pflegeprodukten, die bereits auf der Wickelkom-

mode auf ihren Einsatz am wunden Hintern warten. Feuchttücher mit Melonenduft, mit Aloe Vera, mit und ohne Alkohol, mit dem Besten aus 200 Millilitern handgeschöpfter Bergziegenmilch, mit Anti-Aging-Emulsionen …

Kindergeld gibt's erst ab Geburt, bis dahin steht der Embryo aber schon so was von in der Kreide bei mir! »Na gut, vielleicht erscheint dir das jetzt alles etwas teuer«, werde ich beschwichtigt, als ich im fünften Kinderladen dicke Tränen in meine leere Geldbörse weine, »aber dafür bekommst du doch auch so viel zurück!« Das stimmt, nur leider keine Kohle.

10. GRUND

Weil man(n) zur falschen Zeit am falschen Ort ist

Zu den Orten, die man als Mann als geprügelter Hund verlässt, gehören Damentoiletten, Lesbenbars und der Kreißsaal. Den versehentlichen Eintritt in ein gut besuchtes Frauenklo bemerkt Mann recht schnell, und noch bevor sich Lidstrich nachziehende Damen vom Spiegel abwenden und mit Lippenstiften werfen, ist man auch schon wieder draußen. Die verschämt ausgesprochene Entschuldigung dringt kaum durch die wieder geschlossene Klotür. Bis zur Korrektur des Besuchs einer Lesbenbar kann es länger dauern. Während einer Frauenfußballweltmeisterschaft unterlief mir einst dieser Fauxpas – als ich während einer Radtour in eine mir unbekannte Bar einkehrte, um ein Spiel zu sehen. Erster Gedanke nach

Eintritt: »Toll! Nur Frauen hier!« Meine Gesichtsbegeisterung blieb leider komplett unerwidert. Stattdessen Blicke, die mir signalisierten, dass irgendwas mit mir nicht stimmt. Als ich realisierte, was genau mit mir nicht stimmt, trank ich schnell, aber nicht zu schnell aus – um noch einen Hauch von Restwürde zu bewahren. Dann saß ich auch schon wieder auf dem Rad und radelte Richtung Horizont. Bis heute weiß ich nicht, wie das Spiel endete.

Doch auf keiner Damentoilette und in keiner Lesbenbar dieser Welt fühlt man sich als Mann so deplatziert wie im Kreißsaal. Da kann man vorher noch so viele Geburtsvorbereitungskurse besucht haben. Egal wie solidarisch und synchron in den Kursen mit der schwangeren Partnerin gehechelt wurde, wenn es dann endlich ernst wird, dann vergiss alles, was du in den Kursen gelernt hast! Vergiss auch deine Opferbereitschaft, mit der du auf Skatabende mit deinen besten Freunden in den schönsten Kneipen verzichtet hast, um mit maximal einem weiteren werdenden Vater auf dem Boden im Kursraum zu hocken und Beckenbodenübungen zu praktizieren. Es wird dir nicht helfen! Und auch wenn (fast) jede Mutter später betont, wie wahnsinnig wichtig ihr die Kreißsaalpräsenz des Kinderzeugers war, in den entscheidenden Stunden bist du neben Mutter, Arzt, Hebamme und dem sich ans Licht wühlenden Zwerg das fünfte Rad am Wagen. Deine Frau wird »Nimm meine Hand!« rufen, um sie gleich wieder wegzustoßen und sofort wieder anzufordern. Du spielst Arzt und Hebamme für Arme und flüsterst zaghaft »Pressen, Schatz«, und erntest ein wütendes »Mach doch selbst!«.

Ein Segen des neuzeitlichen Geburtsprozesses ist die PDA. Die sogenannte Periduralanästhesie wirkt für die Gebärende schmerzlindernd und für alle anderen Beteiligten im Kreißsaal deeskalierend. Kaum war meine Frau nach der Rückenmarkspritze und dem Einsetzen der Wirkung ein wenig sediert, schlief ich auch schon auf meinem Stuhl ein. Das war auch gut so, denn wenig später ging es wieder ans Werk. Halbwegs ausgeruht und wieder bei Kräften, ging ich auf ein Neues meiner sinnlosen Assistententätigkeit nach. Erst als dann der letzte Schrei der Mutter ver- und der erste meines Kindes erklang, war ich so weit durch diese Eindrücke verwirrt, dass ich sagen konnte: »Schön war's doch!« Das behaupte ich natürlich heute noch.

Weil früher alles besser war

Was früher besser war als heute? Es gab keine Kinder! Kinder, wie wir sie kennen, gibt es erst seit 200 Jahren. Das wussten Sie nicht? Ich auch nicht, doch dann musste ich lesen, dass Kinder im 19. Jahrhundert erfunden wurden. Gab's vorher etwa keine? Wurden Menschen als Erwachsene geboren? Arme Gebärende, möchte man seufzen, keine schöne Vorstellung, selbst wenn die Menschen früher kleiner waren, wovon sich jeder überzeugen konnte, der je in einem mittelalterlichen Wohnhaus mit der Stirn am Querbalken des Türrahmens hängen blieb.

Im Grunde war es aber tatsächlich so; bis weit ins 19. Jahrhundert waren Kinder keine Individuen, sondern schlichtweg zu kleine Erwachsene. Sie hatten die ersten acht oder zehn Jahre keinen Wert an sich. Allemal als Arbeitstiere der Zukunft, und arbeiten durften Kinder früh.

Auf ganz alten Gemälden finden Kinder gar nicht erst statt, wenn überhaupt, dann als Jesuskind oder Engelsgestalten. Kaum auf der

Welt, wurden die Säuglinge von oben bis unten bandagiert; wenn sie brüllten, gab's keinen Schnuller oder eine Runde mit dem Kinderwagen über die Felder, sondern Schnaps und Mohn. Dann waren die Kindchen schön ruhig und schauten mehr oder weniger selig in die Welt. Heute weiß man, dass weder Hafer noch Kinder schneller wachsen, wenn man dran zieht, im Mittelalter hatten die Menschen diesen Glauben. Ihre Kinder konnten noch nicht stehen, da wurden sie in Laufgitter geschnallt. Bewegen konnten sie sich darin nicht, sie sollten aber gefälligst auf eigenen Beinen stehen. Das ruinierte früh die Knochen und Gelenke, aber gegen den Schmerz halfen ja wiederum Schnaps und Mohn.

Weil wegen der katastrophalen hygienischen Bedingungen und des Fehlens einer medizinischen Versorgung im heutigen Sinne die Kinder wie die Fliegen starben, bekamen oft mehrere Geschwisterkinder denselben Namen, in der Regel den Namen der Eltern. Wenn dann ein Hans starb, waren vielleicht noch ein paar Hans in Reserve. Auch weil diese Zeiten so hart und brutal waren, waren innige Liebesbeziehungen zu Kindern die Ausnahme. Lieber gingen die Eltern auf Distanz, das machte den Verlust eines Kindes erträglicher.

Unterrichtet wurden nur die Kinder des Adels, die einfache Landbevölkerung zeigte bereits ihrem achtjährigen Nachwuchs, wie auf den Feldern geerntet wird. Im 18. Jahrhundert gab es zwar erste Volksschulen, auch für die Landbevölkerung. Doch nicht alle Eltern sahen den Nutzen von Lesen, Schreiben und Rechnen, solange die Heuernte wartete. Auf die Mädchen wartete zudem die Ehe; Kinderehen waren nicht selten, und verheiratete Mädchen mussten nicht mehr in die Schule, durften sogar nicht mehr: Eine verheiratete Frau braucht schließlich nicht mehr zu wissen, als dass sie ihrem Mann zu dienen hat. Mit der Industrialisierung wurde es für Kinder erst einmal noch schlechter. Weil jetzt auch die Mütter in den Fabriken arbeiten mussten, damit die Familie halbwegs über die Runden kam, gab's überhaupt keine Betreuung mehr – die

Kinder wurden daheim eingeschlossen oder angebunden. »Erfunden« wurde die Kindheit, wie wir sie erlebt haben und unser Nachwuchs sie erleben darf, in der Aufklärung. Als Erfinder gilt der französische Philosoph Jean-Jacques Rousseau, der als Erster die revolutionäre Idee hatte, dass Kinder nicht nur dem Erhalt der Familie zu dienen und nützlich zu sein haben, sondern das Recht auf ein eigenes Leben in der Kindheit. Émile heißt die Titelfigur seines großen Romans,[9] Émile darf Dinge tun, die ein Junge nie zuvor tun durfte: toben, spielen, Kind sein. »Die Natur will, dass die Kinder Kinder sein sollen«, ist Rousseaus Überzeugung, von der seine eigenen fünf Kinder leider nicht profitieren: Gleich nach Geburt gab er sie jeweils ins Findelhaus. Vielleicht hatte er Sorge, dass der Lärm der Kindheit – seiner Erfindung – ihn beim Dichten stören könnte. Kann ja auch jeder nachvollziehen, dem bei einem wichtigen Telefonat mit dem Chef mal die Kinder mit Indianergeheul durchs Arbeitszimmer gesprungen sind.

2

DIE WEHEN
MACHEN JA NOCH SPASS

12. GRUND

Weil Kinderkrankheiten die Pest sind

Lieben Sie diese Ranking-Shows? »Die 100 nervigsten Promis« oder »Die 1.000 überflüssigsten Schlager« oder »Die 111 besten Gründe, Kinder auf den Mond zu schießen«. Fast jedes Feld ist inzwischen in so einer Show beackert worden. Die witzigsten Versprecher, die blödesten Behörden, die ulkigsten Todesursachen. Was ich aber noch nicht im Fernsehen gesehen habe, obwohl sie eine eigene Show verdient hätten, sind Kinderkrankheiten. Schließlich gehen Kinderkrankheiten jeden etwas an, vor allem Eltern. Die ja besonders viel fernsehen, weil sie abends nur in Ausnahmefällen ausgehen können, somit eine hervorragende Einschaltquote garantieren, wenn es um ihre Themen geht. Super Idee also in jeder Hinsicht, ich hätte gerne jetzt schon einen Bambi.

So könnte es gehen: ein Vorspann, der lustige Kindergesichter zeigt mit den buntesten Pusteln, Pocken und Flecken, dazu als Titelmusik Benjamin Blümchens Lied vom Kranksein, dann Auftritt der als Kinderkrankenschwester verkleideten Barbara Schöneberger, assistiert von Til Schweiger als Dr. Snuggles. Jetzt MAZ ab für Platz 10: Pfeiffersches Drüsenfieber. Eine selten blöde Krankheit, gegen die keine Medizin hilft, nur viel Bettruhe und noch mehr zu trinken. Wird auch Kusskrankheit genannt, damit klar wird, wie sie übertragen wird: von Mund zu Mund mittels Tröpfcheninfektion. Dass sie erfolgreich übertragen wurde, zeigt sich durch hohes

Fieber, anschwellende Lymphknoten, Beläge auf den Mandeln und schlechter Laune bei allen Familien, die eigentlich gerade befreundete Familien besuchen wollten, sich nun aber in freiwillige Quarantäne begeben. Platz 9: Keuchhusten. Auch richtig scheiße, um es medizinisch auszudrücken. Kann bis zu ewigen sechs Wochen (die Länge der Sommerferien, juhu!) dauern, wird ebenfalls durch Tröpfcheninfektion übertragen. Immerhin ist eine Schutzimpfung möglich. Im Frühstadium können Antibiotika wirken. Keuchhusten kommt im harmlosen Puppenkleidchen einer gewöhnlichen Erkältung daher, erst nach ein bis zwei Wochen setzt der unvergleichliche Husten ein, der einem das Blut in den Adern gefrieren lässt. Platz 8: Es beginnt mit Fieber, Erbrechen, Halsschmerzen, weiß belegter Zunge und rötlichem Ausschlag in den Achseln und der Leistengegend. Herzlich willkommen: Scharlach, du Königin allen Elends! Weder gibt es wirksame Impfungen, noch bekommt man eine Immunitätsgarantie nach überstandener Krankheit, die, anders als bei Mumps oder Masern, nicht durch Viren, sondern durch Streptokokken hervorgerufen wird. Was hilft? Antibiotika, viel Flüssigkeit und ein Bett, das mit vielen guten Kinderbüchern und Comics gefüllt werden sollte.

Springen wir zu Platz 4: Windpocken. Nicht nur hoch ansteckend; wenn man richtig Schwein hat, kann man sie sogar zur Belohnung zweimal bekommen. Die Symptome sind eindeutig und fies: erbsengroße rote Flecken auf der Haut, die sich in wässrige Bläschen verwandeln, dazu bis zu 40 Grad Fieber. Platz 3: Röteln. Zu erkennen sind die Röteln bereits an ihrem Namen, der Programm ist. Es ist die Lieblingskrankheit fürsorglicher Mütter, die ihren Nachwuchs gerne zum Sich-Anstecken zu bereits rötelnden Nachbarskindern schicken. Weil's ja im Kindesalter eine harmlose Krankheit ist, wenn auch schmerzhaft, fiebrig und juckend. Ziemlich doof also, aber Mami meint es ja nur gut. Platz 2: Mumps, auch Ziegenpeter genannt. Lässt sich durch Impfen verhindern. Ansonsten nicht zu behandeln, nur zu lindern. Mit flüssiger Nahrung, weil das Schlucken schwerfällt, und mit dem Versprechen, dass das mumpsige Gesicht nicht für immer so bleibt, sondern ganz bestimmt wieder abschwillt. And the winner is … Masern. Platz 1! Der Evergreen unter den Kinderkrankheiten. Beginnt wie eine langweilige Erkältung, doch dann zeigen sich die legendären Masernflecken hinter den Ohren, an Rumpf, Armen und Beinen. Jetzt ist strikte Bettruhe angesagt, denn für die vorher mögliche Impfung ist es nun zu spät. Trost spendet wenigstens die Immunität. Denn einmal Masern, nie mehr Masern. Damit verabschieden sich Barbara Schöneberger und Til Schweiger und geben ab in die Werbung.

13. GRUND

Weil Kinderzimmer das tägliche Waterloo sind

Wenn ich im Folgenden Tipps gebe, wie Sie Ihren lieben Kindchen beibringen, das Kinderzimmer erfolgreich und nachhaltig aufzuräumen, während ich also mit wertvollen Ratschlägen und Hinweisen aufwarte, lache ich mich kaputt. Oder kennen Sie wirksame Tipps gegen Haarausfall? Oder für eine Bikinifigur in nur einem Tag? Dann wissen Sie, wovon wir reden, wenn wir von Techniken reden, im Kinderzimmer Ordnung herzustellen. Es gibt einen Ort auf der Welt, wo Aufräumen klappt. Doch da wohne ich leider nicht. Es ist der Kindergarten. Da kommt kein Kind lebend raus, ohne dass sämtliche Gruppenräume, Spielecken und Außenbereiche wieder so aussehen wie am Morgen. Jeden Tag sieht's beim Abholen am Nachmittag so aus wie beim Bringen in der Frühe.

Das ist eines der fantastischen Geheimnisse: die Regelmäßigkeit, sie tun es jeden Tag. Schon muss ich lachen und weinen gleichzeitig, denn genau daran hapert's meistens jenseits des Kindergartens. Wir sind Opfer unserer eigenen Unregelmäßigkeit, und wenn wir es doch mal versuchen, dann mit einer so unregelmäßigen Regelmäßigkeit, dass kein Kind einen zeitlichen Zusammenhang erkennen kann: »So, meine Lieben, jetzt sind wieder fünfeinhalb Wochen im Schaltjahr rum – also ist heute Aufräumtag!« Antwort aus dem Kinderzimmer: »Hä?!«

Führende Pädagogen empfehlen neben der Regelmäßigkeit auch eine sorgfältige Selektion, wenn sich die Kinderzimmertür nicht mehr schließen lässt, weil Feuerwehrautos im Weg sind, Hörbücher, nie genutzte Taschen, Spielkarten, zerfetzte Malbücher, verwesende Stofftiere, meine seit Langem vermisste Ersatzbrille: »Ach, hier war die die ganze Zeit! Kann mal einer erklären, wie die hierhin kommt?« Antworten aus dem Kinderzimmer: »Weiß ich nicht!«, »Keine Ahnung!«, »Welche Brille?!« Selektion heißt: Aussortieren, was nicht mehr gebraucht wird, und ab in den Keller damit. Leider trennen sich Kinder von fast allem so ungern wie der Raucher von seinen Fluppen. Freiwillig wird am Ende eines langen Tages maximal eine Handvoll blinder Murmeln in den Keller gebracht. Doch auch Kinder sind käufliche Wesen: »Sollen wir das olle Puppenhaus weggeben?« – »Nur über meine Leiche!« – »Sollen wir das olle Puppenhaus im Internet verkaufen und dir von dem Geld Inlineskates kaufen?« – »Aber auf der Stelle!«

Bleiben noch unverkäufliche Teile, für die auf dem Speicher kein Platz ist, die für alle Zeiten auf den Friedhof der Kuscheltiere gehören. Doch genau an diesen gerupften, abgewetzten und einäugigen Gestalten hängt das kleine Herz am meisten. (Meins vielleicht auch, weil ich mit einer dieser geschundenen Stoffkreaturen bereits mein eigenes Bettchen geteilt habe.)

Es gibt noch eine weitere Sache, die im Kindergarten funktioniert, im Kinderzimmer aber nur alle Jubeljahre: die Regel, für ein neues Spiel das gerade gespielte wegzupacken. Wirksam soll auch sein, Besucherkinder einzubeziehen, besonders wenn sich der Besuch mit Vollgas durch das ihm noch unbekannte neue Spielzeugland gefräst hat. Ich habe diesen Kniff neulich probiert und kann sagen: Es hätte auch funktionieren können! Ich werde aber beizeiten einen neuen Anlauf starten (und nur im Erfolgsfall davon berichten).

Geradezu beruhigend finde ich, wenn ein über alle Zweifel erhabenes Fachblatt wie *Eltern* Maßnahmen empfiehlt, die meine Kinder Erpressung nennen würden: »Ihr Kind möchte, dass Sie die Puppenhöhle anschauen?«, schreibt *Eltern*, »sagen Sie, dass Sie nicht gewillt sind, sich durch das Chaos bis zur Höhle vorzukämpfen. Bilderbücher liegen ständig im ganzen Haus herum? Kündigen Sie an, dass Sie jedes herrenlose Buch auf unbestimmte Zeit konfiszieren – und setzen Sie die Drohung in die Tat um. Duplo-Steine bedecken den kompletten Boden, später wollen Sie ins Schwimmbad? Je schneller die Steine weggeräumt sind, desto früher können Sie los.«[10] Ich unterschreibe diesen rigorosen Maßnahmenkatalog sofort, ist ja nicht von mir.

PS: Ich habe eben den zweiten Anlauf gestartet bei meinem ambitionierten Projekt »Aufräumen mit Besucherkind« und beende das Kapitel an dieser Stelle.

14. GRUND

Weil es keinen Impfstoff gegen die Impffrage gibt

Kaum wird man vor die Wahl gestellt, wird man auch schon allein gelassen mit der Gretchenfrage: Wie hältst du es mit der Impfung? Der Säugling kann sich nicht entscheiden, er signalisiert höchstens beim Piks der Spritze, dass er mit der Maßnahme überhaupt nicht einverstanden ist. Also hängt es an den Eltern und am Arzt, der gleich drei mögliche Positionen äußern kann, die gleichermaßen beschissen und wenig hilfreich sind. Der Arzt kann nämlich sagen: »Ich empfehle allen Eltern, ihr Baby zu impfen, Sie müssen das natürlich tun, aber für die möglichen Folgen bin ich nicht haftbar, und ob Sie je wieder ruhig schlafen können, weiß ich nicht.« Der Arzt kann aber auch das Gegenteil sagen, und ungefähr die Hälfte aller Kinderärzte tut das auch: »Ich rate von der Impfung ab, denn negative Folgen können die positiven überwiegen, zudem sind die Nebenwirkungen ungenügend erforscht, möglicherweise gibt es gravierende Risiken.« Beide Ärzte sagen jedenfalls garantiert nach ihrem Vortrag: »Aber das ist nur meine Meinung, entscheiden müssen Sie das selbst. Meinen Standpunkt kennen Sie ja, aber …« So geht das ewig weiter, die Eltern kennen jetzt alle Argumente, besonders die des Arztes ihres Vertrauens, und sind so klug als wie zuvor. Sie könnten jetzt im Freundeskreis Meinungen einholen. Das geht dann so: Pärchen A sagt, dass sie gegen den Rat ihres Arztes haben impfen lassen, aber auch nachvollziehen können, wenn andere Eltern zu einem anderen Ergebnis kommen. So wie Pärchen B, das erklärt, dass sie dem Rat ihres Arztes gefolgt seien und nicht geimpft haben, dass das aber jeder für sich selbst entscheiden müsse.

Gleich nach Sterbehilfe ist die Impffrage der moralisch und medizinisch größte Schlamassel, in den ein Vormund geraten kann.

Kurz die Fakten: Bei der Impfung werden wohldosiert jene Erreger in den kleinen Körper gespritzt, gegen die dieser gewissermaßen resistent werden soll. Diphterie oder Polio kriegen so erst gar keine Chance, so die Befürworter Das Immunsystem bildet frühzeitig Antikörper, erkennt, so sie später tatsächlich mal kommen, die Erreger. Machen alle schön mit und lassen sich artig durchimpfen, können sich viele Erreger gar nicht erst durchsetzen. Sind aber die Impfverweigerer in der Mehrheit, kann das tödliche Folgen haben: 2006 starben in Nordrhein-Westfalen zwei Kinder an Masern. Neben Masern wären auch noch Diphtherie, Tetanus, Kinderlähmung, Mumps, Röteln, Hepatitis B und Keuchhusten als potenzielle Gefahren für Gesundheit und Leben zu nennen. Verfluchte Seuchen, die kein Mensch haben will, wenden wir uns also an die echten Profis, an die Ständige Impfkommission, kurz STIKO, am Berliner Robert-Koch-Institut, kurz RKI. Die geben einen Impfkalender heraus, der bereits zwei Monate alte Babys einbezieht.[11] Fordert die STIKO also verpflichtende Impfungen? Nein, auch sie rät und empfiehlt nur, und wieder liegt die Entscheidung bei den Eltern! Doch welches Gegenargument gibt's eigentlich noch? Beispielsweise eins des Verbandes Unabhängiger Heilpraktiker: Eine Impfung in zu frühem Alter, so die Heilpraktiker, greife in das noch nicht vollständig ausgebildete Immunsystem des Kindes ein. Mit möglicherweise schwerwiegenden Folgen.[12] Erwarten Sie jetzt also bitte keinen Rat von diesem Ratgeber, ich sag nicht einmal, wie wir am Ende zermürbender Diskussionen entschieden haben. Ich sag nur: Lassen Sie sich nicht allzu verrückt machen, eine Entscheidung muss sowieso am Ende her. Bewerten Sie die Argumente – oder werfen Sie eine Münze.

15. GRUND

Weil sie nie Zeit für uns haben

Ich liege falsch, wenn ich glaube, dass der Vorschlag, ein Eis essen zu gehen, ohrenbetäubenden Jubel im Kinderzimmer auslöst. Er löst eher einen mitleidigen Blick meiner Kinder aus, schon die Antwort auf meinen grandiosen Vorstoß wird von geheucheltem Mitgefühl getragen: »Du weißt schon, dass wir jetzt Reitstunde haben?!« Ja, weiß ich doch. Klar, Reitstunde, sagt mir was, sicher so was mit Pferden. »Ich meine ja auch: danach!«, lüge ich schnell hinterher. »Danach kommt die Nachhilfe, die DU gewollt hast. »Das ist auch richtig so, ich meine ja auch: danach!«, sage ich mit inzwischen kraftloser Stimme. »Danach müssen wir ins Bett, und außerdem hat dann keine Eisdiele der Welt mehr geöffnet.« Das ist richtig, und so geht es mir tagein, tagaus mit einer Vielzahl meiner besten Vorschläge. Immer übersehe ich das engmaschige Netz terminlicher Verpflichtungen der Kleinen. Woher soll ich wissen, dass donnerstags Ballett ist, wenn die Anmeldung bereits drei Jahre zurückliegt? Singstunde am Montag, hatten wir die nicht wegen Lust- oder Talentlosigkeit beendet? Nicht? Handballtraining ist immer noch dienstags? Aha, aber dann können wir ja Samstag mal ins Grüne fahren! Ach, samstags sind die Handballspiele, verstehe.

So eine hypermoderne Kindheit ist verplant wie ein Top-Manager in einem DAX-Unternehmen. Für Spontaneität ist nur Platz, wenn der Reitlehrer vom Pferd gefallen ist und seine Stunde ausfällt, wenn das Handballspiel einem Hallenschaden zum Opfer fällt oder wir beim Tanzkurs rausfliegen, weil wir wiederholt die Überweisung der Jahresgebühr verschlampt haben.

Ich sollte viel mehr Überweisungen verschlampen, denn ich bin mir allmählich sicher, dass ein Terminkalender, der so eng beschrieben ist wie Strawinskis Notenblätter, das Gegenteil von Bullerbü ist. Für eine spontane (sic!) Verabredung im Freundeskreis benötigen die neuen Eltern in der Kindheit 2.0 inzwischen mehrere Wochen Vorlauf. Wenn es bei uns früher hieß: »Ich geh mal rüber zu Marcus«, dann sagte meine Mutter: »Zieh eine Mütze auf!« Wenn es heute heißt: »Ich geh mal rüber zu Josua«, dann sagen wir: »Der ist nicht da, der hat heute Schlagzeugunterricht.«

Irgendetwas läuft da aus dem Ruder beim Bemühen, den Kleinen tolle Angebote für ihre Freizeit zu machen, Angebote, bei denen sie sich bewegen und sportlich sind, Freundschaften pflegen und Spaß haben. Alles super, aber die Dosis scheint zu groß geworden zu sein. Wenn in der eigenen Kindheit an ein oder zwei Tagen ein fixer Termin war, Musikunterricht, Rudern oder was auch immer, dann sind es heute ein oder zwei Termine pro Tag. Eine terminliche Überdosis. Denn es bleibt kaum noch Zeit, auf eigene Faust Dinge auszuprobieren. Auch nicht im sozialen Bereich. Mit sich und anderen klarzukommen, mit Emotionen, Forderungen und Widerständen. Das regeln im Ernstfall heute die Teamleiter und Trainer. Eigene Spiele müssen auch nicht erfunden werden, dafür gibt's vortreffliche (kostenpflichtige) Kursangebote; warum Baumbuden bauen im wilden Wald, wenn es Kletterhallen gibt?

Anders als ein neuer DVD-Player braucht Persönlichkeitsbildung keine Gebrauchsanleitung, selbstständig kann man nur selbstständig werden. Verabreden kann sich nur, wer nicht schon verabredet ist – von wohlmeinenden Eltern, die das gute Kind mit Kurs um Kurs verkuppeln.

Fester Vorsatz: Sobald ich bei meinen Kindern auch nur das erste Anzeichen einer gewissen Lustlosigkeit in welchem Kurs auch immer feststelle, stelle ich umgehend die Zahlung ein und kaufe vom gesparten Geld einen Satz Nägel. Für 'ne ordentliche windschiefe Baumbude, mit eigenen Kinderhänden in den wehrlosen Wald genagelt.

16. GRUND

Weil draußen feindlich ist

Ein wenig Verzweiflung klang in der Frage der Kundin mit: Ob es mit technischen Gimmicks wie Geocaching vielleicht möglich sei, Kinder ab und zu raus in die Natur zu locken? Ihre Kinder seien kaum noch bereit, die Playstation zu verlassen, und ein echter Wald sei ihnen nicht 3-D genug. Die Antwort der Frau, die immerhin GPS-Geräte für die digitale Schnitzeljagd verkauft, fiel sehr pragmatisch aus und frei von Verkaufsinteresse. »Kinder sind immer gerne draußen«, sprach die Verkäuferin, »sie wissen es oft nur nicht.«

Stimmt, wenn sie einmal draußen sind, kriegen wir sie kaum noch rein. Im Nu sind sie über alle Berge, und wir bedauern, dass wir ihnen keine Kuhglocken umgehängt haben, um sie am Abend akustisch orten zu können. Bleibt nur die Hoffnung, dass sie irgendwann ausgezehrt und zitternd vor Hunger und Kälte freiwillig heimkommen. »Na, habt ihr schön gespielt?«, frage ich dann, während sie bibbernd vor Kälte erfolglos versuchen, den Reißverschluss am Anorak zu öffnen. Statt Antwort nur Nicken und Gegenfrage: »Gibt's was zu essen?« Selbstverständlich gibt es das, jedenfalls wenn die heiße Suppe in den letzten Stunden noch nicht völlig verdampft ist.

Aber bis es so weit ist, bis die Kinder endlich draußen sind, ist es oft ein Kampf auf Leben und Tod, wenn nicht mehr. Schon der Lockruf geht meist nach hinten los: »Kinder, draußen herrscht herrlichster Sonnenschein, die Vögelchen tirilieren und der Rhabarber duftet!« Falls dieser Lockruf *überhaupt* erwidert wird, dann garantiert negativ: »Danke, aber Sonne macht Krebs, Vögel sind laut und Obst lockt Wespen.« Ich starte einen neuen Anlauf, indem ich alle romantischen Pro-Natur-Argumente weglasse: »Okay, bis wann läuft euer Film denn noch?« Das Filmende ist immer eine gute Gelegenheit für einen neuen Anlauf: »Okay, guckt noch zu Ende, dann geht's raus!«

Jetzt gibt's keinen Widerspruch mehr aus dem Fernsehzimmer, zu groß ist die Sorge, ich könnte bei einem erneuten Veto gegen den Rauswurf in die Natur die Fernbedienung konfiszieren – und zwar bevor der Film zu Ende ist! Es sind eben nicht immer die saubersten Mittel, mit denen Eltern und Kinder ihre Kompromisse aushandeln. Auch Kinder arbeiten unsauber: Sie kommen natürlich nicht umgehend nach Filmende, nein, sie studieren noch den Abspann, auch wenn sie noch gar nicht lesen können, sie müssen dringend noch den nachfolgenden Programmhinweis mitnehmen und können den Aus-Knopf gerade nicht finden. Diese Verzögerungstaktiken hält keiner aus. Also entere ich mit Jacken und Mützen das Fernsehzimmer und baue mich vor dem Schirm auf. »Ihr wolltet doch rausgehen«, sage ich, eine schlechte rhetorische Finte, die sofort durchschaut wird. »WIR wollten nicht rausgehen, wir werden gezwungen!«, wird mir entgegnet, während widerwillig die Jacken übergestreift werden. Wenige Minuten später ziehen die Kinder die Haustür hinter sich demonstrativ laut ins Schloss. Endlich sind sie draußen, in der verhassten, stacheligen, hügeligen, matschigen Natur, wo der Wind pfeift, die Sonne erbarmungslos brennt, Schnee und Regen die Klamotten durchweichen, Hagel auf die Gedanken an ein schönes Computerspiel prasselt … Hatte ich schon erzählt, dass ich Stunden später, wenn es bereits dunkel geworden ist, die größten Probleme bekommen werde, die Kinder wieder ins Haus zu kriegen?

17. GRUND

Weil man nie mehr Zeitung lesen kann

Mein ganz persönlicher sonntäglicher Kirchgang ist das stundenlange Lesen einer großen Sonntagszeitung; mir werden dabei Momente des Innehaltens beschert, der Meditation, der Besinnung und des Glücks. Manchmal summe ich dabei sogar genauso schief, wie ich es in der Kirche tun würde. Bisweilen geschieht dies sogar gleich zu Beginn – wenn es Erfreuliches im Sportteil zu lesen gibt, mit dem ich immer anfange. Manchmal bin ich nach der Lektüre überdies klüger als vorher – wenn auch meist nur für kurze Zeit. Dann hab ich alles wieder vergessen über die Heisenbergsche Unschärferelation, so einleuchtend der Artikel auf den Wissenschaftsseiten auch war. Ob's im Feuilleton um das Sexleben von Sigmund Freud oder C. G. Jung ging, ist mir leider ebenfalls entfallen, es ging jedenfalls um Sex und Psychoanalyse, und der Artikel war wirklich ausgezeichnet.

Nun sind diese großen Sonntagszeitungen leider so groß, dass sie als Toilettenlektüre nicht taugen. Sie brauchen für ihre volle Entfaltung den ganzen Frühstückstisch, und nur deshalb stehe ich auch am Sonntag weit vor dem Rest der Familie auf. Obwohl ich gerne ausschlafe. Aber noch lieber schleiche ich auf zentimeterdicken Stoppersocken zur Haustür, öffne diese so leise, wie es nur geht, und ziehe das gerollte allsonntägliche Meisterwerk aus dem Briefkasten. In einer perfekten Welt würde ich mir nun fünf Liter nachtschwarzen Kaffee zubereiten, mich im Bademantel aufs Sofa setzen und Zeitung lesen, bis es Zubettgehzeit ist. Meine Welt ist aber nicht perfekt – ich habe Kinder. Ich kann nicht einfach egoistisch auf dem Sofa sitzen und immer mehr Druckerschwärze an meinen Fingerkuppen sammeln. Wenn die Kinder aufwachen, kann ich schlecht sagen: »Nehmt euch schon mal Kaffee und den Sportteil, den habe ich bereits durch.« Das wäre zu schön und ist deshalb schon mal grundsätzlich ausgeschlossen.

Wenn ich schon früh aufstehe, wird von mir erwartet, dass ich den Frühstückstisch decke. Dieser Job ist mein Alibi für die frühmorgendliche Bettflucht, die meine Frau ansonsten als Akt der Ungemütlichkeit empfinden könnte. Also mache ich Frühstück, was wiederum wertvolle Lektüreminuten kostet, denn auch hierbei muss ich maximal leise sein. Ein verräterisches Klirren oder Scheppern mit Tellern, Messern oder Tassen, und ich könnte die geliebte Gazette auch direkt ins Altpapier geben. Sobald auch nur das kleinste Kind erwacht und an den Frühstückstisch stürmt, ist Feierabend mit der Zeitungsherrlichkeit. Sofort geht's los. »Was macht die da?«, wird gefragt und mit der Hand auf die Vorderseite der Zeitung gehauen, die ja meine Rückseite ist. »Das ist die Bundeskanzlerin«, antworte ich, noch geduldig, doch ich vermeide jede Erklärung, die weitere Fragen nach sich ziehen könnte. Inzwischen erscheint auch Kind zwei am Frühstückstisch. Leider ohne eigene Zeitung. »Wen schreit die Frau an?« Ich lasse die Zeitung sinken. »Die schreit keinen an, die hält eine Rede und spricht zur Opposition!« Diese Antwort hätte ich nicht geben sollen. »Was hat der Opposition denn gemacht?« Die Zeitungslektüre ist einstweilen beendet, ich blicke kurz auf die Uhr, immerhin elf Minuten waren mir vergönnt. Ich versuche wenigstens, den angefangenen Artikel noch zu Ende zu lesen, doch als ich das Nachthemd meiner Frau erblicke, schiebe ich die Zeitung endgültig beiseite und tue so, als wäre ich bereits fertig damit und hätte ab jetzt alle Zeit der Welt für meine Familie. Den obligatorischen Vorwurf bekomme ich trotzdem noch aufs Brötchen geschmiert, das unangetastet auf meinem Teller liegt: »Du weißt schon, dass es ziemlich daneben aussieht, wenn dich deine Kinder etwas fragen und du dich hinter der Zeitung versteckst?!« Ich erwidere nichts. Ich setze all meine Hoffnungen auf nächsten Sonntag.

18. GRUND

Weil sie Massenschlägereien auslösen

Wenn zwei sich streiten, dann geht die größte Gefahr von Dritten aus. Vor allem, wenn die Dritten die Eltern der Streithähne sind. Im besten Fall beobachtet man auf dem Spielplatz eine solche Szene nur, im schlechtesten Fall ist man beteiligt: Zwei Kinder, die eben noch ganz wunderbar zusammen spielten, geraten sich plötzlich in die Haare. Es geht um das Übliche: Wer hat das Förmchen als Erster gefunden? Wer ist jetzt mit Schaukeln dran? Wer hat wen in den Sandkasten geschubst, und wem gehört der blutige Milchzahn im Sand? Es gibt Eltern, die sich das Treiben aufmerksam anschauen, Typ »UN-Beobachter«, und möglichst lange auf eine Intervention verzichten wollen. Es gibt auch Eltern wie mich, Typ »Neutrale

Schweiz«, die plötzlich ganz aufmerksam die Tageszeitung (oder die liegen gebliebene Sonntagszeitung) lesen, die sie eigentlich schon zweimal durch haben, weil sie sich nicht ins Geschehen verwickeln lassen wollen, und erfolgreich unbeteiligt tun, bis schließlich ein heulendes Kind mit einer Hand vor dem blauen Auge angelaufen kommt: »Papaaaa ….!« Dann muss die Zeitung doch weggelegt werden. »Ja, was ist denn nur passiert, mein Kleiner?!« Und letztlich gibt es noch einen dritten Typus Eltern, nennen wir ihn »Schnelle Eingreiftruppe«. Sobald deren Schatz auch nur ansatzweise in Schwulitäten gerät, eilen sie los: »WIR hatten das Förmchen aber wirklich zuerst!« Oder: »Jetzt sind WIIR aber mit Schaukeln dran!« Oder: »Meiner würde NIE als Erster schlagen, beißen oder kratzen, und falls doch, dann wird er wohl seine Gründe gehabt haben!« Und während die Schnelle Eingreiftruppe noch wild gestikulierend immer hysterischer wird, gehen die Streithähne von eben wieder Hand in Hand ihrer harten Arbeit im Sandkasten nach oder sitzen vergnügt grunzend auf der Wippe, bis die Eingreiftruppe spaltet: »Komm mit, wir gehen, das müssen wir uns nicht bieten lassen!« Und wieder geht das Geheule los, nur eben aus ganz anderen Gründen. Ganze E-Jugend-Fußballspiele mussten schon abgebrochen werden, weil die Eltern auf den Zuschauerrängen ihren Kleinen auf dem Platz mal demonstrieren wollten, wie man sich richtig auf die Zwölf haut und die Blutgrätsche einsetzt.

Klar, schön ist es nicht, streitende Kinder zu sehen. Richtig unschön aber ist es, zu sehen, wenn das eigene Kind unter die Räder kommt, argumentativ oder auch beim Raufen um das begehrteste Spielzeug. Da fallen lieblose Sätze wie »Du bist nie wieder mein Freund!«, »Mit dir will sowieso keiner spielen!« oder »Du bist hässlich!«. Auf der nächsthöheren Eskalationsstufe fallen nicht nur gemeine Worte, da fallen dann ganze Kinder um, oft die Kleinsten. Der Impuls, dazwischenzugehen, ist so nachvollziehbar wie falsch: Wer nicht früh richtig streiten lernt, weil die Eltern Anwalt spielen, wird Probleme kriegen später im Leben. Wenn es in der Beziehung dann mal kracht, und das tut es, ist es doof, nach Mutti zu rufen. Das könnte die Beziehung vorzeitig beenden.

Streit ist Kommunikation, auch wenn konfliktscheue Eltern von einer Welt ohne Zank träumen. Nur funktioniert eine Welt ohne Streit so wenig wie eine ohne Liebe. Die »Schnelle Eingreiftruppe« sollte mal ein simples Experiment machen: beim nächsten Streit im Kinderzimmer ganz langsam bis 50 zählen. In den meisten Fällen ist es dann wieder ruhig, oder man hört ein Lachen.

19. GRUND

Weil Tragetücher die Lillifee des Mannes sind

Nicht alles, was gut ist fürs Baby, ist auch sexy für Vati. Reden wir mal über Tragetücher. Tragetücher am Mann. An einem Kerl! Über Tragetücher an der Frau reden wir gleich. Aber am Mann sieht ein gefülltes Babytragetuch in etwa so knackig aus wie orthopädische Strümpfe in Birkenstocks und so knisternd wie eine gelbe Jogginghose beim Rendezvous an der Cocktailbar.

Ich schwöre bei den Triefnasen meiner Kinder, ich war immer der Erste, wenn es darum ging, den Kinderwagen startklar zu machen und ein paar Runden zu schieben. Hauptsache kein Tragetuch! Kein Weg war mir zu weit, kein Pfad zu holprig. Ich habe, wenn es sein musste, den Kinderwagen in Kofferräumen verstaut, die kleiner waren als der Kinderwagen, ich habe das Ding Steilwände hochgeschoben, ohne dass das Kind rausfiel, nur die Rassel. Ich hätte das Vehikel auch die 533 Stufen im rechten Turm des Kölner Doms hochgezogen, doch mit einem Tragetuch wollte ich nie gesehen werden.

Als das Wort »Softie« noch eine beliebte Kampfvokabel war, so ungefähr Anfang der 1980er, bekamen Männer diesen Stempel aufgedrückt, sobald sie mindestens einen dieser drei Fehler machten: Frauen zuhören, Frauen verstehen, Tragetücher tragen. Über diese Typen lacht die Welt, war auch ich mir sicher. Dass das so nicht ganz stimmte, bemerkte ich zu spät. Denn Softie sein, war eine enorm erfolgreiche Masche beim Angraben. Ich kenne Männer, prominente Männer sogar, die die EMMA erwarben, um Frauen für sich zu erwärmen. Durchaus mit Erfolg und allen gewünschten Folgen.

Beim Tragetuch, so lässt sich schlussfolgern, wirkt eine ganz besondere Erotik: Ein toller Vater muss das sein, der sein Baby eng am Körper trägt, wo es schön warm und trocken ist, im günstigen Fall auch angenehm riecht, wo der Herzschlag beruhigend wirkt und das Baby jede Bewegung und jede Aktivität mitkriegt. Gleichzeitig hat der fürsorglich tragende Papi auch noch beide Hände frei, um nützliche Dinge zu tun. Er kann der Partnerin zeigen, wohin sie die schwere Couch rücken könnte, man selbst kann ja gerade nicht, oder man entspannt einfach mal und spielt eine schöne Partie Ballerspiele am Computer. Leise natürlich, damit Baby im Tuch weiterschlummert. Zudem werden der textilen Tragehilfe nicht wenige Pluspunkte in Bezug auf kindliches Wohlergehen zugeschrieben: Kindchen wird motorisch super stimuliert, verdaut ganz dufte und legt eine astreine körperliche Entwicklung hin.

Lauter Vorteile, und doch mochte ich diesen Stofflappen nie. Ich misstraute meiner Knot- und Bindekunst, wo doch schon jeder meiner Schnürsenkel nach 200 Metern nachgezogen werden muss. Vor allem aber wollte ich nicht so aussehen wie die Väter, die so aussahen, wie ich nie aussehen wollte. Ich gebe zu, auf die modernen Varianten des Tragetuchs habe ich mich ab und an eingelassen, wenn diese aussahen, als kämen sie aus dem Rennsport. Mit Sechspunktgurt und Bajonettverschluss, Notschalter, Reißleine und leuchtenden Materialien aus der Raumfahrt. Aber diese Hightech-Carrier waren ja angeblich den Tüchern unterlegen, die bereits seit Jahrtausenden Naturvölkern rund um den Globus wertvolle Dienste leisteten. Was mich an den traditionellen Lappen aber wirklich tief im Innersten störte: Ich sah aus wie schwanger. Und das stand mir einfach nicht zu.

20. GRUND

Weil sie die schönsten Geschenke nicht mögen

Als Vater tut man viele Dinge nur fürs Kind … in sich. Das ewige beste Beispiel ist wohl die Dampfmaschine. Selbst keine gehabt als Kind, aber immer davon geträumt und mindestens ein Dutzend Mal erfolglos zu Weihnachten und zum Geburtstag gewünscht, schenkt man sich dieses Wunderwerk der Technik dann halt selbst, wenn man jenseits der 30 und inzwischen Vater ist. Indem es dem Sohn geschenkt wird, ob der will oder nicht. »Papa, eigentlich spiele ich lieber mit Puppen und möchte zum Ballett!« – »Ach was, schau mal, wie schön das dampft, und hier bewegt sich auch was!« Widerstand zwecklos, Einwände werden nicht einmal ignoriert. Selbst Töchter werden nicht verschont bei Vaters spätem Spielzeug-Coming-out: »Schaut mal, Mädchen, eine Dampfmaschine, ihr wollt euch doch auch technisch emanzipieren, ODER ETWA NICHT?!« – »Danke

Papa, schon richtig, aber ist das olle Ding nicht ein bisschen …
retro?«

Wie Mann es auch macht, man macht's falsch. Die Dampfmaschine ist dabei nur ein Synonym für Geschenke, die ausschließlich
dem Schenker eine Freude machen. Sie lässt sich ersetzen durch
Steinschleuder, Lenkdrachen, ferngesteuerte Fahrzeuge aller Art,
halbautomatische Waffen. Meine Dampfmaschine war ein Zelt. Ein
sehr geräumiges Zelt für mindestens vier Mann beziehungsweise
Frau. Das wollte ich immer haben, seit ich die Dinger im Necker-
mann-Katalog meiner Oma entdeckt hatte.

Doch für ein Familienzelt, das war's nämlich, braucht man Familie, denn alleine aus so einem Riesen-Wigwam zu krabbeln, wirkt
ein bisschen größenwahnsinnig. So wurden meine Kinder das perfekte Alibi, um endlich so ein wunderbares Zelt kaufen zu können.
Ein Wurfzelt, welches sich in Sekunden alleine aufbaut! Doof nur,
dass von Anfang an keine rechte Begeisterung aufkommen wollte,
obwohl die Demonstration mit dem magischen Selbstaufbau in
zwei Sekunden im Garten perfekt gelang. »Das dauert länger als
zwei Sekunden«, wurde gemault, »die Heringe müssen ja auch noch
in die Erde!« Den Abbau haben sie sich dann erspart und gingen
wieder ins Haus, spielen. Zum Glück, denn der Abbau geriet zu
einem vollständigen Debakel. Denn während sich das Zelt zwar
beim Aufbau von alleine entfaltet, erfordert der Abbau Fertigkeiten
und Geschick, über das ich offensichtlich nicht verfüge.

Das Jungferncamping fand – wo auch sonst – in Holland statt.
Oben an der Küste, wo es nichts anderes zu essen gibt als Fritten und
Frikandel. Was ja jedem Kind schmeckt, täglich und nicht nur einmal. Es hätte also ein Traumurlaub werden können – Sonne, Sand,
Pommes –, wenn das Zelt nicht gewesen wäre. Während ich mit
dem einfältig-stolzen Gesichtsausdruck eines Häuslebauers vor dem
Wurfzeltwunderwerk stand, hörte ich die ersten Klagen: Der Boden
sei zu hart, die Zeltleinen seien Stolperfallen, und in der Schlafkam-
mer seien Stechmücken. Deren Größe wurde mit den Händen an-

gezeigt, demnach hatten die Mücken ungefähr die Statur eines Weiß-kopfseeadlers. »Andere Eltern fahren mit ihren Kindern in richtigen Urlaub, mit richtigen Häusern«, wurde mir vorgehalten, als ich mit Handwerkermiene die Zeltleinen nachspannte. Als dann noch das Grillen ausfiel, weil ich vergessen hatte, Anzünder zu kaufen, und der Topf mit den Ersatznudeln vom Campingkocher in den Sand fiel, war der Urlaub gegessen. Jetzt galt es nur noch, das sperrige Wurfzelt unter Flüchen und Verwünschungen wieder auf Packmaß zu falten, was nicht einfacher war als beim Erstversuch im Garten.

Kurz vor Einbruch der Dunkelheit hatten wir das Zelt, das wir nun nur noch »Auswurfzelt« nannten, im Kofferraum. Den nächs-ten Urlaub verbringen wir wie eine richtige Familie in einem rich-tigen Haus. Vielleicht darf ich mir im Vorgarten ein Ein-Mann-Zelt aufbauen ...

21. GRUND

Weil sie Frauen vor Rätsel stellen

Hier mal wieder ein paar crazy Zahlen aus Wiesbaden vom Bundes-institut für Bevölkerungsforschung: 91 Prozent der Frauen und, hey, sogar ein Prozent mehr Männer sind der Meinung, dass Kindererziehung und -betreuung gleichberechtigt aufgeteilt wer-den sollten.[13] Tolle Zahlen, wie sie sonst nur bei den Wahlen zur Volkskammer der DDR zustande kamen. Nur noch 9 Prozent der Frauen und 8 Prozent der Männer sind der in der Steinzeit noch sehr verbreitetet gewesenen Auffassung, dass Kindererziehung ausschließlich Sache der Mutter ist und der Vater gefälligst jagen gehen soll, bevor er nach Feierabend mit seinem Wagen aus Steinen, Holz und Tierfellen heimkommt und das Feuer erfindet – ohne sich in irgendeiner Form dem Nachwuchs zu widmen.

Die Meinung, dass Kinderbetreuung ausschließlich Sache der Väter sein sollte, vertraten 0,0 Prozent der Männer – und noch weniger Frauen. Diese Nullnummer erklärt sich zum Teil durch die Überzeugung, dass ein Mann seine Familie ernähren muss – und zwar allein. So denkt ein Drittel der Männer, während nur ein Fünftel der Frauen dieser Ansicht ist. 84 Prozent der Frauen und 77 Prozent der Männer finden, dass sich beide Eltern darum kümmern sollen, dass der Kühlschrank und der Tank des Autos voll sind. Doch die Wirklichkeit hinterm Kühlschrank sieht sehr anders aus als das Ideal von der Gleichheit bei der Aufgabenteilung: Fast 70 Prozent der berufstätigen Mütter arbeiten in Teilzeit, und nicht einmal 6 Prozent der Männer. Die ideale Teilzeitstelle umfasst 20 Wochenstunden und endet am Mittag. Genau diese Halbtagsstellen sind rar und sehr begehrt von Müttern – und reichen leider nur in den seltensten Fällen, um finanziell unabhängig vom Mann zu sein. Doch eben das wünschen sich 84 Prozent der Frauen (und auch 73 Prozent der Männer).

Eine Crux, die viele junge Frauen irgendwann vor die Frage stellt: Wie halte ich es weiterhin mit der Pille? Her damit oder weg damit, auch wenn ich im Falle einer Schwangerschaft plötzlich in eine finanzielle Abhängigkeit gerate, die ich nie wollte? In einer Gesellschaft, in der Individualität und Autonomie hohe Güter sind, ist die Aussicht auf eine Abhängigkeit vom Partner ein nachvollziehbarer Grund, die Sache mit dem Kinderkriegen zu überdenken. Wenn hier also viele unerfüllte Kinderwünsche, und somit auch die dürftige Geburtenrate im Lande, ihre Ursache haben, dann zeigen die crazy Zahlen aus Wiesbaden der Politik doch sehr eindrucksvoll und überzeugend, wo der Geburtenhammer hängt.

22. GRUND

Weil Eltern sein dagegen sehr

Europa ist weit weg, zu weit weg von den Menschen und ihren echten Problemen im echten Leben. Jedenfalls dann, wenn mit »Europa« der Europarat in Straßburg gemeint ist, der als Forum über europäische Fragen debattiert. Eigentlich geht der Stoff für Debatten ja nie aus, denn Probleme gibt's immer, und ist erst mal eins gelöst, tut sich garantiert an anderer Stelle ein neues auf. Eltern kennen das, da wurde gerade mit vereinten Kräften die Versetzung ins nächste Schuljahr geschafft, da kommt das Kind auch schon mit der Polizei nach Hause, weil es mit einer kleinen Portion Cannabis aufgegriffen wurde. Die Folgen dieses Vergehens sind in jedem Land verschieden, da konnte noch keine europäische Einigung erzielt werden. Obwohl das doch eine schöne Aufgabe für den Europarat wäre.

Der aber hat dringlichere Probleme auf der Agenda. Erst neulich wurde in Straßburg gefordert, Vater und Mutter abzuschaffen. Nicht gleich als Menschen, aber die Bezeichnungen. Denn in einem modernen Europa sollten die Unterschiede zwischen den Geschlechtern vielleicht noch in der Sauna sichtbar werden, falls überhaupt, sonst aber weg mit den alten Zöpfen. Was ein Mann kann, kann eine Frau schon lange. Und umgekehrt. Wann ist ein Mann ein Mann? Wenn er eine andere Art von Frau ist. Eine Frau hingegen kann alles sein, auch in der medialen Darstellung, nur keine Mutter.

Denn damit sei sie nicht besser dran als ein Sexualobjekt. Klingt wie der Stoff zu einer nie realisierten Geschlechterkomödie, ist aber der Tenor von Dokument 12267, das im Juni 2013 von einer Schweizer Abgeordneten auf den Weg gebracht wurde. Frauen würden in den Medien meist als Mütter oder als Sexualobjekte dargestellt, heißt es in 12267, beides nicht tragbar und klar ein Fall für den Europarat.

Auf Väter wird in 12267 gar nicht erst weiter eingegangen, aber sie werden gleich mit abgeschafft. An dieser Stelle wäre ein Aufschrei angebracht, doch gemach, wir sollen ja gar nicht abgeschafft werden sondern lediglich ersetzt. Und was da in 12267 als Alternative angeboten wird, ist gar nicht so übel. Nämlich der viel zu selten genutzte Singular von Eltern: Elter, nicht zu verwechseln mit Eiter, auch wenn's in durchgehender Großschrift ähnlich aussieht und auch ähnlich klingt, wenn man nuschelt. So wie ich.

Insgeheim finde ich die Vorstellung aufregend, von den Kindern mal ganz anders um Geld angepumpt zu werden: »Haste mal zehn Euro, Elter?« Erinnert zwar an »Haste mal 'ne Mark, Alter?«, hat aber was. Denn die Bezeichnung »Vater« ist ja schon ein bisschen outdated; Vater, das ist der Heilige Vater, oder Väterchen Frost oder der eigene Vater, der man ja nie sein wollte. Der war ja immer so alt, egal wie jung er war.

Blöd aber ist, dass der Duden »Elter« sowohl als Neutrum definiert, als auch maskulin. Ich darf also als »das Elter« angesprochen werden und als »der Elter.« Hingegen gibt es »die Elter« nicht, das wiederum könnte weiblichen und männlichen Sprachexperten gegen den oder das Strich gehen. Nicht, dass bald ein neues Dokument gegen verbalen Sexismus den Kindern nach Vater und Mutter auch noch Elter und Elter nehmen will! Gut, dass mein Großelter das nicht mehr erleben muss!

3

EIN KACKIHAUFEN
KOMMT SELTEN ALLEIN

23. GRUND

Weil Süßigkeiten Saures geben

Süßigkeiten sind wie Unkraut, sie wachsen immer wieder nach. Kaum ist mit Weihnachten das höchste Fest im Kalorienkalender rum, kaum sind also Armeen milchkannengroßer Schoko-Nikoläuse vernichtet, Lebkuchen vertilgt und Marzipanbomben entschärft, stehen die nächsten Feste an. Vor Ostern kommt bestimmt noch der eine oder andere Kindergeburtstag. Und was bekommen alle Kinder nach der Feier mit auf den Heimweg? Ein Obstkörbchen oder einen schönen Blumenkohl? Mitnichten, sie bekommen eine Tüte mit buntem Zeug, das zu gleichen Teilen aus Farb- und Süßstoffen besteht. Yeah! Und weil das so ist, machen wir es genauso. Diese Heimwegtüten erfreuen ein jedes Kind und sind eine erstklassige Gelegenheit, Altlasten loszuwerden. Kamelle zum Beispiel. Bei uns im Rheinland und ganz besonders in Köln ist Karneval erste Bürgerpflicht. Egal, wie beschissen das Wetter auch ist, mit Mann und Maus steht man am Rosenmontagszug und sammelt auf, was die Narren von den Wagen schmeißen. Neben kleinen frischen Blumensträußen lässt sich auf den Straßen sogar Historisches finden: kleine Schokoladentäfelchen aus längst vergangenen Tagen, wie sich am Haltbarkeitsdatum erkennen lässt, das mitunter ein paar Karnevalssessionen zurückliegt. Diese ollen Kamelen sammeln wir auf und packen sie dann zur gegebenen Zeit schön in die Heimwegbeutel für die kleinen Kindergeburtstagsbesucher, die noch nicht lesen können. Ihre Eltern schon, und so kann es passieren, dass wir wenig später unser Kind auf einer Party abholen, und im Heimwegsüßigkeitenbeutel findet sich eine alte bekannte Kamelle wieder. Großes Hallo!

Die beste Gelegenheit, das längst abgelaufene Leckerchen abermals loszuwerden, bietet sich an Sankt Martin, wenn Kinder im Minutentakt Sturm klingeln, laut und schief ihre Schnorrerlieder schmettern, um ihren Beutezug umgehend fortzusetzen. Jetzt haben sie die 1992 abgelaufene Schokolade im Sack, und inständig hoffen wir, dass unsere Kinder nicht auch noch als Martinssinger losziehen wollen, weil wir ahnen, was sie dann abends wieder heimholen. Beim nächsten Kindergeburtstag in der Nachbarschaft kriegen wir's es eh doppelt und dreifach zurück. Bis dahin sind wir froh, wenn endlich mal alle Süßigkeiten aus dem Haus sind.

Dieser Zustand währt allerdings stets maximal 24 Stunden, dann kommt überraschend die Oma vorbei, immer im Gepäck diverse Produkte der florierenden Kariesindustrie. Zaghafte zahnmedizinische Einwände gegen die permanenten Attacken auf die Milchzähne werden entrüstet zurückgewiesen mit einem Fingerzeig auf die Kinderaugen: »Strahlen die oder strahlen die nicht? Siehste!« Der Oma springt die Wissenschaft bei. »Süßigkeiten gehören dazu«, ruft diese, »auch Süßigkeiten haben ihren Platz in der ausgewogenen Ernährung von Kindern!« Bis zu zehn Prozent der täglichen Energiezufuhr dürften aus Süßwaren, Haushaltszucker und Knabbereien kommen.[14] So weit ein sogenanntes Ernährungsstudio, das weiß, wovon es spricht. Es wird nämlich von Nestlé betrieben, weltgrößter Lebensmittelkonzern, Produzent von lauter lecker Sachen wie Smarties und KitKat. Produkte, mit denen auch ich gut und gerne 100 Prozent meines täglichen Energiebedarfs decken könnte. 150 Kilokalorien seien für ein Vierjährigen okay, sagt Nestlé. Das entspricht fünf Stück Vollmilch-Nuss-Schokolade oder 25 Schokolinsen (wer stellt die noch mal her?), einem halben Stück Marmorkuchen, 30 Salzstangen oder einer Portion Götterspeise mit 60 Milliliter Vanillesoße.

Lecker, lecker, aber die Zähne? Es gibt keinen Zweifel, dass Süßigkeiten Zähne hassen, es gibt aber auch keinen Zweifel, dass fast alle Kinder Süßigkeiten lieben. Zahnärzte geben deshalb den Tipp, in erster Linie Süßes zu kaufen, das sich schnell auflöst und nicht lange im Mund verweilt, um dort Unheil anzurichten. Also auch nicht jede halbe Stunde ein Gummibärchen, sondern besser fünf Bärchen auf einmal. Rein und weg damit. Und dann beten, dass kein unerwarteter Besuch mit einem großen Herz für Kinder und einer noch größeren Tüte an der Tür klingelt!

24. GRUND

Weil verschluckbare Kleinteile das Größte sind

Ein weiterer Running Gag bei Kindergeburtstagen im Freundeskreis ist das Verschenken von Präsenten mit der größtmöglichen Anzahl an verschluckbaren Kleinteilen. Frickelige Geschenke von Lego, Playmobil oder 2000-teilige Puzzles stehen dabei ganz oben im Kurs. Geprüft werden soll mit diesen Gaben weniger der Überlebenswille unserer Kleinen als die Paranoia ihrer Eltern, die sich in zwei Gruppen aufteilen lassen. Diejenigen, die relaxt sagen: »Es ist doch noch nie was passiert.« Und diejenigen, die sofort auf 180 sind: »Ja, muss denn immer erst was passieren?!« Tatsächlich ist mir persönlich aus dem erweiterten Bekanntenkreis kein einziger Fall bekannt, wo ein Kindchen die verschluckbaren Kleinteile eines Spielzeugs tatsächlich verspeist hätte. Gleichwohl weiß ich von Fällen, bei denen Kinder alles Mögliche verschluckten, nur keine als gefährlich deklarierten Spielzeugteile. Sondern Knöpfe, Cent-Münzen, Radiergummis. Das taten sie aber nicht, weil Warnhinweise fehlten. Sondern weil die Eltern einen Moment lang unaufmerksam waren beim Wegräumen möglicher Gefahrengüter vom Spielteppich.

Die meisten dieser albernen Warnhinweise auf diversen Produkten braucht kein erwachsener Mensch, außer Amerikanern. Wenn nach erfolgreichen Millionen-Dollar-Klagen auf Kaffeebechern mit heißem Kaffee der Hinweis steht, dass der Kaffee heiß sein könnte, dann hat man mit Verlaub ein kleines Problem unter der Frisur.

Dass nicht alle Amis einen an der Klatsche haben, beweist der »Wacky Warnings«-Preis, der in den USA für besonders bizarre Warnhinweise verliehen wird. So zeichneten die Veranstalter den Hersteller eines faltbaren Kinderwagens aus, der mit dem Hinweis versehen war: »Remove Child Before Folding« Wer das Kind vor dem Zusammenfalten aber nicht entfernt, der braucht auch dringend den Hinweis, dass Waschmaschinen nicht zur Wäsche von Menschen geeignet sind, dass Geburtstagskuchenkerzen nicht in Körperöffnungen gesteckt werden sollten, dass man Toner für Laser-Drucker nicht verzehren möge, dass Haartrockner nicht bei Bewusstlosigkeit eingeschaltet werden sollten, dass Kleidung niemals am Leib gebügelt werden sollte, oder dass man den Tod vermeiden soll, wie auf einer Landmaschine zu lesen ist: »Danger! Avoid Death.« Nahezu metaphysisch eine andere Warnung: »Wenn Sie die Angaben, Anleitungen und Warnungen nicht verstehen oder lesen können, verwenden Sie dieses Produkt nicht.«[15]

Dieser »Warnsinn« hat seine juristischen und finanziellen Gründe, seit zum Beispiel ein (amerikanischer) Wohnmobilbesitzer sieben Millionen Dollar samt neuem Wohnmobil zugesprochen bekam, nachdem dieser während der Fahrt aufgestanden und nach hinten gegangen war – mit wenig überraschenden Folgen. Der Mann konnte vor Gericht erfolgreich nachweisen, dass es keinen

Hinweis im Fahrzeug gegeben hätte, wonach man während der Fahrt nicht aufstehen dürfe. Solche Menschen müssen geschützt werden. Noch mehr als kleine Kinder, die wenigstens nicht aus Doofheit Kleinteile in den Mund nehmen.

Wäre ein Kleinkind bereits fähig, den Warnhinweis auf einem Rutschauto zu lesen: »Dieses Produkt bewegt sich bei Gebrauch«, neun von zehn Kindern würden das Produkt in die Luft sprengen, weil sie sich nicht für dumm verkaufen lassen wollen. Auch nicht in Amerika.

25. GRUND

Weil sie im falschen Moment krankfeiern

Der Urlaub ist gebucht, das Wetter herrlich! Strand, Sonne oder Schnee, egal. Mailand oder Madrid – Hauptsache Italien! Das Hotel lockt mit drei Sternen und einer Rundum-sorglos-Kinderbetreuung. Die Koffer sind voll, das Konto leer – es kann losgehen! Halt, vorsorglich noch ein paar Arzneien für die Kleinen ins Gepäck: Keinesfalls fehlen dürfen Verbandsmaterial, Pflaster, Desinfektionsmittel, Notfalldecken, Schere, Pinzette, Fieberthermometer sowie mit Gel befüllte Kühlakkus. Die extrateure Sonnencreme aus der Apotheke mit einem dreistelligen Schutzfaktor, die nie einzieht, sondern als zweite zahnpastaweiße Haut einen Schutzpanzer bildet und beim ersten Spiel am Strand jedes Kind in panierte Fischstäbchen verwandelt, wird auch noch besorgt. Ebenfalls eine Creme für den Fall, das alle UV-Schutzmaßnahmen nicht fruchten und das Kind am Abend wie ein gegrillter Lobster im Reisebettchen liegt. Ohne recht zu wissen, wie es liegen soll, wenn doch alles wehtut. Hier wirken kühlende Sonnenbrandsprays mit Panthenol und Salben mit Hydrocortison Wunder – feste Bestandteile jeder sorgfältig gepackten Reiseapotheke. Freunde der Hausmittel schwören bei Sonnenbrand hingegen auf das Einbalsamieren mit Quark (»natur« natürlich, ohne Kräuter und Knobi). Am besten holt man sich den Sonnenbrand bereits am ersten Urlaubstag, denn nach zwei oder mehr Tagen können ungekühlte Quark-Packungen in der Sonne seltsame Düfte verbreiten.

Die Homöopathen unter den Touristen besteigen kein Flugzeug und keinen Reisebus, wenn nicht auch die homöopathische Kinderapotheke reisefertig ist. Einige Hundert Globuli kullern mindestens im gut sortierten Erste-Hilfe-Beutel rum: Belladonna gegen Fieber und Sonnenstich, Cocculus gegen Reisekrankheit. Arsenicum Album ist ein treuer Begleiter in allen Regionen ganz fern der Heimat, in denen die Küche mit ganz anderen Zutaten arbeitet als die in Mitteleuropa. Länder, in denen Lebensmittelvergiftungen, Durchfall und Erbrechen zwar nicht auf der Speisekarte stehen, aber an der Tagesordnung sind für ungeübte Mägen. Bei (Kultur-)Schocks und Schreck (»Riesenspinnen!«) soll Aconitum wirken, bei Bindehautentzündungen aber auch. Blasen an den Füßen, weil Vati meinte, den Wanderweg auch ohne Karte zu finden? Cantharis verspricht Linderung. Bei Blasenentzündungen übrigens auch.

Von allen Kügelchen das wichtigste für Reisende, die der Lehre des deutschen Arztes und Homöopathie-Erfinders Hahnemann vertrauen, heißt Arnica. Diese Allzweckwaffe kommt nach Stürzen, Schlägen, Stößen und Prellungen zum Einsatz. Die Wirkung von Arnica wird gerne damit belegt, dass der blaue Fleck zwar blau, aber nicht sooo blau sei, und die Beule auf jeden Fall viiiel größer wäre, hätte man nicht die Kugel gegeben. Arnica und all die anderen homöopathischen Mittel heilen »Ähnliches mit Ähnlichem«, wie

Samuel Hahnemann es formulierte. Wer dran glaubt, dem mag's tatsächlich helfen. Schaden tut's jedenfalls nicht. Trotzdem sitze ich entspannter im Strandkorb, wenn auch die fantastische Welt der Schulmedizin im Gepäck ist.

Wer all das beherzigt, dem steht garantiert keine Trübung der schönsten Zeit des Jahres ins Ferienhaus. Wenn, ja wenn das Kind nicht noch kurz vor dem Urlaub krank wird. Davon nämlich können viele Eltern ein Lied singen, das so klingt wie *Highway to Hell*.

26. GRUND

Weil Haustiere nicht nur niedlich sind

Wer mich umbringen möchte, muss mir nur einen Hamster unters Kopfkissen legen. Oder ein Meerschweinchen, eine Katze, ein Pferd. Nicht, weil ich mich dann zu Tode erschrecke, sondern weil ich der Prinz Karneval der Allergiker bin. Alles, was haart, killt mich. Von mir selbst einmal abgesehen. Mir geht's wie vielen, denn Tierhaarallergien sind nicht bedeutend seltener als Heuschnupfen. Habe ich natürlich auch. Das alles hielt und hält meine Familie aber nicht davon ab, in regelmäßigen Abständen die Hund-Katze-Maus-Frage zu stellen: »Können wir nicht einen Labrador kaufen und eine Katze aus dem Tierheim retten? Die sind so süß!«

Vielleicht will meine Familie mich ja umbringen. Als durchschnittlicher und ganz normaler Vater biete ich durchaus ab und an gute Gründe dafür. Vielleicht würden sie das Haustier nach getanem Auftragsmord ja wieder zurückgeben. Doch das möchte ich nicht glauben. Ich glaube, nein, ich weiß, dass sie verrückt nach Tieren sind. Das haben sie von der Mutter, die als Mädchen immer irgendetwas Flauschiges in ihrem Kinderzimmer hatte: Dackel, Katzen, Kaninchen. Der Nachbar hatte Kühe, auf einer Weide ganz in der Nähe grasten Pferde. Ich selbst hatte nur zwei Wellensittiche, die sich am liebsten auf den Lautsprechern meiner Musikanlage niederließen und den Schaumstoff fraßen. Als hätte ich ihnen nicht genug Jod-S-11-Körnchen gegeben. Burt the Bird und Yertle the Turtle – so hießen die beiden Flattermänner – starben irgendwann kurz hintereinander. Und als ich sie unter Beigabe von Jod-S-11-Körnchen im Wald hinterm Haus beerdigte, war ich zwar ein bisschen traurig, aber auch ein bisschen erleichtert, weil ich inzwischen andere Interessen hatte und nur noch wenig Spaß am morgendlichen Käfigreinemachen und Füttern.

Ich war mir sicher, nie wieder meine vier Wände mit einem sogenannten Haustier zu teilen, aber dann hätte ich keine Kinder kriegen dürfen. Schon gar keine Töchter. »Können wir nicht Kaninchen kaufen? Die sind so niedlich, wir kümmern uns auch und machen jeden Tag den Stall sauber, versprochen!« Meine Frau sagte nichts, und ich sprach ein deutliches Nein aus. Klare Ansagen sind in solchen Situationen entscheidend. Am nächsten Tag stand ich im Garten und baute einen Kaninchenstall.

Warum ich bei der Haustierdebatte beim hundertsten Mal dann doch so erbärmlich einknickte? Weil ich hundert Mal den Wunsch nach einem Haustier hören wollte, um halbwegs sicher zu sein, dass es wirklich ernst gemeint ist. Schließlich werden jedes Jahr in Deutschland circa 500.000 Tiere ausgesetzt. Von Leuten, die das entsorgte Tier kurz zuvor noch sooo süß und niedlich fanden. Noch ist nicht aller Tage Abend, doch noch hat das Interesse an Boys das Interesse meiner Girls an den Nagern nicht abgelöst, und so kümmern sie sich tatsächlich jeden Tag um Stall und Inhalt. Und um mich. Wenn die Kaninchen durchs Haus hüpfen, was sie ab und an dürfen, werde ich rechtzeitig gewarnt: »Papa, denkst du bitte dran, dein Antihista…, äh, dein Allergo..., jedenfalls deine Tablette zu nehmen? Gut!«

27. GRUND

Weil die frühste Bewegung eine Wischbewegung ist

Eine der ersten Handbewegungen, die kleine Kinder beherrschen, ziemlich gleich nach Greifen und Dinge in den Mund nehmen (die dorthin gehören oder auch nicht), ist Wischen. Also diese Bewegung mit Daumen und Zeigefinger, mit der beim Smartphone Fotos und Texte größer gemacht werden können. Ich weiß gar nicht, ob das wirklich Wischen heißt, oder ob es ein korrektes neudeutsches Wort wie »Scrollen« dafür gibt. Da müsste man mal die Internet-Community fragen. Ich weiß auch nicht mehr, wann das genau losging, aber das Handy und das Smartphone übten sehr früh einen geradezu zauberischen Reiz auf meine Kinder aus, und mir scheint, nicht nur auf meine. Ich sah Kinder, die konnten noch nicht richtig sitzen, beherrschten das iPhone ihrer Mutti aber so souverän wie ein erfolgreicher Immobilienhändler bei der Arbeit.

Es ist aber auch eine magische Kiste: Ein Smartphone macht tolle Geräusche, es leuchtet und blinkt, es vibriert und krabbelt dabei über den Küchentisch. Die Icons sind so simpel wie das Winke-Winke der Teletubbies, die ganzen Funktionen eben kinderleicht. Nicht wirklich kindgemäß ist das Material. Sobald ich dicke Sprünge in der Glasoberfläche des Geräts eines Kollegen erblicke, frage ich: »Sie haben Kinder?« Die Frage wird in neun von zehn Fällen bejaht. Entweder wahrheitsgemäß oder weil der Kollege ein eigenes trotteliges Missgeschick nicht öffentlich machen möchte. Ist ja auch blöd, wenn beim Versuch, das Teil möglichst lässig aus der Manteltasche zu ziehen, der glatte Alleskönner meterweit durch die Luft fliegt.

Und der Reiz lässt auch nicht mit der Zeit nach, im Gegenteil. Sobald ich mich daheim umdrehe, ist das achtlos auf den Tisch gelegte Gerät weg. Wenn ich es dann brauche, ist es unauffindbar, und ich bete zum Gott der Klingeltöne, dass ich das Ding nicht auf Lautlos eingestellt habe. Und dass es nicht unter Bergen von Spielkissen oder im Waschbecken liegt. Da fällt mir ein befreundeter Computerprogrammierer ein, der Smartphones abgrundtief hasst und tatsächlich immer noch mit einem Handy aus der Steinzeit telefoniert. Der träumt von der Abschaffung aller Smartphones durch von ihm entwickelte Apps, die Wassertemperaturen anzeigen, wenn man sie nur lange genug unter Wasser hält. Oder die das Körpergewicht anzeigen, wenn man feste draufspringt. Lauter Letzte-Befehle-Apps.

Meinem Programmierfreund mit dem Old-School-Handgerät entgehen freilich auch die Diskussionen, an denen ich schon lange nicht mehr vorbeikomme. Diskussionen, die mit dem Satz beginnen: »Wann krieg ich endlich ein Handy, aber eins zum Wischen?« Diese Frage wurde erstmals, glaube ich, am zweiten Grundschultag gestellt. Denn bereits in der Grundschule haben alle Coolen ein Handy. Oder sind sie cool, weil sie ein Handy haben? Fakt ist, die meisten, die diesen Text gerade lesen, haben ihre Schulzeit auch ohne Handy überlebt. So wirken die Gründe, mit denen Befürworter die Anschaffung eines Handys für die Kleinen seriös zu untermauern versuchen, oft wie Großstadtmythen: »Wenn sich ein Verbrecher nähert, kann mein Kind zeitnah die Polizei rufen!« Oder: »Seit unsere Kinder Handys haben, sterben wir nicht mehr vor Sorge, wenn sie mal mit dreiminütiger Verspätung nach Hause kommen!« In Einzelfällen mag ein Handy sinnvoll sein, in der Regel nicht. Doch der soziale Druck – erst auf die Kinder, dann auf ihre Eltern – wird größer. Schließlich will keiner als rückständiger Hinterwäldler mit offensichtlichen Geldproblemen dastehen. Also werden Handys angeschafft, die nicht wirklich sein müssen, lediglich die Geldbörse schröpfen und zu Fernsprechdialogen führen wie: »Biste?« – »Bus. Du?« – »Bahn« – »Tschüss.«

Langfristig werde ich die Eroberung des Kinderzimmers durch ein Telefon ohne Schnur nicht aufhalten können, kurzfristig hilft ein kleiner Kniff: Mit meiner älteren Tochter habe ich das Abkommen getroffen, dass es ein Wischhandy frühstens mit der ersten Eins in Mathe gibt. Das kann dauern!

28. GRUND

Weil's zum Himmel stinkt

Endlich trocken! Wenn dieser Satz im Brustton der Erleichterung fällt, dann geht es entweder um einen Alkoholiker, der gerade noch rechtzeitig den Absprung geschafft hat, oder es geht ums Kind, das nie wieder gewickelt werden muss. Die nächsten 60 Jahre jedenfalls sehr wahrscheinlich nicht. Auf zwei bis drei Jahre Wickelei darf man sich getrost einstellen. In dieser Zeit werden pro Tag – und Nacht – gut und gerne sechs Windeln gewechselt. Mehr als zweitausend Einwegwindeln werden im Jahr schön trocken und luftig angelegt und wenig später nass und schwer und stinkend und gelbbräunlich verfärbt wieder abgelegt. Wenn irgendwann die letzte Windel feierlich entfernt und entsorgt ist, hat die Hygiene einen vierstelligen Betrag gekostet. Es soll ja Menschen geben, die aus Scheiße Gold machen – bei Babys ist es umgekehrt.

Zwei Tonnen Müll in Gestalt von Pipi und Aa, verpackt in Polyethylen und saugstarkem Zellstoff, haben sich am Ende links oder rechts des Wickeltischs gesammelt. Keine schlechte Leistung für einen Menschen, der kaum größer ist als ein Feuerlöscher. Kein Wunder also, dass es vielen Eltern nicht schnell genug gehen kann mit dem Trockenlegen der kleinen Kacker. Nur: Es lässt sich nicht beschleunigen! Bloß keine Panikattacke, wenn Sie auf dem Spielplatz aufschnappen, dass der kleine Max ja schon seit seinem ersten Geburtstag auf Windeln verzichtet. Das ist garantiert ganz großer Windelschwindel. Es sei denn, seine Eltern lassen Max lieber einen Haufen in die Hose drücken, als ihm eine Windel anzulegen, dann stimmt der Satz natürlich wieder. Andere versuchen, mit einem verschärften Toilettentraining die Windelphase zu verkürzen. Ist aber auch sprichwörtlich fürn Arsch, wenn damit zu früh begonnen wird. Denn bis ein Kind Blase und Schließmuskel kontrollieren kann, dauert es nun mal seine Zeit. Unter 24 Monaten geht da nix, auch nicht bei Max. Max wird aber rechtzeitig Bescheid geben, wenn er keinen Bock mehr hat auf Windeln und Wickeln. Dann steht er nämlich eines schönen Tages etwas abseits in der Ecke und macht ein komisches Gesicht. Vielleicht macht er dazu noch ein komisches Geräusch und bekommt einen roten Kopf. Auch möglich, dass er zeitgleich ein geradezu wissenschaftliches Interesse am Stuhl- beziehungsweise Toilettengang seiner Eltern entwickelt. Wie ein Vogelkundler schaut er sich genau an, was auf so einem Klo alles vonstattengeht. Toilettenpapier, Klobrille, Wasserspülkasten – alles wahnsinnig interessant plötzlich. Ein Töpfchen oder Toilettenaufsatz ist jetzt ein absolutes Muss.

Bis es mit dem Selbersaubermachen klappt, dauert es noch eine Zeit, aber immerhin: Nie wieder Pampers & Co. schleppen. Und noch besser: Nie wieder beim Einkauf Pampers & Co. vergessen! Dieses Vergnügen wird auch nicht getrübt durch das noch nicht ganz so perfekte Timing in der Post-Wickel-Phase: »Wer muss eben noch auf Toilette, bevor wir losfahren?« – »Muss nicht.« – »Wir können gleich keine Pause machen, also bitte jetzt noch schnell aufs Klo!« – »Muss nicht.« Was dann wenig später auf der Autobahn geschieht, kennt jeder, der jemals im Heck seines Kfz ein Kindchen von A nach B fuhr: »Muss mal!!!«

29. GRUND

Weil sie quälen, was sie lieben

So putzig ist der gefiederte Freund mit den Schwimmhäuten! Alle freuen sich, Mensch und Tier, wenn kleine Kinder Brotstücke in den Teich werfen, wenn die Enten schnatternd und flügelschlagend um die schönsten Krumen balgen. Damit dieses lustige Spiel auch möglichst lange andauert, werden die Kinder von ihren Eltern oder von Omi und Opi pausenlos mit neuen Brotstücken munitioniert. Ganze Backstuben verschwinden bröckchenweise im braun-grünen Wasser. Die Enten sind echt happy, dass sie nicht umständlich gründeln müssen in dem alten Tümpel, die Kindchen freuen sich, weil sie sich grundsätzlich gerne freuen und weil sie Enten nicht nur als Pekingente für acht Personen gern haben, sondern auch höchst lebendig in ihrer mehr oder weniger natürlichen Umgebung. Eltern und Großeltern freuen sich ebenfalls, weil mit einfachen Mitteln

– das Brot war eh alt, hart und angeschimmelt – so viel Kinder-
augenleuchten zu bewirken ist.

So lehnen die Erziehungsberechtigten ganz entspannt an einem
Schild mit der Aufschrift: »Füttern verboten!«, oder etwas höflicher:
»Bitte keine Enten füttern!« Darunter steht eine Erklärung für diese
Spielverderberregel, manchmal sogar eine ausführliche Illustration.
Es soll bitte nicht gefüttert werden, weil das Brot in den Entenmägen
aufquellen kann, weil nicht gefressenes Brot im Wasser fault und
dem Teich oder Weiher Sauerstoff entzieht, den die Teichbewohner
aber schon ganz gerne hätten, wenn sie nicht tot umfallen wollen. Es
soll nicht gefüttert werden, weil neben den Enten noch andere Tiere
große Freude an den Überbleibseln haben. Beispielsweise Ratten. All
das steht auf dem Schild, das der Dreijährige nicht lesen kann. Seine
Eltern, Omi und Opi aber schon. Aber es ist ihnen egal. Das bisschen Brot, sagen sie sich. Und all die anderen Eltern und Großeltern
neben ihnen pflichten ihnen innerlich bei, an jedem schönen Tag
von morgens bis abends. Komm, wir gehen Enten vergiften im Park!

In Tiergehegen lassen sich Esel, Damwild, Schafe, Pfaue bestau-
nen, manchmal streicheln und gerne auch füttern. Artgerechtes
Futter lässt sich meist für wenig Geld im Gehege erwerben, und
wenn davon nichts mehr da ist, dann nicht, weil die Betreiber ge-
pennt haben, sondern weil die Tiere nicht überfüttert werden sollen. Das ist natürlich schade, und so manches Kind wird bitterlich
weinen, wo es sich doch so aufs Füttern gefreut hat. Doch zum
Glück haben gewitzte Eltern noch altes Weißbrot mitgebracht, das
beim letzten Entenfüttern übrig geblieben ist, weil nach zwei Stunden monotonem Gefüttere dem Kind der Wurfarm lahm wurde.
Jetzt also dürfen sich die Ziegen freuen und die Gänse, die sich
gleich hinter einem Schild versammelt haben. Auf dem zu lesen
ist, dass hier bereits Tiere qualvoll an falscher Fütterung durch Besucher verendet sind. Uns Eltern ist das aber schnurz, denn wir
sind ja nicht nur tierlieb, wir sind ja auch kinderlieb, also dürfen
die Kinder ungestört quälen, was sie lieben. Bis das Tier verendet

ist, sitzen wir eh längst beim Chinesen vor der Pekingente für acht Personen. Und freuen uns über einen rundum gelungenen Tag, der den Kleinen richtig gut gefallen und ihnen die wilde Welt der Großstadttiere wieder etwas näher gebracht hat.

30. GRUND

Weil sie Teil des Patchwork-Schwindels sind

Berufsbedingt lese ich viele Schauspielerinterviews, eigentlich fast alle, nicht alle immer gerne. Was ich mit der Zeit gelernt habe: Schauspieler kommen viel rum, werden bewundert bis vergöttert, müssen ihre Hotels nicht selbst buchen und werden vom Limousinenservice am Flughafen abgeholt. Weil dieses Leben so anders ist als das Leben normaler Menschen, die ihre Betten selbst machen und die meiste Zeit des Jahres auch in ihrem eigenen Bett schlafen, taugen normale Menschen zwar als Fans, aber nicht so recht als Partner. Aus diesem Grund sind mehr Schauspieler mit Schauspielerinnen liiert als, sagen wir mal, Baggerfahrer mit Baggerfahrerinnen. Es gibt freilich auch Schauspieler, die sind mit Menschen aus ganz anderen Sphären zusammen. Manche mit Chemikerinnen, andere mit Landesbeamten oder Ärztinnen, vielleicht auch mit Baggerfahrerinnen. Ich habe gelernt, dass diese Beziehungen, wenn sie denn den Urknall der völlig verschiedenen Kulturen unbeschadet überstanden haben, länger halten als Beziehungen zwischen Schauspielern. Bei denen wird doch verstärkt rotiert. In den Interviews, die ich lese, heißt es dann oft: »Wir hatten beide eine Sehnsucht nach Normalität, aber die lässt unser Beruf nicht zu. Deshalb haben wir beschlossen, uns zu trennen.« Dummerweise mündete die Sehnsucht nach Normalität oft in der Zeugung eines Kindes oder mehrerer, denn so die Hoffnung: Je mehr Kinder, desto mehr Normalität.

Auf die Einsicht in diesen großen Irrtum folgt dann meist die Trennung, wahlweise mit ganz großem Rosenkrieg, ausgetragen auf dem Boulevard der Yellow Press, oder mit demonstrativem Einvernehmen, gerne ebenfalls demonstriert in den entsprechenden Blättern. In dem »großen und exklusiven Interview zur Trennung des Jahres«, dem nicht allzu lang zuvor das »große und exklusive Interview zur Liebeshochzeit des Jahres« vorangegangen war, heißt es dann: »Wir haben für uns das Modell der Patchworkfamilie entdeckt und müssen sagen, es funktioniert ganz wunderbar!« Freitags fliege das Kind zum Vater, und wenn der gerade drehe, kümmere sich der Großvater ganz liebevoll um den Kleinen. Außerdem gäbe es ja noch eine Nanny, eine wahnsinnig treue bulgarische Perle, die dem Kleinen die Küche des Balkans beibringe und lustige Schimpfworte. Aus einer früheren Beziehung habe der Ex ja auch noch eine ältere Tochter, die sich auch irrsinnig lieb um den Kleinen kümmere. Die beiden hätten sich dank der Trennung eigentlich erst richtig kennengelernt. Ja, und Weihnachten feiern dann alle zusammen bei der Großmutter, die ebenfalls eine große Schauspielerin war, sogar ihr neuer Mann, ein Regisseur, kämen am ersten Weihnachtstag vorbei, immer mit wahnsinnig originellen Geschenken für die Kleinen, da werde auch nicht so aufs Geld geguckt. »Das sind die schönsten Weihnachten, für den Kleinen bestimmt noch schöner als die Weihnachten nur mit uns, als wir noch zusammen waren, weil es da ja manchmal schon Spannungen gab. Das spüren die ja.« Aber jetzt sei alles super, als Patchworkfamilie hätten sie ihre Bestimmung gefunden, und nie wirkten die Kinder glücklicher als unter dem mit viel Fantasie (»typisch Künstlerfamilie eben«) raffiniert geschmückten Baum.

Weiter hinten im Interview, wenn der Journalist den Interviewten so weit hat, endlich auch richtige Fragen stellen zu können, kommt oft die Frage nach dunklen Momenten, Niederlagen, Verlusten. Dann sind es ironischerweise gerade die Patchwork-Prediger, die die Trennung der eigenen Eltern als dunkelste und schrecklichste Erfahrung ihres Lebens schildern.

Ich kann ja nicht ausschließen, dass ich nicht auch eines Tages in einem Patchwork ende. Das kann ja passieren. Aber bitte nehmt mir die rosarote Brille weg, wenn ich das Patchwork-Ding abfeiere, bevor ich wirklich weiß, was in meinen Kindern vorgeht.

Patchwork-Großmeister Til Schweiger wird gerne gepriesen, wie toll er die Auflösung seiner Familie gemeistert habe. Schweiger hielt mit bewundernswert ehrlichen Worten dagegen: »Wir haben ihnen das, was kein Kind jemals hören will, gemeinsam erklärt. Oder wir haben es zumindest versucht. Den Blick, den sie alle draufhatten, werde ich nie vergessen. Da kann man von Meistern im Grunde nicht reden.«[16] An diesen Worten sollte man sich messen, bevor man beginnt, sich selbst und seine Kinder zu verarschen.

31. GRUND

Weil Eifersucht vorm Laufstall nicht haltmacht

Gut, dass außer einem Stofftier keine ernst zu nehmende Waffe in greifbarer Nähe ist: »Was hat er, was ich nicht habe?«, schreit mein alter Schulfreund Matthias. »Los, sag es mir, sag es mir wenigstens ins Gesicht! Ich vertrage die Wahrheit!« Gut, dass Matthias alleine im Kinderzimmer ist, weder seine Frau (Ute) noch sein Sohn (Max) sind in Hörweite. Gut auch, dass Matthias nur innerlich geschrien hat, denn Frau und Sohn sind im Nebenzimmer, beim Stillen. Matthias weiß auch, dass er sich gerade ziemlich lächerlich macht vor sich selbst, aber er kann nicht anders. Er ist rasend eifersüchtig – auf seinen Sohn. Was hatte er sich auf das funkelnagelneue Kind gefreut, solange es noch in diesem hüpfburggroßen Bauch war, den er morgens und abends mit den öligen Lotionen geschmeidig gehalten hat. Doch seit der Geburt ist das anders. Seine Frau hat ihm einen Rivalen geboren, er befindet sich jetzt in einer Dreiecksbeziehung, die so unrund läuft, wie ein Dreieck nur unrund sein kann.

Vorher war doch alles super mit Ute, das sieht man ja an Max, der wäre ja sonst doch gar nicht da! Vorher passte kein Tabakblättchen zwischen die beiden, das hatten auch die Freunde gesagt, manche bewundernd, manche angenagt von Neidgefühlen. Und jetzt ist die zauberhafte Zweierbeziehung gesprengt worden, durch einen Fremden, obwohl es scheint, als würde Ute Max schon länger kennen. Woher nur?

Matthias hatte sich sogar richtig Zeit gelassen nach der Geburt bis zu den ersten zaghaften postnatalen Annäherungsversuchen, doch jedes sexuelle Ranwanzen wurde freundlich, aber deutlich abgeschmettert. »Lass uns noch etwas Zeit«, sagte Ute und drückte Max an ihren Busen, genau dahin, wo Matthias jetzt so gerne wäre. »Bleibt das jetzt für immer so?«, fragte sich der eifersüchtige Vater und gab sich selbst die Antwort: »Niemals, das werde ich nicht zulassen! Sobald der Statthalter greifen kann, besorge ich uns zwei Revolver, und dann tragen wir den Kampf um Ute unter Männern aus!«

So weit muss es gar nicht kommen. Beim Bier erklärt uns ein alter Hase in Sachen Familienplanung (vier Kinder!), dass eine Schwangerschaft 18 Monate dauert: »Neun Monate bis zur Geburt und noch einmal neun danach«, sagt er und prostet uns gähnend zu. »In dieser Zeit haben Mutter und Kind ein symbiotisches Verhältnis.« – »Ja, und was wird aus uns?«, schalte ich mich ein, um Matthias in seiner Not beizuspringen. Unser Vier-Sterne-Vater zuckt die Achseln: »Noch 'ne Runde?« Matthias beruhigt die Aussicht aufs nächste Bier kaum, er wird unruhig: »Der Kleine liegt auch dauernd neben Ute im Bett, das war mal mein Platz!« Inzwischen steht die neue Runde frisch gezapft vor uns. »Wie hast du das denn gemacht, bei euch war's doch bestimmt nicht anders?«, will ein noch ungeduldiger gewordener Matthias von unserem Vier-Sterne-Vater wissen. Der streicht sich tiefenentspannt über seinen beachtlichen Bauch, den er inzwischen ebenfalls mit duftenden Lotionen geschmeidig halten könnte. »Locker bleiben«, sagt er und fischt eine Fruchtfliege aus dem Bierschaum, »locker bleiben und lieb. So hab ich es gemacht, und es hat funktioniert. Sonst würde ich jetzt nicht zum fünften Mal Vater werden. Die nächste Runde geht übrigens auf mich.«

32. GRUND

Weil der erste Zahn immer der schwerste ist

Es gibt wohl nichts im weiten Erdenrund, was so unberechenbar ist wie die Entwicklung eines Kindes. Selbst die Modelle zur Berechnung der Klimaerwärmung sind präziser als diesbezügliche Prognosen. Dennoch sind Eltern jedes Mal aufs Neue am Rande eines Nervenzusammenbruchs, wenn es Abweichungen gibt von einer Normalität, die es nicht gibt. »Ach du grüne Neune«, heißt es dann, »jetzt ist er schon acht Monate alt und zahnt noch immer nicht; als sein Bruder so alt war, hatte er vorne schon Full House!«

Das gilt nicht nur für Zähne, das gilt für alles: »Hilfe, es krabbelt nur rückwärts. Es wächst nicht. Es ist zu groß. Es kann nur ›Ulala‹ sagen.« Manchmal aber auch: »Hilfe, es kann schon ganz alleine in die Windel machen, bestimmt ist es hochbegabt!« In den Voruntersuchungsheften befinden sich Wachstumskurven mit der Durchschnittsgröße zu jedem Lebensalter. Diese Hefte haben schon für Heulkrämpfe gesorgt, mit denen man erst beim ersten Gymnasialzeugnis gerechnet hat! »Es ist laut Tabelle viel zu klein. Es wird niemals wachsen, es kriegt bestimmt nie einen ab, es wird beim Basketball bestimmt immer auf den Korb gesetzt …«

Mit den ersten Zähnen nimmt die Vergleichshysterie bei vielen von uns ihren Anfang. Ach, würden sie doch gar nicht erst kommen, die Beißerchen. Ich hab sie nicht gewollt, ich fand's vorher auch schön. Lachen mit zahnloser Kauleiste, das fand ich irgendwie süß. Die Ankündigung des ersten Milchzahns war dann weniger süß, auch weil wir beim ersten Milchzahn des allerersten Kindes überhaupt nicht wussten, was los ist. Plötzlich war das breite zahnlose Lachen aus dem Mondgesicht verschwunden; die Erstgeburt war auf einmal sehr leicht reizbar, schlief sehr rappelig, wachte unplanmäßig auf und schrie, als hätte sie von einem nackten Gespenst geträumt. Wir drehten und wendeten das Bündel, doch es waren keine erkennbaren Schäden zu entdecken. Meine Frau wurde nervös, und ich versuchte, meine Nervosität mit schlechten Witzen zu überspielen: »Wollen wir es zurückgeben? In den ersten sechs Monaten nach der Geburt müsste das doch ohne Angabe von Gründen gehen!«

Es waren wie so oft befreundete Profi-Eltern, die uns den Zahn zogen. »Alles in Ordnung«, sprachen sie, und zeigten mit ihren Profi-Fingern auf die stark geröteten Wangen. »Apfelbäckchen!« Ich drehte mich zu meiner Frau um: »Siehst du, es ist gar nichts

Schlimmes, nur Apfelbäckchen!« Dann drehte ich mich wieder zu den Profi-Eltern: »Was heißt das?« Apfelbäckchen seien ein untrügliches Zeichen, dass erste Zähne im Anmarsch seien. »Vielleicht bilden sich auch kleine Blutergüsse«, führten die Profi-Eltern weiter aus, »und stellt euch darauf ein, dass Füttern mit dem Löffel vorübergehend vielleicht nicht mehr geht, es könnte wehtun.« Es könnte auch verstärkt sabbern, es könnte auch ab und an zu Durchfall, zu Windeldermatitis, zu Fieberschüben kommen, es könnte auch …

Ich drehte mich wieder zu meiner Frau und merkte leise an, dass die zahnlose Kauleiste uns doch immer sehr gut gefallen habe und wir vielleicht ganz vorsichtig die Zähne wieder rausrupfen könnten, sobald sie sich zeigen würden. »Rausrupfen?!«, wiederholte meine Frau und sah mich mitleidig an, die Profi-Eltern sahen extra an mir vorbei. Ich zog vor, Fläschchen spülen zu gehen. Ich wiederholte meinen tollen Vorschlag auch nicht, als einige Nächte später meine Frau beim Stillen einen spitzen Schrei tat. Der erste Zahn hatte offenbar schon echte Beißerqualitäten entwickelt.

33. GRUND

Weil die Warum-Frage nicht zu beantworten ist

»Warum willst du 111 Kinder auf den Mond schießen, Papa?« – »Ich möchte doch gar nicht 111 Kinder auf den Mond schießen, Liebling, ich will ALLE Kinder auf den Mond schießen!« – »Warum?« – »Nun, zum Beispiel wegen genau dieser Frage: Warum?« – »Warum?«

So könnte es nicht nur ewig weitergehen, so *geht* es weiter. Ein Warum reiht sich an das nächste: »Warum fällt der Mond nicht runter? Warum müssen Opas sterben? Warum hat der Mann so einen dicken Bauch?« »Das ist eben so!«, wäre die einfachste Antwort. »Dafür bist du noch zu klein«, wäre die dämlichste. Denn etwas mehr Ambitionen haben wir schon. Also geben wir uns Mühe und den Kleinen Antworten: »Beim Opa hat das Herz aufgehört zu schlagen (warum auch immer, ich weiß es doch auch nicht so genau). Ja, und der Mond, hm, das hat (murmel, nuschel) irgendwas mit Schwerkraft zu tun (räusper), und (flüsternd) der dicke Mann neben dir ist ja gar nicht so dick, sein Hemd ist nur zu klein, und sei bitte nicht so laut.«

Keine Frage, diese Antworten werden niemals den kindlichen Wissenshunger stillen, es wird immer weitergehen: »Warum bleibt mein Herz nicht stehen? Warum fällt die Sonne nicht runter? Und (jetzt leider viel zu laut) warum hat der dicke Mann so einen roten Kopf?«

Wer als Eltern mit den unvermeidbaren Warum-Fragen nicht konfrontiert werden will, sollte den dritten Geburtstag seines Kindes möglichst lange rauszögern, denn dann geht's spätestens los mit den geballten Warum-Attacken auf die Ohren und Gehirne all derer, die nicht rechtzeitig in den Panic Room entkommen konnten. Zu tun habe das damit, dass sich ab dem dritten Lebensjahr für das Kind eine Welt eröffne, die nicht mehr auf das Hier und Jetzt beschränkt sei, heißt es in dem Buch *Die Entdeckung der Sprache* von Barbara Zollinger.[17] Dreijährige nehmen sich plötzlich als eigenständige Person wahr, entdecken zunehmend eigene Fähigkeiten und Fertigkeiten und vergleichen diese mit denen anderer Menschen, besonders gerne der Eltern. Mit Warum-Fragen terrorisiere das Kind seine Umgebung nicht aus gemeiner Absicht, vielmehr zeige es, dass es immer mehr wissen wolle über die Beziehungen zwischen Personen, Dingen und Ereignissen.

Die Welt ist ein bis zum Bersten gefüllter leuchtender und lauter Rummelplatz, auf dem Dinge passieren, die sich dem gesunden

Menschenverstand (nicht nur) eines Kindes entziehen: »Warum fallen Männern die Haare aus und Frauen nicht? Warum geht die Kerze aus, wenn ich puste? Warum haben die Menschen in Afrika nichts zu essen und ich wieder viel zu viel Kartoffelbrei auf dem Teller?« Alles gute Fragen, und dass mir oft keine Antworten einfallen, spricht ganz klar gegen mich. Die Warum-Kids wollen doch nur wissen, wie die Welt funktioniert, wollen doch nur ALLES verstehen, um den Dingen vertrauen zu können. Jede befriedigende Antwort gibt ihnen Sicherheit – und nimmt mir Akkulaufzeit, weil ich ständig Smartphone und Wikipedia bemühen muss, wenn ich draußen im Wald nicht beantworten kann, warum Ameisen Haufen bauen.

Wenn der Empfang im Wald schlecht ist und sich die Seite mit der hoffentlich richtigen Antwort unfassbar langsam aufbaut, lässt sich etwas Zeit mit einer Gegenfrage gewinnen: »Was denkst du, warum das so ist?« Dann beginnt nicht selten das fantastischste Philosophieren, bis ich dank Smartphone wieder mit Hoheitswissen auftrumpfen kann. Das ich, wie alles mal eben im Internet erworbene Instant-Wissen, ganz schnell wieder vergessen werde. Das Kind nicht, es wird mir beim nächsten Mal Antworten geben.

4

IMAGE-GAU DANK FALSCHER KINDERWAGEN

Weil Pink stinkt

Hilfe, ich habe schwule Mädchen! Woher ich das weiß? Sie stehen überhaupt nicht auf die Farbe, die doch ihrer tiefsten innersten Mädchennatur entsprechen sollte, sie stehen nicht auf Pink! Vielleicht ist es auch ein genetischer Defekt, oder sie sind einfach nur farbenblind, jedenfalls sind von ihren Spielzeugen und Anziehsachen nur jene rosa, die sie ungefragt geschenkt bekommen haben. Alles, was sie sich selber wünschen, von Weihnachtsmann oder H&M, ist unrosa. Die Große steht auf dunkelblaue und grüne Klamotten, eigentlich egal, Hauptsache eng. Die Kurze steht auf Weiß. Weiße T-Shirts, Sweater, Röcke und Jacken. Wobei Weiß bei Fünfjährigen eine sehr temporäre Farbe ist. Die Waschmaschine kann das weißeste Weiß waschen, bereits beim Frühstück wird dem Weiß etwas rote Konfitüre beigemischt, bevorzugt Kirschrot. Später im Kindergarten gesellen sich noch unterschiedlich große Matschkleckse hinzu. Ihre beste Freundin bringt am Nachmittag den neuen Wassermalkasten mit, bevor beim Abendbrot die Ketchup-Flasche der Waschmaschine zuruft: »Zeig mal, was du kannst!«

Das Rosa der Jungs ist blau. Blaue Bettwäsche, blaue Hemden, dunkelblaue Shorts, hellblaue Tapeten. Es soll Väter geben, bei denen Jungs ihr blaues Wunder erleben, sobald sie in der Spielwarenabteilung in die rosa Abteilung stürmen und begeistert einen

Lillifee-Koffer umarmen. Nicht dass mit dem Jungen etwas nicht in Ordnung ist!

»Ist es eigentlich ein Junge oder ein Mädchen?«, wurden wir nicht nur einmal gefragt, weil die Farbe der Strampler diese Frage nicht eindeutig beantwortete. Die Frage »Möchtet ihr der Kleinen denn nicht mal was Schönes anziehen?« wäre nicht gestellt worden, hätten wir uns an die herrschende Farbenlehre gehalten.

Wenn meine Tochter sich nun einen rosa Spiegel wünschen würde, was würde ich tun? Ich würde ihn kaufen – weil sie ihn sich wünscht! Doch die meisten einfarbigen Kinderzimmer, egal ob blau oder pink, spiegeln wohl weniger Kinder- als Elternwünsche. Gegen eine komplett blaue Jungenausstattung lässt sich ja noch wenig sagen, außer dass es ein bisschen einfallslos ist. Aber Pink im Mädchenzimmer ist mehr als eine Farbe. Es versinnbildlicht ein Ideal, das Ideal vom süßen, niedlichen Wesen, das da ist, um zu gefallen und Entzücken zu erregen. So wie die Herrscherin der rosa Welt Prinzessin Lillifee. Pippi Langstrumpf ist ein Mädchen mit Charakter, wild, frech und selbstbewusst, sie trägt Klamotten wie aus der Altkleidersammlung. Lillifee dagegen ist artig, dürr wie ein Bäumchen in der Sahara und pudert sich die Nase. Ich möchte wahrlich keine Pippi als Tochter haben, aber als Idol ist sie mir tausendmal lieber als die Prinzessin, deren einfarbiger Kosmos auf mich wirkt, als hätte ich Drogen genommen. Was ihre Designer gewiss tun, anders können sie diese Arbeit ja wohl kaum überleben.

So wie der Weihnachtsmann, wie wir ihn kennen, eine Erfindung von Coca-Cola ist, so sind rosa Mädchen ebenfalls ein Industrieprodukt. Initiativen wie Pinkstinks, die gegen die »Pinkifizierung« der Mädels ankämpfen, erinnern gerne daran, dass noch vor 100 Jahren Rot und Rosa als die Farben der Könige und der Macht galten und entsprechend den Jungs zugeteilt wurden. Für Mädchen war die Farbe der Jungfrau Maria erste Wahl, und die war, genau, Blau! Wenn Ihnen also die liebe Verwandtschaft mal wieder ein rosa Röckchen oder blaue Knabenschuhe andrehen will mit dem

Hinweis, das seien schon immer die typischen Farben gewesen für Mädchen und Jungs, dann denken Sie sich eine ganz große Einweg-Rakete, so ein altes rostiges Sowjet-Modell – mit sehr viel Platz für die ganze liebe Verwandtschaft.

35. GRUND

Weil Rutschautos lauter sind als Starfighter

Am 29. Januar 1886 meldete Carl Benz seinen ersten Motorwagen zum Patent an. Dieser Tag gilt als Geburtstag des modernen Automobils. Ich bin der festen Überzeugung, nur einen Tag später wurde das Rutschauto erfunden! Denn, soweit ich zurückdenken kann, sie gab es immer schon. In meiner Erinnerung waren die Wohnstraßen beherrscht von VW Käfer und Opel Kadett, und die Spielstraßen von feuerwehrroten Bobby-Cars. Der Käfer-Motor war ja schon laut, aber das war gar nichts gegen die Bobby-Cars. Weniger wegen der johlenden und kreischenden Piloten, als wegen der Kunststoff-reifen, die es auf gefühlte 70 Dezibel bringen, was vor einigen Jahren im Rheinland zur Bobby-Car-Posse führte. Ein Ehepaar hatte eine benachbarte Kindertagesstätte verklagt. Wegen Lärmbelästigung. Hervorgerufen durch die täglichen Manöver der Kita-Kinder im Außenbereich der Anlage.

Inzwischen können die Kisten mit Flüsterreifen-Sets zu knapp 20 Euro nachgerüstet werden. »Viele Eltern hätten es gelegentlich gerne etwas leiser«, weiß der Hersteller und präsentiert stolz die

Lösung: »Durch die spezielle Gummimischung rollt der rote Flitzer deutlich leiser durch Gärten und Kinderzimmer.« Aber mal ganz ehrlich, der Lärm hat auch Vorteile: In einem Radius von 200 Metern weiß ich immer, wo mein Kind ist. Und ich weiß auch, dass es noch nicht angefahren wurde. Denn das wiederum ist ein riskanter Nebeneffekt der lauten Räder: Die kleinen Fahrer hören die großen Fahrer nicht. Die meisten Autos sind deutlich leiser als die unmotorisierten Rutscher. So kommt es immer wieder zu Situationen, in denen man hoffen muss, das wenigstens der Autofahrer die nahende Gefahr sieht – oder hört!

Rutschautos sind auch ein beliebtes Indoor-Vehikel. Wenn ich auf dem Sofa liege und versuche, sinnlos vor mich hin zu dösen, während um mich herum eine Rutschauto-Rallye stattfindet, kommt mir unweigerlich Stanley Kubricks Horrorfilm *Shining* in den Sinn. Jene Szene, in der der kleine Junge mit dem Dreirad durch die Hotelflure fährt, abwechselnd ganz leise über Teppiche und sehr laut übers Parkett. Ich drohe dann auf dem Sofa so wahnsinnig zu werden wie im Film Jack Nicholson.

Ratten und Kakerlaken sollen sogar eine weltvernichtende Atomkatastrophe überleben, heißt es. Ich glaube, das gilt auch für Bobby-Cars. Unser kleines rotes Auto könnte aus dem Bobby-Car-Geburtsjahr stammen: 1972. Es hat den Sperrmüll überlebt (daher haben wir's nämlich), und sich von Hagel, Schnee und tagelangem Regen nichts anhaben lassen. Es hat heftige Crashs mit befreundeten Kettcars überstanden, sogar eine Fahrt hinab über ein Dutzend Treppenstufen.

Der Geschwindigkeitsrekord für Bobby-Cars liegt übrigens bei 115 km/h, erzielt 2012 beim »Festival of Speed« in Gedern. Im selben Jahr wurde das Bobby-Car von der *taz* auch zum »Öko-Auto des Jahres« gekürt. Zu Recht, es verbraucht kein Benzin, nur Schuhe. Wer sich keine Schuhschützer (auch wieder knapp 20 Euro) zulegt, sollte locker mit einem Satz verschlissener Schühchen pro Saison rechnen.

Inzwischen gibt's das unverwüstliche Spielauto als Rennwagen, als Polizeiauto und im Porsche-Design. Alles ganz nett, aber der Klassiker ist und bleibt der feuerwehrrote Ur-Wagen mit Weißwandreifen aus Hartplastik, die den schönsten Lärm der Spielstraße verursachen.

36. GRUND

Weil Laufräder Höllenmaschinen sind

Wer warum auch immer das Laufrad erfunden hat, er gehört damit auf der Stelle überfahren! Diese Dinge sind die Hölle. Sie haben keine Bremsen, sie kennen nur eine Richtung, sie haben keine Beleuchtung, keine Stützräder, keinen Airbag und kein ABS. Sie sind schnell wie Lance Armstrong on Dope und schneller als Eltern wie du und ich. Nicht nur einmal musste ich mich entscheiden, ob ich die Einkaufstüten fallen lasse und hinter dem Laufrad hersprinte oder einfach nur hoffe, dass es auch diesmal wieder gut geht. So sieht man dann den Lkw nahen und brüllt: »Brems!« Der Lkw-Fahrer hört bestimmt Truck Stop und mein Rufen nicht, aber der Ruf hat das Highspeed-Kind erreicht: Es steigt dermaßen in die Eisen, dass man meint, den Geruch von verbranntem Leder zu riechen, denn gebremst wird ausschließlich mit den Schuhen.

Natürlich hat das Highspeed-Kind nicht die alten ausgelutschten Treter an, nein, es hat natürlich die guten Schühchen an, die neuen. Die teuren! Und es bremst nicht mit der Sohle, da ist wohl die Gefahr eines Abflugs über den Lenker zu groß. Nein, die Beine werden nach hinten gelegt und gebremst wird grundsätzlich mit dem Obermaterial Leder. In kürzester Zeit sehen die neuen Schuhe so alt aus, dass sie ab sofort ebenfalls als Laufradbremse eingesetzt werden dürfen.

Als ich noch Kind war, war das Rad zwar bereits erfunden, Laufräder gab's aber nach meinem Kenntnisstand nicht. Oder lag's daran, dass wir im verklärten Rückblick bettelarm waren und ich alte Steine aneinanderbinden musste, um damit den Haushang runterzurollen? Ich hatte vor den ersten Fahrrädern einen Tretroller und ein Kettcar (wie heißen die eigentlich ohne Schleichwerbung?). Auch die Nachbarskinder besaßen keine Laufräder. Da bin ich mir sicher. Meine erste Laufraderscheinung hatte ich, als ich bereits groß war und mir so ein unbekanntes Fahrobjekt im Park fast ins Fahrrad fuhr. Dabei erfuhr ich auch, dass die Dinger nur eine Richtung kennen: geradeaus. Und nur eine Geschwindigkeit: volle Pulle.

In Kombination mit Kettcars (mir hat immer noch keiner gesagt, wie die Dinger ohne Schleichwerbung heißen!) sind Laufräder schuld, dass Kinder heutzutage Fahrrad fahren können, sobald sie sich draufsetzen können. Das Treten kennen sie bereits vom Gokart, um mal einen anderen Namen zu nennen, und Balance halten können sie dank ihrer Laufrad-Routine.

Unser erstes Laufrad war ein Geschenk zur Taufe der Erstgeborenen. Ein wunderschönes Gefährt aus Birkensperrholz mit Holzscheibenrädern, Aluminiumfelgen und Luftbereifung, sogar mit echten Autoventilen – der Biker in mir war begeistert. Die erste Fahrt noch am Tag der Taufe war auch gleich ein voller Erfolg und endete in der Kirschlorbeerhecke mit Abschürfungen an beiden Armen. Vor lauter Fahrfreude vergaß meine damals zweijährige Tochter das Weinen.

Ich lüge, wenn ich sage, dass ich in diesem Moment an Karl Friedrich Christian Ludwig Freiherr Drais von Sauerbronn und an sein Schicksal dachte. Dachte ich nicht, weil ich gar nicht wusste, dass dieser Forstmeister aus Baden als Erfinder des Ur-Laufrads gilt. Anfang des 19. Jahrhunderts hatte der umtriebige Bastler seine »Schnell-Laufmaschine« vorgestellt, die den heutigen Holz-Laufrädern verblüffend ähnlich sieht. Zum ersten Mal bewegte sich ein Mensch auf zwei hintereinander montierten Rädern vorwärts. Ein Balance-Akt, der vielen Zeitgenossen unheimlich war. Unter anderem deshalb und wegen der Geschwindigkeit, Drais strampelte sich locker auf 15 km/h, wurde die Erfindung unter anderem in Amerika bald wieder verboten. Es gibt Tage, da wünsche ich mir das auch.

37. GRUND

Weil Warnwesten nicht nur hässlich sind

Kann man eigentlich vorsichtig genug sein, wenn's um Kinder geht? Ja. Man kann. Aus lauter Angst, ein Kopfschütteln zu ernten, das signalisieren soll: »Wie unverantwortlich!«, ergreifen wir inzwischen Maßnahmen, die jedes Risiko eliminieren sollen, und damit auch jeden Spaß. Die Vorsichtsmaßnahmen, die wir für uns und vor allem für unsere Kinder ergreifen, haben paranoide Züge angenommen. So verlassen wir morgens in Warnwesten und mit Fahrradhelmen auf dem Kopf das Haus, als gelbe Armee von Sicherheitsfanatikern, die nichts mehr fürchtet als ein Unglück, an dem man eine Mitschuld tragen könnte. Wir haben nicht nur vor dem Rauchverbot schon nicht geraucht, wir schließen auch Reiserücktrittskostenversicherungen ab und zusätzliche Krankenversicherungen fürs Ausland, selbst wenn's nur nach Bayern geht. Genau so sehen dann auch unsere Kinder aus: fluoreszierende kleine Wesen mit überdimensionalen Helmen auf dem Kopf und blinkenden Schuhen auf reflektierenden Kinderfahrrädern, die mehr Prüfsiegel tragen als ein japanisches Kernkraftwerk. Im erweiterten Bekanntenkreis hörte ich von Eltern, die ihrem Kind einen Indoor-Helm verpassen wollten. Es hatte gerade begonnen zu laufen und damit beste Voraussetzungen für schlimme Stürze. Wo doch überall Todesgefahren lauern: der Tisch, die Treppe, die Badewanne! Knie- und Ellenbogenschoner wären auch noch eine probate Möglichkeit der Gefahrenabwehr – oder aber das Kind einfach seine Sturzerfahrungen machen zu lassen. Dann gibt's zwar ganz bestimmt blaue Flecken, Schrammen, vielleicht auch Blut und einige Milliliter Tränenflüssigkeit, aber genau dank dieser Erfahrungen werden die Kurzen mit ihrem Körper und dessen Möglichkeiten und Grenzen vertraut. Wie mit einem Auto, mit dem man gleich nach Führerscheinerwerb erst einmal rückwärts gegen ein Halteverbotsschild fährt. Danach kann man einparken.

Die Warnwestenmentalität macht vor der Natur nicht halt; 30 Zentimeter tiefe Zierfischgartenteiche werden mit Gittern gesichert, am Planschbecken macht Papi den Bademeister, harmlose Wäldchen werden eingezäunt. Die Kinderschutz-Paranoia infiziert sogar Nachbarn, die gar keine Kinder haben. Lieber fällen sie ihre prächtigen Kirschbäume, als dass ein Nachbarskind beim Klettern abstürzen könnte. Nicht das Kind mit den kirschroten Beinen wäre dann das Problem, sondern wir Eltern mit der Standleitung zu »unserem« Anwalt.

Man muss nicht so weit gehen wie der *Spiegel*, der eine Erklärung für diese Airbag-Kindheit in einer Welt sucht, in der für viele das Kind zum Ersatz für Gott werde. »Der Glaube bietet in der mehr und mehr säkularisierten Welt immer weniger Halt, das Kind wird zum quasi-religiösen Ausweichobjekt«, hieß es in einem Artikel über einen Film zu diesem Thema, »allerorten wird die Reinheit des jungen unverdorbenen Menschen gefeiert, die es gegen alle schädlichen Einflüsse der bösen, bösen Welt da draußen zu verteidigen gilt: Gelobt sei mein Balg, geheiligt sei seine Reinheit!«[18] Auch wenn diese Interpretation übertrieben scheint, es ist an der Zeit, die übergroße Vorsicht auf- und ein bisschen Verantwortung zurückzugeben – an die Kinder: Weg mit der Vollkasko-Mentalität, für ein Kinderrecht auf blaue Flecken! Es gibt doch Kühlpads und Pflaster! Eine Kindheit ohne Platzwunden, aufgeschürfte Knie und mindestens einen gebrochenen Knochen ist doch keine Kindheit.

38. GRUND

Weil Luxuskarossen im Hausflur parken

Leise, geradezu majestätisch rollt die Limousine über den Kiesweg, die kleinen weißen Steine des Stadtparks knistern unter den schaumgefüllten Pneus. Der Passagier hängt entspannt, gar ein wenig gelangweilt in den luftdurchlässigen Polstern seiner Karosse, die zur neusten Generation der ultraleichten Fahrzeuge in der Luxusklasse gehört, den rechten Daumen lässig hinter den Sitzgurt geklemmt. Den linken Daumen hat er im Mund, aus dem ein Sabberfaden auf den Tommy-Hilfiger-Pullover tropft. Der Passagier sitzt im Rolls-Royce Silver Shadow der Kinderwagen, im Cameleon³ von Bugaboo. Der niederländische Hersteller bewirbt seine neuste Edelkarosse als »einzigartig leichten und kompakten all-in one, multi-terrain Kinderwagen«. »Der neue Bugaboo

Cameleon³«, so heißt es weiter im Text, »wird alle Eigenschaften einer unschlagbaren Performance seines Vorgängers haben und zudem noch Verbesserungen und einen überarbeiteten Look mitbringen.«[19] Wäre der Kinderwagen ein Auto, es gäbe dafür das Goldene Lenkrad.

Ein Kinderwagen ist schon lange nicht mehr nur eine Rappelkiste auf vier Rädern mit Verdeck. Analog zur Entwicklung auf dem Automarkt bieten die teuersten Exemplare die Annehmlichkeiten eines SUVs, auch der Hang zu sinnlosem Schnickschnack ist vergleichbar. 1.500 Euro kostet Bugaboos Premiumvehikel namens Viktor & Rolf. Laut Hersteller »kombiniert die schnittige Sonderedition das kühle Grau des eloxierten Fahrgestells mit einem klassischen Bezug im subtilen Sportwagenstil sowie einem farblich abgestimmten Faltverdeck und Verkleidungsdetails im Lederlook, die per Hand mit Tragebügel und Schiebestange vernäht sind. Ein Rückfenster im Verdeck gibt Eltern den freien Blick auf ihre kleinen Passagiere, während diese selbst mit offenem Ausblick nach vorn die Welt erkunden und genießen können.« Ebenfalls im exklusiven Ausstattungspaket enthalten: »silberne Leichtmetall-Hinterräder mit dem legendären Viktor & Rolf-Logo.«[20] Dieses Logo ist der Mercedesstern auf dem Parkplatz der Kinderwagen, auch den Fußsack und die Rückseite ziert jeweils ein maßgefertigtes Nummernschild mit der Aufschrift »bb – ♥ – VR«.

Gegen Aufpreis können weitere Extras für ein Upgrade hinzugekauft werden, schaumgefüllte 12-Zoll-Hinterreifen beispielsweise für knapp 40 Euro. Das Moskitonetz – Afrika ist schließlich überall, insbesondere in Deutschlands Fußgängerzonen – ist mit 15 Euro vergleichsweise günstig, während der echte »Bugaboo Organizer« die Goldene Kreditkarte mit immerhin 35 Euro belastet. Aber es geht nicht anders, denn der Organizer ist »ein must-have für Eltern, die mit ihrem Kind unterwegs sind«, sagen die Werbetexter, denen ich bedingungslos glaube. Die Konkurrenz von Teutonia, Quinny, Römer, Gesslein, Chicco, Peg-Pérego, Jette, ZEKIWA, I'coo soll nicht unerwähnt bleiben, auch diese Hersteller mühen sich redlich, im Premium-Segment Marktanteile auszubauen. Denn gerade in den großen Städten, in denen es kaum noch Platz und Gelegenheit gibt, den neuen Porsche oder Jaguar angemessen zu präsentieren, ist ein Nobel-Kinderwagen die allerbeste Gelegenheit, sich über Statussymbole vom Mob mit seinen wurmstichigen rumpelnden Kinderwagen der Holzklasse abzuheben.

Spricht aus diesen Zeilen der pure Neid? Ja! Wenn ich alt bin, will ich auch mit so einem Teil durch den Park des Seniorenheims geschoben werden, denn »der 3-Positionen-Sitz passt sich komplett an – aufrecht sitzen, zurückgelehnt zum Relaxen oder ganz flach zum Schlafen«.[21] Und das kühle Grau des eloxierten Fahrgestells passt dann ja gut zu den restlichen Haaren.

39. GRUND

Weil man sie jetzt nicht einmal mehr anbrüllen darf

Diese Forschungsarbeit kann doch nur von Kindern bestellt worden sein, da das Ergebnis ausfällt wie ein Wunschzettel zu Weihnachten: Einer Langzeitstudie der Universitäten von Pittsburgh und Michigan zufolge ist es nämlich nicht gut, Kinder anzubrüllen. Es sei auch nicht sinnvoll, sondern komplett kontraproduktiv. Diese Studie wurde aber weder in der *Sesamstraße* veröffentlicht noch in *Yps*, sondern in dem Fachjournal *Child Developement*.[22] Zwei Jahre lang haben Forscher knapp tausend Mittelstandsfamilien beobachtet, im Herbst 2013 dann das erschreckende Resümee: Wer Kinder und auch Teenager wegen eines Fehlverhaltens anschreit und nach alter Väter Sitte runterputzt, läuft Gefahr, Depressionen und Aggressionen auszulösen.

Selbst wenn beim Brüllen die Hände in der Tasche und die Rute im Schrank bleiben – einen Unterschied zwischen Brüllen und Schlagen konnten die Forscher nicht ausmachen, die Wirkung ist gleichermaßen verheerend. Unschön für alle Eltern, die zwischendurch mal die Stimme heben, weil sie es doch nur gut meinen und die Prügelstrafe natürlich grundsätzlich ablehnen. Dabei träumen wir doch alles davon, mit ruhiger und fester Stimme die besten Erziehungsergebnisse zu erzielen: »Ich würde es begrüßen, wenn du weniger Heavy Metal hören würdest und stattdessen erst das Zimmer aufräumst und dann Physik übst.« Wie soll man das im Flüsterton vermitteln? Das geht allein schon wegen der natürlichen Lautstärke eines Heavy-Metal-Albums gar nicht! Und doch: Die Fakten, die die Psychologen zusammentrugen, sprechen eine klare Sprache: Knapp die Hälfte der befragten Eltern gab an, ihre 13 oder 14 Jahre alten Kinder anzuschreien, wenn diese sich schlecht betragen, lügen oder sich gar zu Diebstählen haben hinreißen lassen. Ein Jahr später konnten die Forscher feststellen, dass das Fehlverhalten der Kinder der Brülleltern zugenommen hatte: noch schlechteres Betragen, noch dreistere Lügen, noch mehr Diebstähle bis hin zu Schlägereien. Das Ganze dann erwartungsgemäß einhergehend mit abfallenden schulischen Leistungen und zunehmenden Anzeichen von Depressionen.

Blöd auch, dass der Respekt, den sich eine Respektsperson zu erbrüllen erhofft, dramatisch abnimmt. Kinder und Jugendliche haben alsbald statt Respekt nur noch Angst und Abscheu für die Brüllaffen übrig. Gerade Teenager befinden sich in einer sehr speziellen Phase, haben alle Hände voll damit zu tun herauszufinden, wo oben und unten, vorne und hinten ist. Sie suchen sich selbst und ihren Platz in der Clique und in der Welt. Wer in dieser kritischen

Phase angeschrien oder als Depp, Trottel, Nichtsnutz bezeichnet wird, dessen Selbstwertgefühl kommt unter die Räder, kaum dass es überhaupt da ist.

Wenn man sein Kind in den dafür vorgesehenen Momenten aber nicht mehr Depp, Trottel, Nichtsnutz nennen darf, wie soll man es denn dann disziplinieren? Mit sofortiger Verbannung auf den Mond drohen? Nein, mit klassischen Disziplinarstrafen, rät ein Interpret der Studie, der New Yorker Kinderpsychiater Timothy Verduin: befristete Privilegien streichen, also das gute alte Fernsehverbot oder das bessere neue Computerverbot. Dann fällt dem amerikanischen Professor noch ein weiteres Privileg ein, das zur Zeit noch nur amerikanischen Kindern vorbehalten ist. Er empfiehlt: »Autoschlüssel wegnehmen!«[23]

40. GRUND

Weil Jugendherbergen zu Wellness-Resorts verkommen

Die erste Klassenfahrt der Größeren führte in eine Jugendherberge. So weit normal. Das ist ja seit Jahrtausenden so. Jugendherbergen heißen schließlich nicht nur aus Spaß so, dafür sind sie ja da. War ja in unserer Schulzeit nicht anders, Jugendherbergen sind eine große generationenverbindende Konstante. Als Joachim Witt zum Höhepunkt der Neuen Deutschen Welle die herrlich sinnfreie Zeile »Ich bin euer Herbergsvater und sage Hey – Hey« sang, da gab es noch kein Internet. Als es später Internet gab, waren die Jugendherbergen bestimmt nicht die Ersten, die sich einen Anschluss zulegten oder gar eine eigene Homepage einrichteten. Die Zukunft hatte zwar kein Hausverbot in den alten Jugendherbergen, die Zukunft wurde aber auch nur selten vorschnell hineingebeten. Statt nützlicher Dinge wie Computer mit Internetanschluss standen Thermoskannen mit Hagebuttentee auf den Tischen, Fernseher gab's – wenn überhaupt – nur im Gemeinschaftsraum. Dort, wo auch die Leinwand stand, auf die pädagogisch wertvolle Lehrfilme projiziert wurden, die meistens so anfingen: »Afrika ist ein Kontinent der Vielfalt: mit seiner wechselvollen Geschichte, seiner Bevölkerung, den Landschaftszonen oder der Tier- und Pflanzenwelt …« Oder: »So drollig und ungelenk sie auch aus dem Wasser krabbelt, die Kegelrobbe ist vom Aussterben bedroht.« Diese FWU-Filme waren stark gezeichnet von hundertfacher Nutzung in zig Schulen und Bildungseinrichtungen, es flimmerte und flackerte, nicht selten riss der Film bereits in der fünften Minute, trotzdem waren sie mediale Highlights einer jeden Klassenfahrt. Das andere Highlight war der Discoabend am Tag vor der Heimfahrt: »Y-M-C-A then just go to the Y-M-C-A …«

Inzwischen sind fast alle Jugendherbergen im Internet präsent; aber nicht das ist der größte Unterschied zur Herberge früherer Tage, sondern das, was es zu sehen gibt! Das erste Foto auf der Homepage der Herberge, die die Schulklasse meiner Größeren ansteuert, zeigt einen Reisebus, der vor einem ansprechenden Neubau Reisende entlässt. Das zweite Bild zeigt vergnügte Frauen beim Biertrinken an einer Bar, das dritte und letzte Bild zeigt vergnügte und entspannte Frauen in Frottiertüchern eingewickelt auf Liegen liegend. Meine Tochter sieht meine großen Augen und klärt mich auf: »Das ist eine Wellness-Jugendherberge!« Das freut mich, aber wo ist der Geist des alten Herbergsvaters abgeblieben? Ich hatte mich doch so gefreut, dass den verwöhnten Blagen jetzt endlich mal beigebracht wird, wie man ein Bett richtig bezieht. Und zwar ein richtiges Bett, also mit einer brettharten Matratze, dünnen Laken, die sich am nächsten Morgen am Fußende knüllen, während man frierend unter einer kratzenden grauen Felddecke liegt, die bereits vor einiger Zeit von der Bundeswehr ausgemustert wurde. Aus guten Gründen, wie man jetzt am eigenen Leibe spürt.

Meine heimliche Sehnsucht, dass es in der Jugendherberge zugeht »wie früher«, dass für wenige Tage eingetaucht wird in eine Welt, die sich durch Kargheit, herzliche Strenge, feste Abläufe und Rituale auszeichnet, in der Graubrot ein kulinarisches Highlight ist und Cola auf dem Index steht, diese Sehnsucht gebe ich besser auf.

Vielleicht wäre das Marktlücke und Goldquelle zugleich, eine Kette mit Retro-Herbergen zu gründen, wo Rauschebärte Pflicht sind für die Herbergsväter und immer Hagebuttentee in matten Kannen auf dem Tisch stehen muss.

41. GRUND

Weil sie der Werbung liebstes Kind sind

Man ist, was man isst – in diesem Fall eine Monsterbacke. So heißt ein sehr süßes und sehr buntes Milchprodukt, das vom Hersteller Ehrmann als »Fun- und Actionjoghurt« vermarktet wird und als »gesunde Zwischenmahlzeit« – mit acht Stück Würfelzucker pro Becher, wie die Verbraucherorganisation Foodwatch nachgezählt hat.[24] Foodwatch vergibt jährlich den »Goldenen Windbeutel« für Lebensmittel, bei denen die Diskrepanz zwischen den Qualitätsversprechen auf der Packung und der Werbung und den tatsächlichen Eigenschaften gewaltig ist. 2013 konnten Verbraucher im Internet unter sieben Produkten wählen, deren Werbung ganz gezielt Kinder ansprechen soll. So wie Capri-Sonne, laut Foodwatch eine »Wasser-Zucker-Aroma-Mixtur mit ein bisschen Fruchtsaft«.[25] Das Logo von Capri-Sonne findet sich aber nicht nur auf der Packung wieder, sondern auch auf Unterrichtsmaterialien, die Capri-Sonne-Schulen zur Verfügung steht. Sogar ein eigenes Schwimmabzeichen, den Capri-Sonne-Delfin, hat der Hersteller entwickelt. Vielleicht Ausdruck eines schlechten Gewissens, können speckige Capri-Kinder ihre körpereigenen Rettungsreifen mit freundlicher Unterstützung ihres Zuckerlieferanten wieder im Schwimmkurs loswerden.

In Deutschland ist der Anteil der übergewichtigen Kinder im Vergleich zu den Neunzigern um 50 Prozent gestiegen. Ernährungswissenschaftler werfen der Süßzeug-Branche vor, vermeintlich gesunde Lebensmittel wie Joghurts oder Light-Produkte auf den Markt zu bringen, die eine fitte Figur versprechen und das Gegenteil bewirken. Das Geschäft mit den dreisten Lügen lohnt sich, mit keinen anderen Lebensmitteln lassen sich so hohe Gewinnspannen erzielen wie mit Erzeugnissen, die im Wesentlichen aus Wasser, Zucker und Farbe bestehen. Mit Früchten und Gemüse geht das nicht, deshalb gibt die Industrie laut Foodwatch 7,3 Millionen Euro aus, um Obst und Gemüse zu bewerben. Der Topf für Schokolade, Süßwaren und Eiscreme war mit 722,8 Millionen Euro fast 100-mal so groß.[26]

Einen Teil der Werbeausgaben für seine Frühstücksflocken »Kosmostars« gibt Hersteller Nestlé gezielt in der Schule aus, indem es unter dem Namen »Nutrikid« Materialien für Ernährungsbildung produziert. Wer bereits Schulkinder an seine Marke bindet, schafft sich treue Kunden. Frühstücksflocken, die 25 Prozent mehr Zucker haben als Butterkekse,[27] sind ein erstklassiger Stoff, um Kinder anzufixen. Und wie der Drogen-Dealer hinterm Pausenhof entziehen sich auch die Drops-Dealer dem Einfluss der Eltern. Von der Schulleitung allerdings sind die Dealer mit den bunten Bonbons in Zeiten klammer Kassen gern gesehen. Über ein bisschen Sponsoring mit Schulmaterialien hat sich bislang kaum ein Direx beschwert.

Wer glaubt, Pommes von McDonald's wären schon reich an Salz und Fett, der sollte sich mal eine Tüte Pom-Bär von funny-frisch kaufen. Pom-Bär war unter den Nominierten für den Goldenen Windbeutel, weil funny-frisch sich selbst verpflichtet hatte, keine Werbung gezielt an Kinder zu richten. Auf der Packung prangt ein süßes pummeliges Bärchen mit Krone, Halstuch und erhobenem Daumen. Wem der nur gilt?

Und was frauenfeindliche Werbung für Männeraugen sein soll, das ist Dr. Oetkers Paula-Pudding süße Fantasie für Kinderaugen. Foodwatch wirft Dr. Oetker »digitalen Kinderfang« vor, weil mit Klingeltönen über eine iPhone-App bis hin zu Online-Spielen Kinder ins Visier der Werbestrategen genommen werden. Auf Anfrage teilte Dr. Oetker mit, dass kein kausaler Zusammenhang zwischen Werbung und der Entstehung von Übergewicht bestehe.[28] Ganz recht, Herr Doktor, der Marlboro-Mann am Lagerfeuer draußen in der weiten Prärie hatte auch nichts zu tun mit Lungenkrebs.

Mehr als hunderttausend Nutzer nehmen jährlich an der Online-Abstimmung über die dreistesten Werbelügen teil, das zeigt Wirkung. So nahm Hipp einen Instant-Tee für Kinder vom Markt, nachdem dieser überlegen und medienwirksam den Goldenen Windbeutel gewonnen hatte. Gewonnen hat 2013 übrigens Capri-Sonne mit 42,6 Prozent der abgegebenen Stimmen. Vielleicht lässt sich diese klebrige Sonne in Tüten aber ganz prima bei Mondfahrten verwenden – als Weltraumnahrung.

42. GRUND

Weil sie nicht mehr arbeiten gehen

Es gibt Worte, wenn ich die benutze, schauen mich meine Kinder an, als hätte ich mir eine Unterhose über den Kopf gezogen: »Kassettenrekorder« ist so ein Wort, »Lebertran« auch, oder »Sommerfrische« und »Telefonschnur«. Bei »Wählscheibe« denken sie vielleicht an alte Frisbeescheiben aus Holz, bei »Telefonzelle« fällt ihnen gar nichts mehr ein, »Wachtmeister« immerhin halten sie für einen Schnaps. Viele Worte sind vom Aussterben bedroht. »Taugenichts«, »Schäferstündchen«, »Nietenhose«. Bei dem Wort »Ferienarbeit« sagen sie: »Nie gehört«, und laufen weg. Nach einigen Minuten kommt die Größere wieder und ist empört: »Ferienarbeit ist doch ein Quatschwort – Ferien sind Ferien und Arbeit ist Arbeit, das passt doch gar nicht zusammen; Ferien sind da, um an den Strand zu fahren!« Ich könnte dann anheben und mit feierlicher Stimme von früher erzählen, von wochenlanger Maloche im Steinbruch oder unter Tage. Von Schweiß und Tränen, bevor man sich vom verdienten Lohn am Ende der Ferien ein altes anfälliges Mofa zulegen konnte. Aber nicht nur, weil das sehr übertrieben wäre und auch das Wort »Mofa« zu den unbekannten zählt, würden meine Töchter ein zweites Mal das Weite suchen. »Ferienarbeit« scheint nicht nur als Wort vom Aussterben bedroht zu sein. Mir scheint, es gibt kaum noch welche. Jedenfalls nicht mehr so selbstverständlich, wie es in der eigenen Schulzeit war, wenn die Sommerferien, also die »Großen Ferien«, näher rückten.

In der Ecke, aus der ich stamme, gibt es eine Reihe mittelständischer Betriebe, die ihre nach Mallorca oder Italien reisenden Beschäftigten in den Ferien gerne durch Schüler ersetzten. Mein Favorit war ein Kunststoff verarbeitender Betrieb, der im Schichtdienst Farbeimer produzierte. Entweder arbeitete man im Lager, wo die Dinger auf Paletten gestapelt, eingeschweißt und verladen wurden, oder an den Maschinen. Oben kam Kunststoffgranulat rein, unten kamen frisch gebackene warme Eimer raus. In drei Schichten wurde rund um die Uhr gearbeitet. Nachtschicht war geil, weil unbeaufsichtigt. Da brachten die fest angestellten Kollegen auch mal eine Kiste Bier mit. Dann fühlten wir Schüler uns zugehörig, obwohl wir Pickel hatten und die echte Narren. Die nächtliche Kumpanei verhinderte aber nicht, dass wir Gymnasiasten anderntags in Grund und Boden gefrotzelt wurden. Oder man fand seine Mütze als Bestandteil eines frisch gespritzten Eimers wieder. Hahaha. Waren schon lustig, die Vögel. Dieser Schabernack ließ sich gut aushalten, denn nach drei oder vier Wochen war das Geld zusammen für das ersehnte Interrailticket oder einen Flug nach Neuseeland. Es gab sogar Urlaubsgeld und verschiedene Zuschläge. Herrlich war das, und nicht nur das. Wir haben Einblicke in die reale Realität bekommen. Das waren Menschen ohne Studium, einige ohne Ausbildung. Auch meine Frau und ihre Freundinnen verbrachten Teile der Ferien in Fabriken, lernten Frauen aus fremden Ländern kennen mit Problemen, die wir gar nicht buchstabieren konnten. Aber auch mit Freuden – über ihre Kinder, über einen guten Eintopf, über den Jahresurlaub, für den so emsig gespart wurde.

Ich werde das Gefühl nicht los, dass meine Kinder diese Erfahrungen nicht machen werden. Die älteren Kinder meiner älteren Bekannten, die haben zwar vielleicht mal als Babysitter gearbeitet oder als Kellner. Aber Ferienarbeit in einer Fabrik ist für die so was wie Kartoffelferien: ziemlich over, Alter!

Ich finde es ein bisschen schade, wenn man das wirklich wahre Leben nur noch aus dem Fernsehen kennt, und da auch noch gescriptet. Bundeswehr und Zivildienst fallen als Pflichtfächer inzwischen auch weg, ganz andere Welten also, in die einzutauchen bestimmt kein Fehler ist.

So wie Opa vom Krieg erzählte, kann ich zwar den Kindern erzählen, wie einst Schmitz' Rudi mit der Hand in die Presse geraten ist und wie der dumme Sigi über Frauen dachte, aber eigene Erlebnisse ersetzt das nicht.

43. GRUND

Weil es keine Fotos von ihnen gibt

Aus meiner Kindheit existieren ungefähr 40 Fotos. Viel mehr wurden nicht gemacht, und ich habe sie alle noch. Von meinem ersten Kind existieren geschätzte 4.000 Fotos. Davon haben wir vielleicht noch 400. Aber wir wissen nicht wo. Meine 40 Kindheitsfotos sind sorgfältig geklebt in ein bibelschweres Album, das hat sie über die Zeit gerettet. Ganz anders die Bilder, die wir von unseren Kindern machten. Die gibt es gar nicht wirklich. Also nicht physisch, nicht zum Anpacken, Drehen und Wenden – und erst recht nicht in einem Album. Die sind in der Cloud. Oder im Orkus, in fernen digitalen Sphären. Himmel, Arsch und Zwirn, weiß ich doch nicht, wo die sind! Und was haben wir fotografiert, sogar mit tollen Vorsätzen: Jeden Ersten im Monat machen wir ein Porträtfoto, dann können wir zum 18. Geburtstag eine einmalige Sammlung überreichen: Vom Kreißsaal bis zum ersten Auto im Zeitraffer. Welches

Kind sagt da nicht: »Schön, danke, und was ist mit der versprochenen Reise nach London?«

So weit wird es aber nun gar nicht kommen, unser ambitioniertes Projekt ist bereits in der Frühphase am Widerstand des Alltags und der ganz normalen Eltern-Amnesie gescheitert. »Letzte Woche war der Erste, Schatz, hast du ein Foto gemacht?« – »Ähm, ich hör gerade ganz schlecht, ist das schon Tinnitus?« Aber es ist ja nicht so, dass wir gar keine Fotos gemacht hätten. Wir haben ja welche gemacht, und das sind genau die, die weg sind.

Wenn es stimmt, dass immer die anderen schuld sind, dann ist Steven J. Sasson schuld. Der hat schließlich 1975 die Digitalfotografie erfunden und damit das Ende des Fotoalbums, wie es mich noch in die Gegenwart rettete, wenn auch vergilbt und zunehmend verblassend. Ich gebe zu, es gibt Fotos von mir, da wünschte ich, sie wären digital gemacht worden, dann gäbe es sie heute nicht dank der Löschfunktion. Schließlich hatte ich eine Kindheit in den 1970ern, und nicht anders sehe ich auf den Bildern aus.

Nichtsdestotrotz, wenn die Kinder heute rufen: »Können wir Fotos gucken?«, dann bin ich mit meinem Album schnell Gewehr bei Fuß, während meine Frau noch den Computer hochfährt, USB-Sticks sucht und fluchend nicht findet, den Stapel mit Foto-DVDs durchwühlt und sich selbst schwört, ab morgen alles und zwar gründlich zu beschriften.

4.000 Fotos. Auf Fotohandys der ersten Generation, die schon längst ausgemustert, verschenkt oder verloren sind. Auf Speicherkarten, Sticks und gebrannt auf nicht mehr lesbaren Silberlingen. Auf Computern, die wir so lange sichern wollten, bis sie ein allerletztes Mal abgestürzt waren und alle Bilder mit in die digitale Hölle gerissen hatten.

Wir können nichts dafür, schuld ist einzig und allein der Herr Sasson mit seiner Erfindung, die ihr eigenes Verschwinden gleich mit erfunden hat. Uns kann man keinen Vorwurf machen, wir haben die Fotos ja wenigstens gemacht. Manche waren vielleicht sogar schön.

44. GRUND

Weil Gästekinder alles kaputt machen

Hier geht's darum, wie binnen weniger Minuten Gästekinder bis auf die Grundfesten zerstören können, was man in monatelanger erzieherischer Kleinarbeit liebe- und mühevoll aufgebaut hat. Und ich werde einen Teufel tun zu sagen, ob meine Kinder im Folgenden die Bösen sind, die Guten, oder mal so, mal so. Okay, der Einfachheit halber und nur für dieses Kapitel werfe ich eine Münze. Das konnten Sie jetzt nicht sehen, aber der Zufall wollte, dass die Guten im Folgenden meine Kinder sind. Ich schwöre!

Wie auch immer, meine Kinder essen freiwillig makrobiotisch, low carb und ausschließlich gedünstetes weißes Fleisch, viel Fisch und sie lieben Salate mit leichten Dressings sowie stilles Wasser. Nee, noch mal von vorn. Meine Kinder essen eigentlich alles, vieles mit Lust und großem Appetit, einiges ausgesprochen ungern. Wenn meine Frau ein Essen auf den Tisch stellt mit den Worten: »Das ist sehr gesund«, dann wissen eigentlich alle Beteiligten: Schön, aber schmecken wird es dann wohl nicht. Deshalb sage ich nichts, wenn ich das Essen serviere, und setze ein Pokerface auf. Das hilft auch nicht immer, regelmäßig tappe ich in die Falle: »Ah, super«, sagt meine Große, »das sieht richtig gesund aus!« Ich freue mich dann, und bevor ich meinen Fehler bemerke, sage ich: »Das ist es auch.« – »Dann ess ich es nicht«, erwidern beide Mädchen synchron, »ich mag das nicht.«

Wenn ich einfach die Klappe halte, dann schmecken ihnen sogar Miesmuscheln, Innereien und Großmutters Speisezettel mit Sachen wie Dicke Bohnen, Rübstiel, Mangold. Sogar Sushi, Weinbergschnecken und einmal im Jahr ein halbes Dutzend Austern vom Markt sind gefragt und kommen gut an. Nur darf dann kein Kind überraschend zu Besuch kommen. Nicht nur einmal saßen wir glücklich am Tisch und aßen. Sagen wir, es gab Leber nach Berliner Art. Es klingelt. Die Mädchen sprinten zur Tür. »Es ist Caroline!« – »Ja, komm doch rein, Caroline, möchtest du mit uns essen, wir haben noch!« – »Hm, das sieht ja lecker aus, was ist es denn?« – »Leber!«, sage ich, und meine Frau schiebt rasch hinterher: »Das ist sehr gesund!« Carolines ebenfalls gesunde Gesichtsfarbe verschwindet, sie sieht jetzt wie ein C-Promi beim Kakerlaken-Dessert im Dschungelcamp. »Iiiiieeeh!«, kreischt sie. Ich versuche, die Situation nicht eskalieren zu lassen. »Was magst du daran nicht?« Antwort: »Bäh, näh, das geht doch gar nicht, uaaah, Leber!!« Okay, möchte ich sagen, wir essen einfach noch eben zu Ende, dann könnt ihr spielen. Doch den Gedanken habe ich erst zu einem Drittel zu Ende gedacht, da sind die Kinder vom Tisch verschwunden. Leber kann ich ab jetzt und für die nächsten Jahre vom Speisezettel streichen.

5

DER KINDERGARTEN
IST KEIN KINDERGARTEN

Weil Kindergärtnerinnen Profis sind und wir nicht

Kaum geboren, sind sie auch schon wieder aus dem Haus. So schnell vergeht die Zeit bis zum ersten Kindergartentag. Wenn zwischen Kreißsaal und Kindergarten noch Krabbelgruppen geschaltet waren oder Tagesmütter, bei denen die Kurzen stundenweise abgegeben wurden, geht's noch schneller, bis die Eltern nicht mehr die einzigen Hüter über den Nachwuchs sind. Damit tun sich viele Eltern schwer. Einerseits macht sich Freude breit über die Möglichkeit, wieder arbeiten gehen zu können oder einfach ein paar Stunden für sich zu haben ohne Geplärre und Gebrüll. Andererseits schwirren bange Fragen durch den Kopf: Können diese fremden Menschen das? Wissen diese ganzen Erzieher und Betreuer eigentlich, dass mein Kind – und nur meins! – ein ganz besonderes ist? Ist denen klar, dass eigentlich nur wir allein wissen, was richtig ist für unseren Schatz? Wer als Vater oder Mutter eine oder gar alle diese Fragen mit NEIN! beantwortet, hat ein Problem oder könnte eins bekommen. Im schlimmsten Fall droht ein Kita-Krieg. So wie der, der im Frühjahr 2013 in der *Bild*-Zeitung ausbrach. Wegen eines Kekses, wie *Bild* schrieb.[29] Den hatten Eltern ihrem Sohn mitgegeben, weil sie verschlafen und keine Zeit mehr zum Butterbrotschmieren hatten. Da der Kindergarten aber eine zuckerarme Ernährung pflegt, ging der Keks zurück zu den Eltern mit einem Hinweis auf die zuckerfreie Ernährung in der Kita. Dass der arme Junge, den nun wirklich überhaupt keine Schuld trifft, aus der Kita geworfen wurde, hat offensichtlich tiefer gehende Gründe, auf die nicht weiter eingegangen wurde. Hauptsache, der Kita-Krieg war für einige Tage das Thema Nummer eins – weit vor der komplexen Syrien-Problematik. Alle wollten mitdiskutieren, und wer mitdiskutieren wollte, musste die *Bild* kaufen. In den einschlägigen Internetforen war schnell Einigkeit erreicht: Die Kindergärtnerinnen waren hartherzig, kaltherzig oder hatten kein Herz. Wer einen Keks verbiete, sei Öko-Faschist, und überhaupt, wo kommen wir denn hin, erst Rauchverbot in Kneipen und Krankenhäusern, jetzt auch noch Keks-Verbot im Kindergarten! Und alle, die nicht einprügelten auf die Erzieher, wunderten sich. Wunderten sich über die aggressiven Pöbeleien, wunderten sich über die ganz andere Wahrnehmung oder wunderten sich über die eigene Ignoranz diesem Thema gegenüber. Als Vater eines Kindergartenkinds interessiert es mich weniger als das Liebesleben von Lothar Matthäus, ob der besagte Keks wieder die Heimreise antreten musste oder nicht. Wenn der Kindergarten darum bittet, keine Süßigkeiten mitzugeben, dann halte ich mich ganz spießig an diese Spielregel, der ja möglicherweise Überlegungen zugrunde liegen, die so falsch nicht sind. Gleiches gilt für alle anderen Regeln, über die man sich bei mehr oder weniger freier Kita-Wahl ja vorher Gedanken machen kann. Ich habe mir bereits ein paar Rügen abgeholt, weil ich morgens im Halbschlaf die Matschhose nicht eingepackt hatte. Die sollte aber dabei sein, schließlich geht's jeden Tag raus, bei Wind und Wetter, und das ist gut so. Meine Mädchen sollen schließlich mal harte Kerle werden, wenn ich schon keine Jungs hinkriege.

Wir fahren jedenfalls gut mit einer sehr bequemen Einstellung den Erzieherinnen und Erziehern gegenüber: »Das sind Profis und wir nicht!« Die werden wissen, wie sie die Kinder am besten anpacken, jedes einzelne, auch wenn man es als Eltern vielleicht anders machen würde. Selbst wenn man nicht jedes Projekt toll und sinnvoll findet. Wenn tatsächlich alle Kinder jeden Morgen schreiend und heulend aus dem Kindergarten flüchten würden, wäre klar, dass es an der Zeit für ein Gespräch ist. Doch solange man morgens ein fröhliches Kind abgibt und nachmittags ein glückliches abholt, so lange gehen mir aufgeblasene Kita-Kriegsberichterstattungen über Kekse ganz tüchtig auf denselben.

46. GRUND

Weil Baby-Baden jeden nass macht

Was kann man beim Baby-Baden schon groß falsch machen? Es ist doch ganz einfach: Man erhitze Wasser, schmeiße das Kind in den Waschzuber, schrubbe ordentlich mit Wurzelbürste und Kernseife, rubbele es schnell trocken – sauber! Lang aufhalten muss man sich damit nicht, schließlich hat man Wichtigeres zu tun. Das Auto waschen zum Beispiel. Es soll aber auch Eltern geben, die glauben, dass das Baden eines Babys bereits Erziehung sei! Klingt ein bisschen unheimlich, geht aber zurück auf die Lehren der ungarischen Kinderärztin Emmi Pikler. Die muss es wissen, sie war zeit ihres Lebens von mehr Kindern umgeben als ein Nordseekutter von hungrigen Möwen.

Als Mutter und als Leiterin eines Kinderheims in Budapest war ihre Maxime: Lasst die Kleinen mal machen. Später hat sie ihre Erfahrungen in mehreren Büchern zusammengefasst, deren Quintessenz vereinfacht lautet: Ein Kind wächst nicht schneller, wenn man daran zieht. Sondern wenn man es lässt. Das, so die 1902 geborene und 1984 gestorbene Pikler, gehe schon bei der Säuglingspflege los, also in der Badewanne. Wo es sich, anders als beim oben genannten Schrubb- und Rubbelprogramm, wohlfühlen soll und Entdeckungen machen kann. Dass sich ein Waschlappen weich anfühlt, dass Schaum kitzelt, dass Ins-Badewasser-Pinkeln ein Mörderspaß ist.

Wahrscheinlich haben die meisten Eltern, die beim Baden mit ihren Kindern sprechen und es behutsam waschen, nicht alle Pikler-Bücher gelesen oder nicht mal ein einziges. Müssen sie auch nicht, sie machen das intuitiv. Und dann immer wieder wegen des schönen Effekts: Ein Baby, das sich wohlfühlt, ist zufrieden und entspannt. Und ein zufriedenes Baby wiederum entspannt seine Mutter. Den Vater natürlich auch, wenn der endlich kapiert hat, wie die richtige Wassertemperatur zu bestimmen ist (mit dem Ellenbogen oder doch lieber mit einem Hightech-Thermometer) und wie das Baby im Wasser gehalten werden sollte – mit einem Schultergriff, als würde man seinen besten Freund aus der Kneipe führen.

Dass das Badezimmer im Anschluss an so ein Wellness-Erlebnis aussieht wie die Umkleidekabine eines städtischen Schwimmbads nach Abzug der letzten Gäste, finde ich nicht schlimm. Ich muss ja nicht gleich aufwischen, denn ich bin noch lange nicht fertig. Ich darf ja noch pudern, cremen, schmieren, tupfen und die Windel anlegen. Nicht selten ist kurz vor Letzterem genau der Moment, in dem offenbar eine unsichtbare Zauberhand behutsam auf den Kinderbauch drückt und eine riesige Fontäne aus dem Kind schießt. Im besten Fall ist's nur Pipi. Im schlechtesten Fall muss ich dann nachschauen, ob das Badewasser noch warm ist.

47. GRUND

Weil Freundebücher nicht nur Freude machen

»Ein Körbchen voll Rosen, zwei Täubchen dazu, das Liebste von allen bist nur du.« Kommt Ihnen dieser Spruch bekannt vor? Dann stand er bestimmt in Ihrem Poesiealbum. Oder noch schlimmer: Sie selbst haben ihn einer Mitschülerin ins Album geschrieben! »Bis die Flüsse aufwärts fließen, bis die Hasen Jäger schießen«, war auch so ein Klassiker, »bis die Mäuse Katzen fressen, solang werd ich dich nicht vergessen!« Ich gehörte traditionell zu den Einfallslosen in Sachen Poesiealbumpoesie und notierte – selbst wenn der Spruch bereits auf der vorherigen Seite verewigt war – »In allen vier Ecken soll Liebe drin stecken« schön schief verteilt über eben genau diese Ecken des blütenweißen Blattes. Heute würde ich vielleicht schreiben: »Ausrufezeichen! Punkt daneben. Dich vergess ich nie im Leben!« Das ist knackig, genau auf die Zwölf. Ohne Schmäh und ohne Schmu. Nur hat schon verdammt lange kein Poesiealbum mehr auf meinem Schreibtisch gelegen. Warum eigentlich nicht? Weil ich inzwischen Bartwuchs habe? Oder hat's doch eher damit zu tun, dass es die Bände gar nicht mehr gibt? In Kindergarten und Grundschule scheint sich nach meiner Zeit eine andere Literatur etabliert zu haben. Die Kindchen tauschen Freundebücher aus.

Der größte Unterschied zu den zunächst leeren Blättern der Poesiealben: Freundebücher sind eigentlich beim Kauf schon voll, sie gleichen diesen Lückentexten aus dem Englischunterricht: Fill in the gap. Und was da alles ausgefüllt werden soll: Wie alt man ist (ist das nicht eine ungehörige Frage an eine Frau, auch wenn sie erst drei Jahre alt ist?). Welches Tier man gerne wäre, welches Tier man gerne isst. Augen- und Haarfarbe sind quasi Pflichtangaben. Wenigstens die Frage nach dem Body-Mass-Index habe ich bislang noch nicht entdeckt. Obwohl ich schon einen ganzen Stapel dieser Bücher abgearbeitet habe, denn am Ende eines langen Kindergartentages landet jedes Freundebuch bei mir: »Papa, füll aus!« (das in diesem Satz das Wörtchen »bitte« fehlt, ist keine Nachlässigkeit meinerseits; Aufgaben wie diese werden gerne im Befehlston an mich delegiert). Auf meine Gegenfrage »Aber du sagst mir schon, was ich schreiben soll?« folgt ein leicht genervtes »Das weißt du doch selber!«. Das stimmt in der Tat, schließlich haben wir bereits ein halbes Dutzend Freundebücher zusammen ausgefüllt.

Während ich sie also brav ausfülle, die Pippi-Langstrumpf-Freundebücher, die Shaun-das-Schaf-Freundebücher, die Lauras-Stern-Freundebücher, sogar – wenn auch mit spitzen Fingern – das Topmodel-Freundebuch, während ich also immer wieder pflichtschuldig notiere, dass das Lieblingstier meiner Tochter »Delfin, nein Löwe« ist, dass ihr Lieblingsessen Muscheln »wegen der Pommes« ist, und dass ihr Berufswunsch Tierärztin und Bedienung in einer Pizzeria ist, hoffe ich inständig auf ein wirklich originelles Freundebuch. So wie das Kinder-Künstler-Freundebuch, von dem ich gehört habe, dass es nicht nur über eine exzellente Schimpfwörtersammlung verfügt, sondern dort auch existenzielle Fragen gestellt werden wie: »Hast du schon mal einen Popel gegessen?« Doch das nächste Freundebuch, das meine Tochter heimbringt (»Papa, füll aus!«), ist gewiss ein Lillifee-Freundebuch.

Vielleicht werde ich irgendwann mal, wenn ich groß bin, ein »Freundebuch für Freundebuch-Ausfüll-Väter« schreiben. Mit Fragen wie: Welches Buch würden Sie NICHT auf eine einsame Insel mitnehmen? Oder: Wann haben Sie zuletzt davon geträumt, NUR mit Ihrer Frau zu verreisen? Oder: Wenn Sie wählen dürfen zwischen einem Elternsprechtag und einer Fahrt mit Freunden zu einem Auswärtsspiel Ihrer Lieblingsmannschaft – wie viele Sekunden bräuchten Sie für die Entscheidung?

Stattdessen soll ich schon wieder die Frage nach dem Hobby meiner Tochter beantworten. Ich schreibe: »Tauben vergiften im Park«. Sie kontrolliert ja eh nicht.

48. GRUND

Weil beim Zähneputzen Schaumteppiche verlegt werden

Zu den Dingen, die Kinder im Badezimmer gerne unter schärfstem Protest und energischem Aufstampfen verweigern, gehört – neben Hände- und Haarewaschen – das Zähneputzen. Muss aber sein. Ansonsten: Karies, Parodontose, Plaque, Zahnstein, Mundfäule, Kieferabszess, Wurzelentzündung und was es noch so an Torturen gibt, die allesamt das Gegenteil einer heiteren Karussellfahrt sind. Im schlimmsten Fall muss der böse Klempner mit der großen rostigen Zange ran und die Beißerchen rausrupfen. Führt also kein Weg dran vorbei am Zähneputzen, auch wenn es zunächst deutlich weniger Spaß macht, als in Pfützen zu springen. Mit schulmeisterlichen Belehrungen über die Wichtigkeit der Prophylaxe ist aber bei einem Dreijährigen nichts zu holen, bei einem Zwölfjährigen übrigens auch nicht. Und Horrorgeschichten von Kindern, denen walnussgroße Bakterien aus dem Mund gekrabbelt sein sollen, taugen auch nicht. Wenn Kinder regelmäßig ihre Zähne putzen sollen, muss es jedes Mal Spaß machen, so viel Spaß, dass der gewünschte zahnmedizinische Effekt zur nützlichen Randerscheinung wird.

An unserem Waschbecken kommt immer dann Freude auf, wenn das Zähneputzen zur Schaumparty wird, wenn alle gleichzeitig die Zähne schrubben und kleine Wettbewerbe starten: Wer kann am lautesten putzen? Wer hat mehr Schaum vorm Mund? Auch sehr nett ist die Marx-Brothers-Methode, wenn ich Spiegelbild spiele: Meine Mädchen putzen und ich mache ihre Bewegungen synchron mit; inklusive Stop and Go. Das anschließende Gurgeln, Spucken und Ausspülen ist auch super, wenn es mit Geräuschen und Spezialeffekten verbunden ist. Der Schaumteppich im Waschbecken zum Abschluss beweist, das energisch gebürstet wurde.

Kinderzahnbürsten im Lillifee-Look oder Darth-Vader-Design können die Putzbegeisterung kurzzeitig erhöhen, im Grunde aber ist das Schnickschnack. Lieber vernünftige und getestete Bürsten erwerben, und das nicht zu selten, denn gerade die kleinen Kleinen kauen gerne auf den Bürstenköpfen rum, bis die Borsten einen Mittelscheitel bekommen. Gute Kinderzahnbürsten, sagen die Dentisten, haben einen kleinen abgerundeten Bürstenkopf und ein planes Bürstenfeld mit zahnfleischschonenden Borsten.

Die Zahnpasta sollte nicht unbedingt wie ein Erdbeerbrotaufstrich schmecken, sonst wird sie auch genauso gern genascht. Erwachsene Zahnpasta ist in der Regel zu scharf, wie immer liegt die Wahrheit also in der Mitte: Mild sollte das Zeug in der Tube sein und nur eine leichte Süße haben. Sobald sich die ersten Milchzähne zeigen, sollten diese von den Eltern sanft geputzt werden, eine erbsengroße Menge Kinderzahnpasta mit Fluorid reicht. Mit ungefähr sechs Jahren kommen die bleibenden Zähne durch. Dann sollte auf Junior-Zahnpasta umgesattelt werden. Zum zwölften Geburtstag kann dann die erste Tube Erwachsenen-Zahnpasta als nettes Geschenk überreicht werden: »Du bist jetzt groß, mein Kind! Diese Tube hier ist die Apollo 11 unter den Zahnpasten!«

Die anschließende Schaumparty im Mund macht übrigens auch den meisten Eltern Spaß, die deshalb mit etwas Glück nie zur Generation Corega gehören werden.

49. GRUND

Weil sie Pucki, Fluppi und Killer Dog überleben

Dass kaum eine Mutter und auch kein Vater der Haustierfrage entkommt, habe ich ja bereits erwähnt. 100 Euro bei dieser Gelegenheit für den Gen-Forscher, der ein Kind erfindet, das sich nicht irgendwann ein niedliches, flauschiges, knuffeliges Irgendwas wünscht! Alternativ 50 Euro für den Forscher, dem es gelingt, die im Haustier eingebaute Tragödie zu beseitigen: die Tatsache nämlich, dass die meisten tierischen Mitbewohner eine Lebenserwartung haben, die kaum bis ans Ende der Kindheit reicht. Kaninchen werden acht bis zehn Jahre alt, wenn der Schäferhund von nebenan immer schön im Zwinger bleibt. Oft liegen sie aber schon früher auf der Seite – tot oder nur noch ein bisschen lebendig. Für viele Kinder ist das die erste Erfahrung mit dem hässlichen Job des Sensenmanns. Wellensittiche können 15 Jahre alt werden, mit ein bisschen Glück ist das Kind dann gerade in der Lehre und muss das Elend des Ablebens nicht mitbekommen, weil das Vögelchen bei den Eltern wohnt und die sich nun um eine angemessene Bestattung kümmern. Meerschweinchen werden sechs Jahre alt, vielleicht auch acht. Dann verabschieden sie sich aus dem Kinderzimmer. Zurück bleibt ein leerer Käfig, der ausschaut, als würde der Nager nur mal kurz eine Runde ums Haus drehen. Hamster bringen es oft nur auf zwei oder drei Jahre, dann fordert das Hamsterrad des Lebens seinen Tribut. Katzen und Hunde werden 15 Jahre alt und älter, wobei dann die letzten Jahre oft kein Vergnügen mehr sind. Ich habe Hunde gesehen, die in Kinderwagen geschoben oder auf Rollbrettern gezogen wurden, die sich von pürierter Schonkost ernährten, halb blind gegen jeden Türrahmen liefen und furzten, so oft wie andere ausatmen.

Der relativ frühe Tod ist ausgemachte Sache beim Haustierkauf. Verfechter einer ganz neuen Form von Schwarzer Pädagogik könnten jetzt einwenden: »Super! Man kann sich doch gar nicht früh genug mit dem Thema Tod befassen! Der Tod von Schildkröte Heinrich, von Hamster Hansi oder Zwergpinscher Killer Dog ist die perfekte Vorbereitung auf das Ableben von Opa Bert, Oma Bibiane und Onkel Strunz, dem mit dem Raucherbein.« Doch weil sich im Umgang mit dem Tod niemals Routine einstellt, es sei denn man ist Notarzt, Bestatter oder Henker, stürzt für die Kinder eine Welt ein. Schuldgefühle kommen auf, weil man gerade draußen spielen war, als drinnen der Vogel von der Stange fiel, weil man bei der letzten Begegnung noch mit der Katze geschimpft hat, als die ein Stofftier zerfetzte. Auch ein Gefühl von Ohnmacht stellt sich ein, dass man die Tragödie wie auch immer nicht verhindern konnte. Vorwürfe an die Eltern mischen sich dazu, die doch angeblich alles können und so lächerlich scheitern, wenn es darum geht, eine totkranke 27 Jahre alte Katze vom Sterben abzuhalten. Hass auf den Tierarzt, der lieber das Kaninchen einschläfert, statt den unheilbaren Tumor zu beseitigen. Wut auf den wohlmeinenden Onkel, der, die Dogge ist noch nicht ganz kalt, den sofortigen Kauf eines neuen, noch besseren, lieberen Hundes verspricht. Abgesehen davon, dass es in diesem Moment keinen besseren und lieberen gibt – darf man vielleicht erst einmal ins Kopfkissen heulen? Wenn Papa jetzt noch flüsternd, aber doch hörbar vorschlägt, ab jetzt besser auf Haustiere zu verzichten, um ähnliche Dramen in der Zukunft zu vermeiden, möchte man als Kind nur noch schreien. Sind denn dieser bittere Abschiedsschmerz und die Trauer ein Argument gegen die Anschaffung von Haustieren? Natürlich nicht, sonst bräuchte man sich auch keine Großeltern anschaffen!

50. GRUND

Weil der Negerkönig aus dem Taka-Tuka-Land verbannt wurde

Es waren einmal die schönsten Märchen, aufgeschrieben in dicken, schweren Büchern mit vielen wundervollen Illustrationen. Märchen von Astrid Lindgren, von denen natürlich die Geschichten um eine rotzfreche Göre namens Pippilotta Viktualia Rollgardina Pfefferminz Efraimstochter Langstrumpf, kurz Pippi genannt, einen besonderen Rang in jeder Kindheit einnehmen. Aber auch Otfried Preußlers *Räuber Hotzenplotz*, *Das kleine Gespenst* und *Die kleine Hexe* haben Stammplätze in jedem Bücherregal. Kinderbuchklassiker sind auch längst Michael Endes Werke *Momo*, *Die unendliche Geschichte* und für die Kleinsten *Jim Knopf und Lukas der Lokomotivführer*. Sogar in den Zeiten von Twitter und YouTube, DVD und SMS, Facebook und Chatrooms mit ihren so kurzweiligen wie kleinteiligen Angeboten haben die großen Märchen nichts von ihrem Zauber verloren. Immer noch wollen sich Kinder diese immer älter werdenden Geschichten vorlesen lassen,

Geschichten, die gleichzeitig vollkommen zeitlos sind, eben weil sie in Märchenwelten spielen. Wenn meine Mädchen diese alten Erzählungen hören, haben sie wahrscheinlich genau denselben entrückten Gesichtsausdruck wie ganze Generationen vor ihnen. Und wahrscheinlich werden sie, sobald sie ihr erstes internetfähiges Smartphone besitzen, nie wieder so lange und wohlfeil formulierte Sätze vernehmen wie jene aus den alten Büchern. Allein deshalb gehört jedes der genannten Bücher als UN-Weltkulturerbe unter Denkmalschutz gestellt.

Doch plötzlich, eines Tages, war etwas anders in diesen Büchern. Es fehlte ein Wort: Das N-Wort … Und das kam so: Immer mehr Eltern störten sich daran, dass Worte verwendet werden, die doch schon lange nicht mehr politisch korrekt sind. Da ist zum Beispiel Pippi Langstrumpfs Papa Efraim. Der ist seines Zeichens, wie wir alle wissen, im Taka-Tuka-Land »Negerkönig«.[30] Da ist auch das als »Negerlein« verkleidete Kind auf dem Fasching in Otfried Preuß-lers *Die kleine Hexe*.[31] Und da ist ein Michael Ende, der seinen Jim Knopf als Waisenkind auf Lummerland aussetzt: »›Ein Baby!‹, rie-fen alle überrascht. »›Ein schwarzes Baby!‹ ›Das dürfte vermutlich ein kleiner Neger sein‹, bemerkte Herr Ärmel und machte ein sehr gescheites Gesicht.‹[32] Viele gescheite Gesichter haben sich in den letzten Jahren säuerlich verzogen bei der Lektüre der Passagen mit dem N-Wort, dass doch eigentlich schon lange auf dem sprach-lichen Index steht.

Wieder andere wurden sauer, weil Werktreue und künstlerische Freiheit geopfert werden sollten auf dem Altar der politischen Kor-rektheit. Schnell bildeten sich zwei Lager, die weniger Einigkeit er-zielen konnten als die Russisch-Orthodoxe Kirche und Pussy Riot. Und so saß ich nun als Vater mutterseelenallein mit einem alten Märchen, das inzwischen der dritten Generation der Familie ge-hörte, auf der Kinderbettkante und grübelte, was zu tun ist. Sollte ich die unkorrekten Begriffe erklären? Ja, gerne, aber nicht kurz vor dem Einschlafen eines todmüden Kindes. Dann lieber in der Not aus einem Negerkönig einen Inselkönig machen und aus Jim Knopf ein kleines schwarzes Baby. Die Wörter beim Lesen auszutauschen gegen passendere, das macht man ja eh öfter beim Vorlesen. Aber ich werde mir kein neues, textlich überarbeitetes Exemplar anschaffen. Die alten abgegriffenen Märchenbücher, in denen bereits drei Generationen Kinder mit Buntstiften die Illustrationen ergänzt haben, die gebe ich nicht her. Aus denen sollen doch mal meine Kinder meinen Enkeln vorlesen.

51. GRUND

Weil Lob in Überdosen zur Droge wird

Nach dem Bestseller *Lob der Disziplin* von Bernhard Bueb[33] könnte der nächste Smash-Hit im Buchladen ein Werk mit dem Titel *Lob des Lobes* sein. Denn Lob hat jeder gern, es ist Schmiermittel und Treibstoff in einem. Gegen Lob ist eigentlich nichts zu sagen. Ein Mangel daran führt zu seelischem Skorbut. Ich habe ein paar Freunde, die sind als Kinder daran fast kaputtgegangen, dass es zwar negative Kritik gab, aber keine positive. Zum Beispiel weil ihre Eltern alles, was lobenswert war, als selbstverständlich betrachteten: »Eine Eins plus in Physik sollte doch wohl das Mindeste sein, erwartest du jetzt etwa eine Tafel Schokolade von uns?! Sieh lieber zu, dass die Eins minus in Erdkunde vom Zeugnis verschwindet!« Auf die Schokolade hätten die Freunde gerne verzichtet, aber ein nettes Wort, ein bisschen Beachtung wäre schon schön gewesen.

Bei Erwachsenen ist es nicht sehr viel anders. Wenn der Chef gute Arbeit auch entsprechend goutiert (und im besten Fall vergütet), wen spornt das nicht an? Das gilt auch für Partnerschaften, in denen man aber nicht immer Lob einfordern sollte: »Und, Schatz, wie war ich?« Dass Eigenlob unter allen Formen des Lobs nicht nur am schlechtesten riecht, sondern auf alle Umstehenden ziemlich abtörnend wirkt, weiß jeder, der sich auf einer Party mal ein einstündiges Ich-Referat eines Party-Gockels anhören musste.

Nicht nur Erwachsenen, auch Kindern zaubert man ein Feuerwerk in die Augen, wenn man eifrig in die Hände klatscht nach jeder Glanzleistung. Doch kann man Kinder auch zu viel loben? Ja. Kann man. Denn Lob ist das LSD des kleinen Mannes. Es macht süchtig, da es zur Ausschüttung von Lusthormonen führt. Gut, die werden auch beim Sex freigesetzt, könnten gestrenge Pastorentöchter jetzt einwenden und spitzfindig gegenfragen, ob man denn dann auch zu viel Sex haben könne! Niemals, so wenig wie es zu viel Wochenende geben kann – aber beim Lob kommt ein doofer Nebeneffekt hinzu. Zu viel Lob lässt vergessen, worum es eigentlich geht. Wenn Schularbeiten nur wegen des Lobs gemacht werden, das Kinderzimmer nur wegen der Belohnung aufgeräumt wird, dann verschwindet aus dem Blickfeld, worum es eigentlich geht. Nämlich um die Schularbeiten um ihrer selbst willen, und um das Kinderzimmer, das irgendwann auch mal wieder bewohnbar sein sollte. Das Kind räumt den Kleiderschrank nur auf, weil es dafür eine Extraportion Lob gibt. Nicht, weil es danach bessere Chancen hat, seine Zweitsocke wiederzufinden. Es lernt Addieren und Subtrahieren, um in den Genuss der Lusthormone zu kommen, die ihm die Eltern zukommen lassen. Es funktioniert prächtig und macht vielleicht alles richtig, weiß aber leider nicht warum.

Wie andere Drogen machen auch Lusthormone abhängig. In einer idealen Welt, in der es trotzdem Kinder gibt, sind die Menschen stolz und zufrieden, wenn ihnen etwas gelungen ist, sei es bei der Arbeit, in der Schule, in der Familie, in der Partnerschaft.

In dieser Welt verhält es sich mit Lob wie mit allen Drogen: Die Dosis macht's!

52. GRUND

Weil Grimms Grausamkeiten nicht enden wollen

Wollen Sie nicht auch, dass ihr Kind zufrieden einschläft und fantastisch träumt? Dann lesen Sie ihnen die brutalste Horrorgeschichte vor, die bei Ihnen im Regal steht! Storys, in denen Kinder von ihren Eltern im Wald ausgesetzt werden, um von Kannibalen gemästet, gekocht und gegessen zu werden. Oder Geschichten von hinterhältigen Giftattentaten, von Blut in Schuhen, von aufgeschnittenen Tierbäuchen, die mit Steinen gefüllt wieder zugenäht werden, bevor die Kreatur im Brunnen entsorgt wird. Von cholerischen Gnomen, die sich selbst zerfetzen. Von mörderischen Königinnen, die in rot glühenden Eisenpantoffeln so lange tanzen müssen, bis sie tot umfallen. Greifen Sie also beherzt zu den beliebten *Kinder- und Hausmärchen* der Brüder Grimm und lesen Sie *Hänsel und Gretel, Schneewittchen, Rotkäppchen, Der Wolf und die sieben Geißlein, Rumpelstilzchen* vor! Kinder lieben diese steinalten Märchen, die es an Gewaltfantasien locker mit amerikanischen Hardboiled-Krimis aufnehmen können.

Immer wieder werden die grimmschen Märchen verfilmt und variiert, und egal ob sich Disney oder KIKA an die Arbeit machen, der Erfolg ist enorm. Für jeden Kinderbuchautor müsste es doch also eigentlich eine sichere Bank sein, Geschichten in der Rotkäppchen-Tradition zu schreiben: Man nehme eine herzlose erzfiese Mutter, die ihr Kind ins Rotlichtviertel einer Großstadt schickt, weil dort im Haus einer alten Tante viel Geld zu holen sei. Unterwegs hält ein riesenhaftes schwarzes Auto mit dunkel getönten Scheiben, und ein schmieriger Geselle mit funkelnden Ringen an jedem Finger bietet an, das Mädchen zu fahren, wohin immer es wolle. Doch das Mädchen schlägt das Angebot aus, weil es zum Haus mit der roten Laterne gar nicht mehr weit ist, und dort warten Tüten voll Geld auf sie. Kaum angekommen, ist aber der schmierige Geselle schon dort und liegt als Frau verkleidet auf dem Bett. Das Mädchen fürchtet sich sehr und fragt: »Tante, warum hast du so einen dicken Schnauzer und eine Ray-Ban im Gesicht?« Doch bevor der Schmierlappen ruft: »Damit ich dich besser vernaschen kann!«, stürmt auch schon ein Sondereinsatzkommando der Sitte ins Zimmer, liquidiert den bösen Buben mit einem finalen Rettungsschuss und beendet das Märchen an dieser Stelle. Das Mädchen aber lebt glücklich und zufrieden bis ans Ende seiner Tage.

Als Kindermärchen käme eine solche Geschichte wohl ganz schnell auf den Schreibtisch der Bundesprüfstelle für jugendgefährdende Schriften, dorthin, wo bereits Ballerspiele und gewaltverherrlichende Rapper auf ihre Indizierung warten. Dabei ist das Original-Rotkäppchen ja nur ein wenig verklausulierter, doch dass es in Grimms Märchen nur so wimmelt von Penisneid, Kastrationsängsten, unterbewussten Sehnsüchten und Ängsten, daran hegen Sigmund Freuds Enkel keinen Zweifel. Den beiden Grimm Brothers und ihren Zeitgenossen war die Botschaft natürlich bewusst und wichtig: Mädels, war die eindeutige Message des Rotkäppchens, gebt gut acht, von wem ihr euch anquatschen lasst, und schaut genau, mit wem ihr in die Kiste geht!

Dass die alten Märchen heute noch funktionieren und eine Generation Kinder nach der anderen hellauf begeistern, liegt auch daran, dass Gefühle und Ängste das Thema sind – ohne dass groß interpretiert wird. Das ist auch gut so, Rationalität in der Märchenstunde wäre ungefähr so, als würde die Verkleidung des Weihnachtsmanns aus einem Umhängeschild bestehen, auf dem »Weihnachtsmann« steht. Mit den tieferen Schichten und Bedeutungen der alten Volksmärchen kann sich das Kind ja später im Literaturstudium mal beschäftigen, vorher muss das nicht sein.

Der andere Grund, warum die Geschichten von vergifteten Kämmen, Äpfeln und Spindeln, mörderischen Wölfen, Hexen und Schwiegermüttern so gut laufen, ist das Finale, das die Grimms jedes Mal wählten: Happy End für die Guten, immer. Und dass sie die Guten immer so gut machten, so anmutig und schön, so rein und ein wenig naiv, dass sich jedes Kind sofort identifizieren kann und sich über den Ausgang freut. Käme es einmal andersrum, sagt Ihr Kind also: »Der böse Wolf tut mir echt leid, das ist so ein cooler Typ, der darf nicht sterben, Rotkäppchen soll sterben!«, dann ist es Zeit für einen vorsichtigen Anruf beim Kinderarzt.

53. GRUND

Weil sie immer ins Schwimmerbecken wollen

Ängste um ihre Kinder sind wohl für die meisten Eltern so normal wie eine prall gefüllte Windel am Morgen. Sind die Kinder unbeaufsichtigt, können sie im schlimmsten Fall überfahren oder entführt werden, im besten Fall kriegen sie ein bisschen Haue auf dem Pausenhof oder sind mit dem Fahrrad in einer Hecke hängen geblieben und sehen jetzt aus wie das Fahrrad: zerkratzt, verbeult und ramponiert. Sind die Kinder beaufsichtigt, bedeutet das im Gegenzug aber nicht, dass nichts passieren kann. Man kann auch unter Aufsicht in die Hecke radeln oder einen auf die Brille bekommen. Echte Risikominimierung bietet nur Stubenarrest, und das auch nur, wenn die Stube eingerichtet ist wie eine Gummizelle. Die Wahrscheinlichkeit, beim Klettern vom Apfelbaum zu fallen und sich den Unterarm zu brechen, hat in den letzten 200 Jahren nicht zugenommen, trotzdem nehmen die Ängste der Eltern zu, dass genau das passieren wird, wenn sich Apfelbaum und Kind begegnen. Also kommt entweder das arme Bäumchen weg, oder das Kind kommt gar nicht erst so weit. Kein Scherz, der Streifradius von Grundschulkindern, das Gebiet, das auf eigene Faust entdeckt und erobert wird, ist in den letzten Jahrzehnten extrem geschrumpft: von 20 Kilometern auf vier Kilometer.

Angst ist kein schöner Zustand, doch mit Kindern sollte man sie aushalten, wenn diese angstfrei aufwachsen sollen. Irgendwann schrumpft Angst zur Sorge, dann ist sie im besten Fall irgendwann ganz weg. Bis was passiert. Ist aber dann meist auch nicht sooo schlimm. Heilt wieder. Doch einen Ort gibt's, da konnte ich eine Angst noch nie ganz abschütteln: am Wasser. Solange meine Mädels nicht schwimmen konnten, war es furchtbar. Im Schwimmbad saßen sie mit Schwimmflügeln im Nichtschwimmerbecken, bis sie die luftgefüllten Dinger abstreifen wollten, weil sie die ja in dem flachen Wasser nicht brauchen. Kaum hatte ich eingewilligt, hatten sie vergessen, dass sie nicht schwimmen konnten, und sprinteten Richtung Schwimmerbecken. Da durfte ich sie dann rausfischen, wenn das nicht bereits freundliche Mitmenschen gemacht hatten.

Und am Strand war nicht an das kleinste Nickerchen zu denken, denn der Lockruf der Meere lässt Kinder gerne ihr aufblasbares Rettungsgeschirr im Sand vergessen. Wenn ich dann doch mal eingenickt war, albträumte ich von Kindern, die von Segelbooten fielen und nicht mehr zu packen waren, sodass das Nickerchen abrupt beendet wurde. Diese Ängste, ich gebe es zu, wurden erst vom Seepferdchen endgültig besiegt. Kleiner Nachtrag: Auch wenn ich immer wieder gegen die Verplanungsexzesse wetter, mit denen wir Eltern die Freizeit unsere Kinder zukleistern, einen guten Schwimmkurs nehme ich freilich ausdrücklich davon aus!

54. GRUND

Weil Kindergeburtstage kein Kindergeburtstag sind

Es ist doch nur der liebenswürdige und lobenswerte Versuch, einen schönen Tag für alle Beteiligten auf die Beine zu stellen. Auch wenn es nicht gleich der schönste Tag des Lebens werden muss, einer der schönsten des Jahres muss es schon sein. Jedenfalls mindestens so schön wie neulich Michels fünfter Geburtstag. Schöner vielleicht sogar als die Party von Sophie. Sowieso schöner als das Fest von Tom, aber das war ja ohnehin der totale Reinfall. Tom konnte da nichts für, seine Eltern schon. Ein Kindergeburtstag auf dem Ponyhof im Winter? Statt in strahlende Gesichter blickten die Eltern beim Abholen in ein Meer von Tränen. Durchgefrorene Kinder saßen schlotternd auf den Pferdchen, aus deren Nüstern dicke Atemwolken dampften. Puterrote Kinderhände krampften sich verzweifelt in Zottelmähnen, und alle zitternden Nachwuchsreiter brüllten im Chor: »Meine Füße sind so kalt!« Vielleicht hätten wir Großstadteltern wissen müssen, dass Reithallen nicht beheizt sind, Pferdesättel auch nicht, aber nun war es zu spät. Selbst die obligatorischen Süßigkeiten zum Abschied konnten nichts mehr retten, die Kinder wollten nur noch weg, ab ins warme Auto und dann – ausnahmsweise ganz freiwillig – in die Badewanne. »Wir haben uns doch nur was Besonderes einfallen lassen wollen«, schluchzte Toms Mutti und verschwand samt heulendem Geburtstagskind im SUV.

Etwas Besonderes, Einmaliges zu stemmen, ist inzwischen der Hauptehrgeiz vieler Kindergeburtstagsausrichter. Ein regelrechtes Wettrüsten hat eingesetzt: War es im letzten Jahr noch der Streichelzoo, geht's jetzt in die Kletterhalle. »Mist, in der Kletterhalle war letzte Woche schon Paulas Party? Okay, dann buchen wir eine Schlittschuh-Disco!« Oder eine Tropfsteinhöhle, einen Töpferkurs, einen Tauchlehrgang. Oder wir feiern in der Sternwarte, wenn nicht gleich in einem Atomkraftwerk, das zum Freizeitpark umgerüstet wurde.

Die Sehnsucht vieler Eltern nach einzigartigen Events bedienen immer mehr Anbieter mit bisweilen bizarren Angeboten: In München (wo sonst?) kann man eine Stretchlimousine zum Kindergeburtstag chartern. »Das wird eine Geburtstagsparty, an die man sich noch lange erinnern wird«, wirbt der Anbieter, »Kindersekt aus der Bordbar, Lichteffekte – eine Stretchlimousine mit eigenem Chauffeur lassen die Herzen eines jeden Geburtstagskindes höher schlagen.«

Wie rührend altmodisch dagegen, wenn ein Zauberer oder Clown angeheuert wird, weil Justin Bieber leider gerade nicht kann. Oder wenn es in den Zoo oder Zirkus geht, statt zu einer Full-Service-Kids-Event-Agentur. Klar, es schont die Nerven und den Wohnzimmerteppich, wenn der Kindergeburtstag ausgelagert und in professionelle Hände gegeben wird, aber schöner wird's deshalb nicht zwingend. Wenn das Ziel ein Haufen leuchtender Kinderaugen ist, dann erreicht man das auch heute noch mit den Klassikern Würstchen. Pommes, Topfschlagen und Kuchen. Ein paar Luftballons, ein paar Girlanden, etwas Schminke, ein paar Bonbons – fertig. Billiger ist es auch. Wenn der Wohnzimmerteppich nach Party-Ende nicht ausgetauscht werden muss …

55. GRUND

Weil sie nicht merken, wenn sie erfrieren

Was ist blau und schnattert wie eine Ente auf dem elektrischen Stuhl? Kinder im Winter! Es wäre für mich überhaupt nicht überraschend, wenn jedes Jahr um Weihnachten herum circa die Hälfte aller Kinder erfrieren würden, aber sie tun es nicht. Sobald der erste Schnee fällt, fallen alle Kinder aus den Häusern und ziehen mit Schlitten, Bobs, Ski, Snowboard oder einfach nur Plastiktüte los, um steile Hänge zu erklimmen oder einfach nur den nächstbesten Hügel, zwei Meter über dem Meeresspiegel, egal. Ich habe schon im Flachland Kinder gesehen, die haben mehr Aufwand und Energie in die Abfahrt mit ihren Rodelschlitten investiert als in den Aufstieg, aber ihnen war's egal, sie fühlten sich wie Hackl Schorsch.

Wenn Schnee fällt – und vor allem länger als zwei Minuten liegen bleibt –, dann gibt es wohl keinen Menschen im Alter von fünf bis zwölf, der nicht sofort in die Stiefel springt und auf und davon ist. Das vereinbarte Mittagessen wird vergessen, Stunden später erst klingelt es an der Tür: »Muss … mal … Pipi.« Die Worte kommen stockend und undeutlich über die blau verfärbten Lippen, das ganze Kind schlottert, die Finger sind violett, das Öffnen des Hosenstalls geht alles andere als leicht von der Hand. »Ist dir denn nicht kalt?«, fragen die Eltern und halten Frotteetücher und eine heiße Schokolade bereit. »Nö, gar nicht, tschüss!« Schon verschwindet das zitternde Kind am Horizont des Türrahmens, zurück bleiben nur

Wasserflecken auf dem Boden in Schuhgröße 24 und einige Stücke gefrorener Schnee, die von der Hose abgefallen sind.

Ich schlürfe die heiße Schokolade und gerate ins Grübeln: Was ist, wenn der Kälteschutz der Klamotten allmählich am Limit angekommen ist? Lassen sich erfrorene Zehen reanimieren, indem man ein Einwegfeuerzeug darunterhält? Brechen Finger ab beim Versuch, die vergletscherten Schuhe auszuziehen? Auch Nase und Ohren sollen ja schnell dabei sein, wenn es um Erfrierungen geht. Ohren wäre ja nicht so schlimm, die Kinder hören ja eh nie. Aber die Nase …

Da klingelt es wieder an der Tür. Ein Eiszapfen steht auf der Matte und schwankt wie eine Tanne im Wind von links nach rechts. »Mir … ist … kalt.« Der menschliche Körper ist ein Wunderwerk, sogar der kindliche. Stundenlang wird die Kälte nicht zur Kenntnis genommen, weder die auf Hochtouren laufende Rotznase noch die Füße, die nicht einmal mehr Phantomschmerzen verursachen. Die heiße Schokolade, an der ich nippte, ist inzwischen nur noch lauwarm, doch viel zu heiß für den kleinen Eiszapfen, der die Tasse beinahe fallen lässt. Aber die eigentliche Tortur kommt erst noch. Denn ich halte es wie meine Mutter, für die ein heißes Bad zu einem Wintertag gehörte wie Kugeln in den schiefen Weihnachtsbaum. Ich weiß also, wie sich das gleich anfühlen wird, wenn das Badewasser eigentlich eine sehr angenehme Temperatur hat, und es sich doch erst einmal nur auf Knien hockend aushalten lässt. Als wären die Beine in eine Nähmaschine geraten, so fühlt sich das heiße Wasser auf der kalten Haut an. Später wird's angenehm. Und morgen geht's wieder raus, wenn Schnee liegt. Das Weiße suchen und dann schön blau anlaufen.

6

WENN DIE NANNY
WEINEN MUSS

Weil sie es nie gewesen sind

»Ich war's nicht!«, ruft Rudi und nimmt beschwörend beide Hände vom Lenkrad seines Kettcars, mit dem er gerade in die italienische Designervase (890 Euro zuzüglich Versand) gerast ist. Mit einer Unschuldsmiene, die an Christoph Daum erinnert, als er mit den Koks-Vorwürfen konfrontiert wurde, sitzt Rudi inmitten von mehr als 100 kleinen Glasscherben. »Das war ich nicht!«, sagt zeitgleich Sina und versteckt die Schere hinter ihrem Rücken, während sie sich eilig vor der Gardine aufbaut, die jetzt lustige herzförmige Löcher hat. Kinder sind die Könige der Alles-Abstreiter. Ich weiß das aus eigener Kindheitserfahrung. Als kleiner Junge habe ich einmal auf dem Bett stehend Rockstar gespielt und mit Propellerbewegungen mein Mikro, im wirklichen Leben eine Limonadenflasche, geschwungen, bis ich die Deckenlampe erwischte. Die war dann nicht nur aus, es hing auch nur noch armselig die Glühbirnenfassung im Raum, wie in einem leichten Wind hin und her schwenkend. Sofort bin ich zu meinen Eltern ins Wohnzimmer gelaufen, die mir wegen des lauten Knalls bereits entgegenstürzten, um den Sachverhalt wahrheitsgemäß darzustellen: Die Lampe habe ja nun schon seit Stunden gebrannt, sicherlich habe sich eine abnorme Hitze entwickelt, die schlussendlich das ganze Leuchtkonstrukt aus Milchglas mit den darauf gedruckten Sternen zur Explosion gebracht hätte. Mir scheint rückwirkend, ich habe wirklich geglaubt, was ich mir beziehungsweise meinen Eltern in diesem Moment erzählt habe. Denn ich wurde stinksauer, als mein Vater mit dem Zeigefinger seine Nase verlängerte, um mir das Pinocchio-Zeichen zu machen, während meine Mutter bereits Kehrblech und Handfeger startklar machte.

Ob ich mir bei meinem nächsten Malheur auch noch geglaubt habe, weiß ich nicht mehr. Dabei hatte ich mit einem Steckbausatz aus blauem und gelbem Kunststoff Kanonen gebaut und Krieg gespielt. (Spielen Kinder heute eigentlich noch Krieg? Dürfen sie das? Können sie das überhaupt noch im Zeitalter der Drohnen und Tarnkappenbomber? Darauf muss ich in einem späteren Kapitel mal eingehen …) Damit's auch authentisch nach Krieg aussah, setzte ich eine zündende Idee in die Tat um und hielt ein Feuerzeug an die Mündungen der Kanonenrohre. Heutzutage kann man mit Kinderspielzeug wahrscheinlich Waldbrände löschen, so sicherheitsgeprüft wie die sind, damals aber brannte mir mein Schlachtfeld in Sekunden ab und ein schallplattengroßes schwarzes Loch in den Teppich. Weil ich den kleinen Zimmerbrand mit Limonade löschte, offenbar war Limonade in meinem Kinderzimmer immer zur Hand, hatte ich nun einen stinkenden, dampfenden schwarzen Krater aus verkohlten Teppichfasern, verschmortem Plastik und Zitronenlimo. Weil mir anders als bei der Lampensache partout keine plausible Erklärung einfallen wollte, setzte ich mich zu meinen Eltern ins Wohnzimmer und folgte hoch interessiert dem Urlaubs-Dia-Vortrag, was ich zuvor noch kategorisch abgelehnt hatte. Ich spielte auf Zeit und hoffte, Teppich wächst nach. Doch das Wunder im Kinderzimmer blieb aus und ich musste ein Geständnis ablegen. Was mir wirklich unglaublich schwerfiel.

Diese beiden Geschichten fallen mir abwechselnd ein, wenn meine Kinder oder ihre Freunde vor mir stehen und »Das war ich nicht!« sagen. Dann weiß ich zunächst zwar nicht, was sie nicht waren, doch ich weiß, dass irgendetwas gerade kaputtgegangen ist, dass sämtliche Puppen im Frisiersalon nun komplett kahl sind, dass irgendwas im DVD-Player steckt, was da nicht hingehört, dass der Fön im Aquarium schwimmt – leider nicht eingestöpselt!

Für Kinder sind Lügen ein Experiment, um ihre Eigenständigkeit auszubauen: Sie versuchen, gegen die Realität der Eltern ihre eigene Realität zu behaupten, egal wie hanebüchen die auch ist. Die Lügen sind nicht böse gemeint, sie sind halt manchmal nur etwas kostspielig. Dass Eltern die Kinderlüge nicht durchgehen lassen können, liegt natürlich auf der Hand. Gelogen wird in jeder Familie, aber dort am wenigsten, wo man sich ohne Angst die Wahrheit sagen kann. Für Eltern sind die Lügen aber auch nützlich; sie liefern interessante Hinweise zur kindlichen Intelligenz: Je früher die Münchhausen-Storys kommen, desto ausgeprägter die intellektuelle Fähigkeit, das Prinzip Wahrheit zu begreifen. »Mensch, der Rudi«, kann man sich also sagen, während man dem Steppke beim Zusammenkehren der Scherben der Designervase zuschaut (denn Konsequenz muss ja sein), »erst drei, aber schon so ein schlaues Kerlchen!«

57. GRUND

Weil gute Babysitter lieb (und teuer!) sind

Sie retten ganze Abende, sie retten Beziehungen, sie retten Leben. Die Rede ist von Babysittern, die für leidgeprüfte Eltern so etwas sind wie die Mischung aus einem Orden der barmherzigen Schwestern und der GSG 9. Es soll Eltern geben, die bezahlen liebend gerne eine Putzfrau, sparen aber am Babysitter. Ich verstehe das nicht. Ein guter Babysitter ist mir mindestens so wichtig wie ein guter Zahnarzt, ein guter Steuerberater und ein gut sortierter Getränkehändler zusammen. Aber okay, es gibt auch Menschen, die spendieren ihrem Auto regelmäßig das teuerste Markenöl, braten ihr Steak aber in billigster No-Name-Schmiere.

Das Gute an einem guten Babysitter oder an guten Babysitterinnen, es sind ja doch meistens -innen, ist, dass sie Elternpaaren für einige Stunden ein ganz normales Leben ermöglichen. Konzerte können besucht und Kinofilme gesehen werden, man kann Freunde treffen, feiern oder essen gehen. Anfangs blickt die Mutter beim Konzert oder im Kino noch nervös aufs (hoffentlich) lautlos gestellte Handy, um zu prüfen, ob die neue Sitterin nicht vielleicht doch einen Notruf abgesetzt hat: »Bitte kommt schnell heim, Kind 1 kotzt, Kind 2 lässt sich nicht beruhigen und Kind 3 ist vom Hochbett in die Kakteen gefallen!« Doch sobald man zwei- oder dreimal nach einem schönen Abend nach Hause kommt, und alles schläft, die Kindchen in ihren Bettchen und die Babysitterin vor dem Fernseher, dann ist alles gut. Am nächsten Morgen berichten die Kindchen dann vielleicht, dass Zähneputzen mit der Babysitterin sogar Spaß macht, dass die überhaupt viel netter ist und nicht so streng, und überhaupt, dass man bei der alles darf! Dieses vergiftete Lob nehmen wir allzu gerne hin, wir hatten ja schließlich auch unseren Spaß.

Was sind die Kriterien für einen guten Babysitter? In einem Internetportal fand ich welche, die ich spontan nicht wirklich hilfreich fand. Demnach sollten Babysitter gut mit Kindern können, sie sollten nicht drogenabhängig, nicht cholerisch und nicht gewaltbereit sein. Hilfreicher fand ich den Tipp einer Freundin: »Nehmt doch unsere, die hat Zeit, und wir sind seit Jahren extrem zufrieden.« Wenn sich dann noch bei den ersten Begegnungen Sympathie einstellt, ist viel gewonnen. Doch das entscheidende Urteil sprechen die Kinder: Wenn die sich freuen auf Tage und Abende mit ihrer großen neuen Freundin, wenn sie am nächsten Morgen ausgeschlafen sind und von einem schönen, gemütlichen oder verspielten Abend berichten und nicht verstört sind und wirres Zeug erzählen, dann hat die Babysitterin die Prüfung bestanden, bekommt einen goldenen Haustürschlüssel, freien Zutritt zum Kühlschrank und zähneknirschend auch einen Stundenlohn, der am oberen Ende der üblichen Skala von sechs bis zehn Euro liegt.

Das Schlechte am Babysitter ist: Er hat leider ein Privatleben und geht manchmal abends lieber in die Disco als ins Kinderzimmer (vielleicht weil es in der Disco nicht so laut ist). Noch schlechter: Sobald der Sitter bemerkt, wie glücklich Kinder und Eltern strahlen, sobald er in der Tür steht, wird der Stundensatz angezogen. Sehr gemein, wie sie die emotionale Abhängigkeit der Eltern durchschauen und schamlos ausnutzen. Doch leider nur zu verständlich. Das Schlechteste aber: Gerade, wenn es so richtig gut läuft mit dem Sitter, wenn also die eigenen Kinder abends verlangen, dass nicht Mama oder Papa, sondern Linda, Lea oder Lisa die Gutenachtgeschichte vorlesen, wird auch schon das nahe Ende dieses Traumzustands angekündigt: »Ich habe übrigens jetzt einen Studienplatz.« – »Das ist ja toll, Lisa, wo denn?« – »Das Grundstudium mache ich in Toulouse, dann will ich nach Amerika, Westküste.« – »Ach ja, schön. Du, da freuen wir uns wirklich, aber geht nicht seit Kurzem im Studentenviertel von Toulouse ein Mädchenmörder um?«

Es nützt nichts, weder Lügen noch in Aussicht gestellte Gehaltsverdoppelungen plus Boni und Aktienpaket werden Lisa (oder Linda oder Lea) halten können. Leider muss schon wieder eine Neue her, wenigstens wissen wir, woran die sich messen lassen muss.

58. GRUND

Weil sie keiner leiden kann

»Deutschland, warum magst du keine Kinder?«, schrieb (oder schrie?) die *Bild*-Zeitung Anfang 2013.[34] Was für eine blöde Frage, weiß doch jeder: Sie machen Lärm, wenn sie nicht gerade schlafen, sie machen grundsätzlich und überall Dreck, sie rammen mit dem Puppenwagen arglose Rentner, sie singen sogar in den mietvertraglich festgelegten Ruhezeiten, ihnen fällt ständig das Eishörnchen auf den Perserteppich, sie stecken Pixi-Bücher in den Toaster und dekorieren parkende Autos. Das ist in ganz Europa so – vom Allgäu bis Albanien geben Kinder alles, damit man sie nicht mag! Warum also fragt die *Bild* so blöd? Weil Kinderunfreundlichkeit eben doch nicht überall gleich ausgeprägt ist, sondern Deutschland in diesem Punkt europaweit Spitze zu sein scheint.

Die Hamburger Stiftung für Zukunftsfragen hat Europäer aus zehn Ländern befragt, für wie kinderfreundlich sie ihr Land halten. Alle Achtung: Nur 15 Prozent der Deutschen befinden ihre Heimat für kinderfreundlich, damit haben wir die ganz rote Laterne, liegen klar hinter Polen (21 Prozent), hinter der Schweiz (38 Prozent), hinter Griechenland (43 Prozent), hinter den Niederlanden und Spanien auf den Plätzen 3 und 2 (mit 47 bzw. 48 Prozent), und ganz weit hinter dem unangefochtenen Champion mit satten 90 Prozent: Dänemark.

Zwei Jahre zuvor hielten wenigstens noch 21 der Befragten Deutschland für kinderfreundlich. Was ist nur los? Da werden

Krippenplätze eingerichtet, Spielplätze gestiftet und Ganztags-schulen eröffnet, Betreuungsgelder eingeführt und Kita-Ansprüche rechtlich festgeschrieben – und als Dankeschön gibt's in den Um-fragen dann Note 6, während die Dänen die Korken knallen lassen dürfen? »Egal, ob man sich den Anteil von berufstätigen Frauen, die Quote von weiblichen Führungskräften, die Anzahl von Krip-penplätzen oder die Möglichkeit, Beruf und Familie miteinander zu verbinden, anschaut – überall liegt Dänemark deutlich über dem europäischen Durchschnitt«, erklärt die Hamburger Stiftung ihre unbestechlichen Zahlen.[35] Genannt werden auch ganz kon-krete Beispiele: Tagesmütter werden in Dänemark direkt von der Kommune bezahlt und bekommen ein Festgehalt von umgerechnet 2.300 Euro im Monat. Ein Einkommen, das Betreuer und Kinder-gärtnerinnen in Deutschland zum Papiertaschentuch greifen lässt.

Natürlich ist Kohle nicht alles. Als ein wichtiges Merkmal für eine hohe Kinderfreundlichkeit wird auch ein hoher Stellenwert von Familien und Kindern in der Gesellschaft angesetzt, damit konnte besonders Spanien punkten. Unsere holländischen Nach-barn hingegen kümmern sich besonders um familienfreundliche Infrastrukturen. Und Frankreichs Charme liegt in steuerlichen Ver-günstigungen für Eltern. Das ist zwar indirekt auch wieder Kohle, aber immerhin müssen sich auch unsere französischen Freunde nicht vorwerfen lassen, dass sie ihre Enfants nicht mögen.

So ähnlich sich Kinder in ihrem Treiben und Tun international auch sind, in Deutschland scheinen sie sich der Studie nach einer Beliebtheit zu erfreuen wie sonst nur Steuererhöhungen und Tem-polimits. Sie machen aber auch einen Lärm und einen Dreck!

59. GRUND

Weil gesund das Gegenteil von lecker ist

So ungefähr sieht er aus, der gesunde Pausen-Snack, der das Schülerhirn nobelpreistauglich macht: das Brot aus vollstem Bio-Korn – Weizen, Roggen, Gerste –, am besten selbst gemahlen und von eigener Hand gebacken, damit auch nicht ein einziges der wertvollen Molekülchen verloren geht. Zwischen den Brothälften dann fettarme Käse- und Wurstsorten auf nicht zu dick gestrichener Butter (Cholesterinalarm!). Ergänzt um Buttermilch und Quark, denn das darin enthaltene Calcium macht Kinderknochen hart wie Bauklötze für den täglichen Überlebenskampf in der 3. Klasse. Wer beim Gedanken an unangekündigte Klassenarbeiten unweigerlich aufs Klo rennen muss, dem sollte Joghurt mitgegeben werden, denn Millionen Milchsäurebakterien im naturbelassenen Joghurt bringen den Darm wieder in Schwung.

Noch wichtiger sind nur noch Obst und Gemüse. Davon essen Kinder laut einer Untersuchung der Uni Dortmund doppelt so viel, wenn es ihnen mundgerecht angeboten wird, wenn also Gurken als kleine Stifte, Paprika als Streifen, Gurken als Scheiben, Radieschen als Hälften mitgegeben werden.

Eiweiß und Vitamine würden jeden Schultag zu einem wahren Triumph machen, gäbe es nicht einen kleinen Haken: Gesundes Essen ist nicht immer das, was Kinder jeden Tag essen möchten.

Es gibt sogar Wochen, Monate, ganze Phasen, in denen gesund das Gegenteil von lecker zu sein scheint. Phasen, in denen gefärbte Getränke mit einem Fruchtsaftgehalt im kaum noch messbaren Bereich auch dem aufgewecktesten Kind deutlich attraktiver erscheinen als ein Glas Milch. Phasen, in denen die gesunde Brotbox, prall gefüllt mit besten Zerealien im Gegenwert einer guten Flasche Bordeaux, im nächstbesten Mülleimer verschwindet, um am Kiosk durch Fruchtgummis, Lakritze und Donuts ersetzt zu werden. Wenn dann noch eine amerikanische Hamburger-Braterei oder »Tante Paula's Pommesbude« mit Fritten, Ketchup und falschem Apostroph am Schulwegesrand lauern, dann Gute Nacht, ihr Ernährungsberater dieser Erde!

Men's Health, die Zeitschrift für das Sixpack im Mann (tief, tief unter den Bier- und Speckschichten ist in jedem Mann ein Sixpack, es muss nur nach vorne gekrempelt werden), hat mal die Top Ten der ungesündesten Süßigkeiten zusammengestellt. Von unten nach oben: Fruchtgummis mit 350 Kilokalorien pro 100 Gramm, dann kommen Popcorn, Marzipan, Kokosflocken, Nuss-Nougat-Creme und andere erlesene Schweinereien, bis schließlich auf Platz 1 mit herrlichen 550 Kilokalorien die gute alte Tafel Vollmilchschokolade residiert.[36] Eltern brauchen also Geduld und viel Fantasie, um ihre Kids in den Hinterhalt gesunder Kost zu locken.

Realistisch betrachtet, bleiben nur zwei Optionen. Ein Deal mit den Kindern im Sinne von: Okay, fünfmal die Woche isst du gesund, aber am ersten Freitag in jedem ungeraden Monat darfst du dann nach Herzenslust mampfen, was du magst. Oder, noch besser, abwarten. Warten, bis die süße Phase vorbei ist, weil auch Kinder sich nicht dick fressen wollen, weil sie auch keinen Bock haben auf Zähne in der Farbe eines Schokoriegels, weil sie mittelfristig merken, dass eine saftige Wurst- oder Käsestulle bedeutend mehr Spaß macht als täglich Bärchen aus gefärbter Gelatine. Es sei denn, sie wissen gar nicht, was ein Käsebrot oder eine Paprika ist, weil die Hauptnahrungsmittel der Eltern Fluppen, Fusel und Fette sind.

Aber so was gibt's bestimmt ja nur noch in den Elendsvierteln un-
realistischer Fernsehkrimis.

60. GRUND

Weil sie den Rücken ruinieren

Immer häufiger wird bei den vielen Erzieherinnen und den wenigen Erziehern die Berufskrankheit Rückenleiden festgestellt. Wer
morgens bei der Abgabe seiner Blagen und Plagen mal einen Blick
in die Gruppenräume warf, weiß warum: Alles spielt sich auf Tep-
pichhöhe ab. Die niedrigen Tische, die Stühle mit gerade mal 46
Zentimetern Sitzflächenhöhe: super für die Kleinen, die – anders
als in Restaurants ohne Kinderstühle – nicht unter den Tischen
durchgucken müssen, sondern orthopädisch optimal sitzen und
alles überblicken und packen können. Unsuper für die Erzieher,
wenn diese nicht auch nur einen Meter Größe messen. Man will
sich gar nicht ausmalen, wie ein Mensch von 1,80 Meter Größe
sieben Stunden später wieder von diesem Stühlchen aufstehen will.
Bilder von schlimmsten Hexenschüssen, von krummen Rücken,
vom Glöckner von Notre-Dame ziehen vor dem inneren Auge auf.
Anders als bei der Altenpflege im Seniorenheim gibt's in der Kita
keine technischen Hilfsmittel, um die Kurzen zu heben oder abzu-
senken. In unserer Kita muss auch der 2-Meter-Bewegungsthera-
peut ganz tief hinunter, wenn er zu Übungen mit einem U3-Gnom
ansetzt.

Bei einer Umfrage unter den pädagogischen Beschäftigten des Kita-Zweckverbands Essen gaben 55 Prozent an, unter Rückenschmerzen zu leiden. Es wird vermutet, dass diese Zahl noch vor wenigen Jahrzehnten deutlich niedriger gewesen ist. Weil vor wenigen Jahrzehnten die Kinder um zwölf Uhr nach Hause gegangen sind. Mit der Nachmittagsbetreuung kamen die Rückenschmerzen; wenn eine Einrichtung morgens um Viertel nach sieben die bunt beklebte Eingangstür öffnet und erst um halb fünf wieder schließt, dann haben Bandscheiben und Wirbelsäulen eine verdammt lange Zeit eine Menge Spaß gehabt. Bitte nicht falsch verstehen, das ist kein Plädoyer für eine Rückkehr zu alten Öffnungszeiten. Niemals, die Nachmittagsbetreuung ist die beste Erfindung seit der Einwegwindel!

Aber vielleicht ist eine rückenfreundlichere Möblierung mal eine schöne Aufgabe für den Förderverein und ein besseres Management der Einsatzzeiten eine feine Aufgabe für die Kita-Leitung?

Wenigstens sind die Miniaturstühle nicht daran schuld, dass 38 Prozent in der Umfrage angaben, an Schlafstörungen zu leiden. Dafür werden andere Ursachen angenommen: Ängste zu versagen, Ängste vor Fehlern. Ängste vor Eltern, die keine fünf Minuten nach einem Fehler mit quietschenden Reifen vor der Kita zum Stehen kommen, um sich bei der Kita-Leitung zu beschweren. Zusätzlich noch die Erzieherin zusammenfalten, weil Eltern schließlich am besten wissen, was richtig ist fürs Kind und was ganz falsch: »Unser Tim mag es gar nicht leiden, wenn er geschimpft kriegt, nur weil er den Stuhlkreis stört und anderen Kindern das Essen vom Tisch schmeißt …« Eltern dieses Typs verfolgen auch gestandene Erzieher bis in den Schlaf und rauben diesen, ganz besonders, wenn sie akademisch gebildet sind und ihre Widersacher rhetorisch plattmachen oder ihre Lieblingsfloskel absondern: »Sie werden noch von unserem Anwalt hören!« Solche Auseinandersetzungen braucht keine Kita-Kraft, die auch so keinen unstressigen Job hat, und sich am liebsten unterm Tisch verstecken würde, wenn

draußen wieder mal Bremsen quietschen. Aber der Tisch ist dafür
ja viel zu niedrig.

61. GRUND

Weil Tagesmutti die Beste ist

Die Entscheidung, eine Tagesmutter anzuheuern, war uns leicht
gefallen. Als es dann so weit war, waren wir uns sicher, die falscheste
Entscheidung unseres Lebens getroffen zu haben. Da stand die Kleine nun auf einer fremden Fußmatte in einem fremden Treppen-
haus einer fremden Frau und weinte aus allen Rohren. Tränen dick
wie Weintrauben kullerten über feuerwehrautorote Wangen, das
Schluchzen war erschütternd. Wäre zufällig die Polizei des Weges
gekommen, wir wären verhaftet worden. Doch auch ohne Polizei
stand ich kurz vor einer Selbstanzeige und sah schon die Schlagzeilen: »Herzloser Rabenvater gibt sein Kind weg – fünf Jahre Knast!«
Der Vormittag des ersten Tages bei der Tagesmutter dauerte gefühlte zehn Stunden, dabei waren es nur zwei Probestunden, bis
wir wiederkommen sollten. Wir hielten es aber kaum aus und klin-
gelten bereits nach 115 Minuten, nachdem meine Frau und ich die
ganze Zeit über in einem nahe gelegenen Café sitzend Händchen
gehalten und uns wechselseitig beruhigt hatten, als läge die Kleine
gerade bei einem morphiumabhängigen Chirurgen unterm rostigen Messer. »Es wird schon gut gehen«, sprachen wir immer wieder,
»sie ist doch so tapfer!« Und über die Tagesmutter: »Die macht das

doch auch nicht zum ersten Mal, die wird schon wissen, was zu tun ist. Da bin ich mir zu 100 Prozent sicher, ODER?!«

Genau so war es dann auch. Als wir kurz vor Ablauf des Probetermins wieder auf der fremden Matte standen und die Tür sich öffnete, da sahen wir unser Kind zwar nicht, aber wir hörten es. Es hatte sich hinterm Schirmständer versteckt und lachte über uns, weil sie unsere panisch suchenden Augen gesehen hatte. Erleichtert drückte ich sie an mich und säuselte: »Morgen wieder zu Oma Lemmi?« Meine Kleine drückte sich noch enger an mich und schrie: »Neiiiin!!!« Wieder kullerten Weintrauben über ihre Wangen. So ging das noch ein paar Tage, dann vergaß sie das Weinen. Manchmal fiel es ihr zwar noch rechtzeitig ein: Ach ja, es geht zur Tagesmutter, schnell die Waffen eines Kleinkindes einsetzen und steinerweichend flennen! Doch es dauerte nicht mehr lange, da war die erste Frage am Morgen: »Oma Lemmi?« Wenn wir dann verneinten, weil es anfangs nur an zwei, später an drei Tagen in der Woche zur Tagesmutter ging, war echte Enttäuschung sichtbar.

Aber musste das überhaupt sein, kaum zwei Jahre alt und schon in fremde Hände? Ja, musste. Weniger aus dem Grund, der unter dem Schlagwort »Vereinbarkeit von Familie und Beruf« läuft. Uns ging es viel mehr um die artgerechte Haltung von Kleinkindern. Denn was tun Kinder lieber, als mit ihresgleichen zusammen abzuhängen, zu spielen, zu toben, zu schmieren, kaputt zu machen? Die Weintraubentränen am Morgen wirkten zwar wie ein Gegenargument, aber die sich schnell einstellende Freude, von der die Tagesmutter berichtete, sobald morgens ihre Tür vor unserer Nase ins Schloss gefallen war, überzeugte uns, dass dieser Schritt gut war. Andernfalls hätten wir das Projekt abgebrochen. Wenn auch ungern, denn die Möglichkeit, ab und an in einem schönen Straßencafé ein zweites Frühstück einzunehmen, ist so egoistisch wie schön: Als Paar ohne Kinder mal wieder einen Milchkaffee zu trinken, ist herrlich und macht glücklich. Und glückliche Eltern, liebe Kinder, wollt ihr doch haben?! Oder lieber verhärmte, gestresste, genervte Eltern, die sich

nichts mehr zu sagen haben, weil sie nie dazu kommen? Nein, Tagesmütter sind eine prima Erfindung des lieben Gottes. Mehr Oma- als
Elternersatz sind diese gestandenen Frauen, die fast alle selbst Kinder und Enkel haben und leckere Hausmannskost für ihre vier, fünf,
sechs Leihkinder kochen. Richtig gute Leihmütter haben bereits An-
fragen für Ungeborene, weil ihre Arbeit so hoch geschätzt wird. Ein
Freund legte »seiner« Leihmutter mal ein frisches Ultraschallbild auf
den Küchentisch: »Dürfen wir schon reservieren?«

62. GRUND

Weil der Zappelphilipp abgeschafft wurde

Kaum wird mit größtmöglichem Ungeschick ein Suppenteller vom
Tisch gewischt (»Das gute Porzellan!«) oder mit lustigen Einfällen
der Unterricht fortwährend gestört (»Du fliegst gleich raus!«), beim
Kindergottesdienst rumgehampelt (»Wir wollen jetzt leise beten,
leise!!«), schon wird eine Diagnose schneller gezogen als John
Waynes Colt: ADHS! Die alten Hasen unter den Hobbypsychologen
sprechen es bei ihrem Erstbefund natürlich fachmännisch in voller
Länge aus: »Ganz klar Aufmerksamkeitsdefizithyperaktivitätsstö-
rung.« Nachgeschoben wird vielleicht noch: »Auch Hyperkineti-
sche Störung genannt.« Wenn diese Diagnose im klinischen Sinne
tatsächlich zutrifft, ist das kein Spaß für die Beteiligten. Aber wenn
diese Diagnose mal eben so auf dem Kinderspielplatz abgefeuert
wird von einem Papi oder einer Mutti, weil deren Sprössling gerade

von einem anderen von der Schaukel geschubst wurde, dann kann das für schlechte Laune sorgen. Hätten sie doch nur gesagt, was Oma und Opa immer sagten, wenn man vorzeitig das Abendessen beendet und den Tisch verlassen hatte: »So ein Zappelphilipp!« Damit war's dann gut. Es war einerseits ein Tadel, weil Großelterns Generation noch andere Manieren kannte (»Gerade sitzen! Beten! Teller leer essen!«), andererseits war's eine gutmütige und gut gemeinte Entschuldigung fürs liebe Enkelkind; es bedeutete so viel wie: »Lasst mal gut sein, er will doch nur spielen, so waren wir doch alle mal, nur dass wir nicht durften, wie wir wollten.« Gutmütige Omas gibt's heute noch, aber ihre Stimmen sind so leise. Im Vergleich zu den lautstarken ADHS-Krakeelern, die sich mit ihrem Blitzbefund wahlweise über den eigenen, befreundeten oder völlig fremden Nachwuchs hermachen. Eine kleine Klopperei oder ein aus den Händen gerissenes Spielzeug, schon fliegen einem Diagnosen und unerbetene Ratschläge um die Ohren wie Schneebälle am ersten Wintertag. »Oha, da müsst ihr aber was machen, das ist ja nicht normal. Habt ihr denn kein Ritalin?«

Das Mittel gilt als Wunderwaffe an der ADHS-Front. Nicht zuletzt weil es lebhafte Kinder, die vielleicht einfach nur aktiver als andere sind, aktiver jedenfalls als verschnarchte Streber, in Top-Schüler verwandelt.

Ritalin ist das Speed im Klassenzimmer. In den zehn Jahren von 1993 bis 2003 ist die Zahl der Ritalin-Verschreibungen weltweit um 270 Prozent gestiegen. Die Zahl der Zappels in der gleichen Zeit auch? Eher unwahrscheinlich, aber was hält man sich mit der Droge doch viele Probleme vom Hals: Das Kind wird ruhiggestellt und die schlechten Noten verschwinden. Kleine Nebenwirkungen eines so zustande gekommenen Einser-Zeugnisses: Keine Lust auf nichts mehr, stumpfe Emotionen, keine Neugier, keine Kreativität, kein Bedürfnis nach menschlichen Beziehungen.

Die *Zeit* druckte einmal Erfahrungen aus einem Selbstversuch mit Ritalin ab. Der Autor, ein musikbegeisterter Student, wusste am

Ende nicht mehr, welche CD er hören wollte, nicht einmal, welche Hose er anziehen wollte. Alles war ihm egal, dafür funktionierte er ganz wunderbar bei den Prüfungen. In der Überschrift zu dem Artikel wurde das Ritalin-Experiment so formuliert: »Ich bin ein Zombie, und ich lerne wie eine Maschine.«[37] Höchste Zeit, das Kinderrecht auf Zappeln ins Grundgesetz zu nehmen, höchste Zeit für die Parole: »Ich zapple, also bin ich!«

63. GRUND

Weil Schlechtschreibung die Schwester der Rechtschreibung ist

Es ist ein einmaliger Moment, beim Einführungsabend in der Grundschule mal wieder auf einem dieser Erstklässlerstühlchen zu sitzen, noch tiefer sitzt man sonst nur noch in der Badewanne. Die kleinen Zweiertische vor einem sehen nicht viel moderner aus als die aus der eigenen Grundschulzeit, ein bisschen mehr Kunststoff an den Tischbeinen vielleicht, aber eigentlich ist erstaunlich wenig passiert in Sachen Schulmöblierung im letzten halben Jahrhundert. Auch die Tafel ist grün wie einst und mit Kreideresten überzogen, und das im digitalen Zeitalter der Tablet-PCs und Flatscreens. Sogar die Grundschullehrerin, die endlich eintritt, sieht fast so aus wie meine seinerzeit in der 1b. Bis auf ihre Tattoos und eine mitgebrachte Zeichnung, wie ich sie noch nie gesehen habe: eine Art Torbogen, auf dessen Säulen Enten, Sägen und Überholverbotsschilder gemalt sind. Auch Pilze, Lupen und Schlüpfer. Aha, das wird die Kunstlehrerin sein, denke ich, bei ihr lernen die Kinder Malen und Tätowieren. »Hallo, ich bin die Klassenlehrerin Ihrer Kinder«, stellt sie sich vor, »ich unterrichte alle Fächer bis auf Kunst.« Meine kleine Verwirrung währt kurz, wird dann von noch größerer Verwirrung abgelöst: »Was Sie hier sehen, ist eine Anlauttabelle, damit lernen Ihre Kinder Lesen durch Schreiben.« Sie zeigt mit dem Zeigefinger, auf dem ein schön verschnörkeltes L tätowiert ist, von dem ich eben noch dachte, es stehe für »Love«, jetzt aber annehme, dass es für »Lesen durch Schreiben« steht, auf dieses seltsame Tor, durch das Kinder zur Sprache gelangen sollen. »Schauen Sie«, sagt sie, und ich schaue, was das Zeug hält. »Neben jedem Symbol steht der entsprechende Anlaut.« Neben dem Ding, das aussieht wie ein Ghettoblaster, steht ein R. »R wie Radio«, erklärt die Lehrkraft. Neben dem Schlüpfer steht ein U für »Unterhose«. Neben einer Art Babyfläschchen steht ein Ö für »Ölfläschchen«. Ich schaue genauer hin und sehe, dass auf dem Etikett des Fläschchens das Wort »Öl« geschrieben wurde. Damit klar ist, dass es sich bei der Pulle, die aussieht wie eine x-beliebige, eben um ein Ölfläschchen handelt. Das ist gut, denke ich, die eingeschulten Kinder können zwar noch nicht lesen, aber sie werden es lernen, und dann ein paar Klassen später begreifen, was mit diesen Zeichen damals gemeint war. Toll auch das Symbol fürs Ü: ein Überholen-verboten-Schild. Ich habe immer schon gepredigt, dass Sechsjährige parallel zur Vorschule auch die Fahrschule besuchen sollten, dann kommen sie nicht so schnell unter die Räder.

Funktionieren soll die Anlauttabelle so: Die schutzlosen ABC-Schützen sollen sich aus den Lauten zu den Bildern Worte bauen. »Es ist ganz einfach«, beteuert die Lehrerin, »für ›Auto‹ nimmt sich das Kind das ›au‹ neben dem Autobildchen, dann das ›t‹ neben dem Tassenbildchen und das ›o‹ vom Hasen, der natürlich ein Osterhase ist, damit's sprachlich passt.«

Für den Rest des Einführungsabends geht es mir wie zu meiner Grundschulzeit, wenn ich nicht aufgepasst hatte: Ich verstehe nur

Bahnhof und so gar nicht, wie dieses Konzept funktionieren soll, bei dem die i-Dötzchen erst einmal alles falsch schreiben dürfen, Hoisa statt Häuser, Wuam statt Wurm, Autofad, Fogl, Fata ... Mir kommt ein beliebter Spruch vom Pausenhof in den Sinn: »Wer das liest, ist doof.« Das stimmt natürlich nicht, und wer das schrieb, ist es auch nicht, aber wer dieses Ding erfunden hat, mit dem erst einmal Falschschreibung vermittelt wird, die später durch richtige Rechtschreibung korrigiert werden darf, was doppelten Lernaufwand für die Kinder bedeutet, dem sollte mit dem Lineal auf die Finger gehauen werden.

Die Rechtschreibprüfung meines Computers macht es richtig: Sie markiert das Wort »Anlauttabelle« als Fehler.

64. GRUND

Weil Super Nanny weiß, wie es nicht geht

Sendungen wie *Super Nanny* seien Pädagogikpornos, sagen manche, die offenbar Pornos und Pädagogik ausführlich studiert und verglichen haben, um zum Schluss zu kommen, dass TV-Nannys mit Erziehung so wenig zu tun hätten wie Pornos mit Erotik.

Ich selbst habe ja noch nie einen Porno gesehen, aber was habe ich da schon alles gelernt: Man muss nur einen Klempner-Overall anziehen und Dinge murmeln wie »Rohr verlegen«, und schon geht es dermaßen ab bei der offenbar gelangweilten Millionärsgattin in der Riesenvilla – im Wohnzimmer, am Pool, auf dem Esszimmertisch, im begehbaren Kleiderschrank …. Manchmal geht es sogar im Porno richtig pädagogisch zu, dann trägt die Pornodarstellerin (was genau stellt die eigentlich dar?) eine gestärkte weiße Bluse, die Haare sind streng zum Dutt gebunden, und garantiert hat sie eine dicke Hornbrille auf der Nase. Dann kommt ein Typ vorbei, der auch da Muskeln hat, wo der liebe Gott einst das Hirn platzierte, und lässt sich mit dem Rohrstock züchtigen: »Böser Junge!« Ähnlich verhalte es sich mit genannten Erziehungsformaten, sagen die Kritiker. Es gehe nicht um die Mitwirkenden, sondern einzig und allein darum, den Voyeurismus der Zuschauer zu befriedigen.

Nicht ganz zu Unrecht wurden die Kritiker mit dem Hinweis kritisiert, dass ja von Fernsehen die Rede sei und Fernsehen selten etwas andere anstrebe, als das Publikum zu unterhalten. Kaum ein Zuschauer schalte ein, um zu sagen: »So, jetzt schauen wir heute mal wieder diese Super Nanny an, damit wir morgen wissen, wie wir unseren Bengel richtig erziehen müssen.« Den Super Nannys und ihren Problemfamilien schaut man bei Erdnüssen und Chips schön mit einer Decke über den Beinen vom Sofa aus zu, so wie man auch Heidi Klum zuschaut, wenn sie in ihrem Drillcamp dürre Klappergestelle übers Knie legt, wenn die zu fett sind. Auch bei *Deutschland sucht den Superstar* sind die Mitwirkenden oft nur ein Teil der Studio-Dekoration. Geguckt wird wegen der irre witzigen Bohlen-Sprüche wie: »Wenn ich meinem Hund 'ne Currywurst in den Hintern schiebe, dann macht der auch solche Geräusche!« Dann wird gelacht, getwittert und auf die Schenkel geklopft. Am Ende wird angestrengt gegrübelt, mit welchen komischen Methoden Bohlen offenbar seinen Köter füttert.

Den Schaden und den Spott haben die wenig bis gar nicht talentierten »Talente«, denen eine einzigartige Chance geboten wird, sich vor einem Millionenpublikum zum Horst zu machen. Nicht anders funktionieren die Super Nannys, auch wenn die keine Bohlen-Sprüche fürs Publikum raushauen, sondern tapfer die Rolle der aufmerksam begleitenden Pädagogin spielen. Für die Sprüche sind die mitwirkenden Akteure aus der Unterschicht da, die zur allgemeinen Erheiterung beitragen, wenn sie einem Familienmitglied mitteilen: »Schnauze oder direkt Fresse!«

2.000 Euro bekamen die Familien für die dunklen Einblicke in ihre dunklen Wohnzimmer. Sowie zweifelhafte Berühmtheit gratis. Manche Eltern sollen die Sendungen gar gemeinsam mit ihren Kindern gucken. Vielleicht um sich gegenseitig aufzubauen: »Guck mal, bei denen ist noch scheißer wie bei uns!«

65. GRUND

Weil Jungs nur spielen wollen

Vom Kind im Mann wird immer mal wieder gesprochen, wenn ein 50-Jähriger plötzlich die alte Modelleisenbahn wieder vom Dachboden holt, wenn er sich ein Rennmotorrad zulegt und eine minderjährig wirkende Freundin oder am Strand mit eingezogenem Bauch mit Jugendlichen Volleyball spielen will, bis er bereits nach wenigen Minuten wieder vom Feld humpelt – der Rücken.

Seit einiger Zeit ist aber auch der Mann im Kind ein ganz großes Thema. Im Zuge der Debatte: Dürfen Jungs noch Jungs sein? Man könnte auch Herbert Grönemeyer variieren: Wann ist ein Bub ein Bub? Wenn man ihn lässt, sagt der Familientherapeut Wolfgang Bergmann, um gleich hinterherzuschieben: Aber man lässt ihn nicht mehr. Die Jungs von heute würden sozial entmannt. Bergmann hat die Beobachtung gemacht, dass es kaum noch zugelassen werde, dass Jungs tun dürften, was in ihrer Natur liege: raufen, rempeln, auch mal ein bisschen randalieren. Laut sein, den Unterricht stören, einen Ball viel zu fest werfen, auf dass Silkes Brille entzweigeht und deshalb dicke Tränen sichtbar werden.[38] Um es ganz billig zu machen: Früher hätte es geheißen: »Silke, das mit dem Fangen musst du aber noch üben!« Heute sagt der Lehrer zum Werfer: »Zehn Minuten Zeitstrafe! Ich habe dir schon hundertmal gesagt, dass du lieb werfen sollst!«

Alles soll lieb sein, kuschelig, zwangsharmonisch. So sind viele Jungs aber nicht. Und genügend Mädchen auch nicht. Die haben auch kein Problem damit, wenn's mal kracht und scheppert und Kreidestücke durch den Klassenraum fliegen. Die haben ebenfalls ein größeres Problem mit dem Friedensengel, der sofort deeskalierend einschwebt und Körperlosigkeit predigt: »Wir wollen doch Frieden in der Welt, und der fängt genau hier in der Klasse 5b des Ghandi-Gymnasiums an …«

Bergmann sagt: »Die Welt ist für Jungen zu eng geworden. Viel zu normiert. Und langweilig. Was ihnen Spaß macht, ist meistens verboten. Was sie besonders gut können, wird nirgends verlangt.«[39] Schuld sei die generelle Antigewalt-, Antikörperlichkeits-, Antimännlichkeitserziehung unserer Tage, die nicht nur von der Dominanz weiblicher Kräfte in Kindergarten und Grundschule herrühre. Denn auch die männlichen Pädagogen hätten dieses Ideal übernommen: Peace für alle! »Wenn heute im Kindergarten beim Spielen etwas zu Bruch geht, wird doch sofort der Morgenkreis einberufen«, spitzt Bergmann zu, Jungen hätten heute kaum noch die Fähigkeit, sich selbst in ihrer Körperlichkeit, in ihrer männlichen Durchsetzungsfähigkeit kennenzulernen. »Sie werden mit Teilen ihrer Männlichkeit überhaupt nicht mehr bekannt.« Ob er auch einen ausgeschlagenen Schneidezahn als ganz normales Mitbringsel einer richtigen Jungen-Jugend betrachtet, bleibt offen, aber seine Überlegungen zum domestizierten Mann im Kinde, denn nicht nur Jungs, auch lebhafte und laute Mädels werden ausgebremst, stellen auch mir die Frage: Haben wir Eltern diese Entwicklung nicht auch mitzuverantworten? Schließlich sind Friede, Freude und Eierkuchen so angenehm und bequem. Aber eben auch eine Form von Stubenarrest, wenn auch subtiler, und eine Unterdrückung des Individuums, auch wenn wir die ja auf dem Papier empört ablehnen. Noch grüble ich, und während ich grüble, lege ich eine Platte von Ton Steine Scherben auf: *Macht kaputt, was euch kaputt macht.* Meine Töchter singen das gerne mit.

66. GRUND

Weil Tiger-Mütter auch stumpfe Krallen haben

Über nichts freuen sich Eltern mehr als über selbst gebastelte Geschenke, die ihnen ihre Kinder mit funkelnden Augen überreichen: »Da, für dich!« – »Ist das schön, ist das ein Knusperhäuschen?« – »Nein, ein Klo, wie es die Arbeiter auf der Baustelle haben.« – »Schön!«

Auch selbst gemalte Bilder aus Kinderhand sind für Eltern mindestens so wertvoll wie ein alter Meister. Dabei spielt es überhaupt keine Rolle, ob die Bilder aussehen wie eine Mischung aus einem Unglück mit dem Wassermalkasten und einem Rorschachtest. Es gibt Eltern, die müssen nie wieder tapezieren, weil ihre Tapete allmählich unter Kindermalereien verschwindet. Seit der ersten Kindergartenstunde wird alles gesammelt, jedes noch so wellige und eingerissene Blatt mit Farbe drauf und Männchen ohne Hände,

Füße und Ohren, dafür mit Augen neben dem Kopf und Bäumen, die dem Waldsterben ein neues Gesicht geben. Alles süß, alles super, alles schön. Es sei denn, man ist das Kind von Amy Chua, die mit einem Buch über ihre Erziehungsmethoden als Tigermutter einen Welt-Bestseller landete.[40] Als ihre vierjährige Tochter Louise eine Geburtstagskarte gebastelt hatte für Mama, gab diese das Geschenk an die Tochter zurück. Das könne sie besser, so die Mutter.

Amy Chua führt in ihrem Buch noch mehr praktische Beispiele aus ihrem Erziehungsalltag auf. So war es ihren Töchtern verboten, Kinderpartys zu besuchen und bei Freunden zu übernachten. Sie durften nicht im Schultheater mitspielen oder sich selbst ein Hobby aussuchen. Fernsehen und Computerspiele waren absolute No-Gos, und überhaupt nicht infrage kam, mit einer anderen Note aus der Schule zu kommen als mit der besten.

Dass sich die Kinder keine Hobbys aussuchen dürfen, heißt ja nicht, dass sie keine haben. Nur dass diese eben von der Mutter ausgesucht wurden, deren Wahl völlig überraschend auf Violine und Klavier fiel. Natürlich nix mit Klimperklimper und schauderhaftem Gequietsche, täglich werden drei Stunden geübt. Wenn's trotzdem nicht perfekt klingt, dürfen ihre Mädchen nicht auf Toilette gehen, bekommen nichts zu trinken, werden als Müll beschimpft. »Wenn das beim nächsten Mal nicht perfekt ist«, zitiert sich Amy Chua in ihrem Buch selbst, »nehme ich dir sämtliche Stofftiere weg und verbrenne sie.«

Das Buch verkaufte sich nicht nur in den USA bombig, sondern war auch in Deutschland ein Riesenerfolg. Denn wenn es die Tochter chinesischer Immigranten bis zu einer Jura-Professur in Yale schafft, dann weiß die bestimmt auch, wie ich mein Früchtchen für den globalen Wettbewerb fit mache. Sowieso sorgt die These, dass alle westlichen Kinder viel zu verweichlicht und verwöhnt sind, nicht mehr leistungsbereit und nur noch spaßorientiert, immer für Beifall. Doch Amy Chua ist auch so ehrlich zu sagen, dass ihr Weg zwar erfolgversprechend sei, aber nicht immer Erfolg hat. Sophia, die ältere Tochter, hatte bereits als 14-Jährige Auftritte als Pianistin in der Carnegie Hall. Louise, die jüngere, die mit der zurückgewiesenen Geburtstagskarte, hat ihre Geige an den Nagel gehängt. »Ich hasse die Violine. Ich hasse mein Leben. Ich hasse dich!«, schreit sie ihrer Mutter entgegen, die auch diese Niederlage in ihrem Buch schildert. Ein Ratgeber, der auf asiatischen Erziehungsmethoden fuße, so die Mutter des Erfolgs. Wenn ich bei meinem Asiaten um die Ecke essen gehe, bekomme ich nachher immer einen Glückskeks. In Amy Chuas Buch sind wenig Glückskekse zu finden.

7

WENN DIE NÄCHTE ZUM TAG WERDEN, DIE TAGE ABER AUCH

Weil sie einem den Schlaf rauben

Kinder sind das Ende des Schlafs, sind sie einmal auf der Welt, ist an ungestörtes süßes Träumen nicht mehr zu denken, die REM-Phase ist zu Ende, bevor sie überhaupt angefangen hat. Wer in Elternforen im Internet zaghaft die bange Frage stellt: »Wie sind denn eure Nächte so, seit ihr Kinder habt?«, der bekommt tausendfach Erschütterndes zu lesen: vom Tag der Geburt an nicht mehr richtig durchgeschlafen; ein Dutzend Mal wach pro Nacht; zuletzt bis Nachmittag geschlafen, als man noch auf der Uni war; zuletzt richtig ausgeschlafen kurz nach der Zeugung des Kindes, das jetzt die Nacht zum Tag macht … So geht's munter weiter. Die Einzigen, die sich damit brüsten, noch nie besser geschlafen zu haben als jetzt, sind offenbar Kinderlose, die sich ins falsche Forum verlaufen haben oder sich absichtlich in Elternforen mit Anti-Kinder-Argumenten munitionieren wollen, bevor sie in die nächste Kinder-ja-oder-nein-Debatte mit ihrem Partner ziehen. Sie werden dann im Elternforum reich beschenkt.

Los geht's gleich ab der ersten Nacht mit dem verdammten Stillen. Ist ja irgendwie vielleicht auch schön, aber muss es immer sein, wenn man gerade einschlummert ist? Während meine Frau sich in stabile Seitenlage brachte, saugfähige Tücher ausbreitete und die Milchausgabe vorbereitete, taumelte ich schlaftrunken zum krakeelenden Kindchen, das sein Recht auf Milch so energisch einforderte wie ein Oktoberfestbesucher sein Recht auf Rausch. Weil Stillen ja nicht ohne Grund so heißt, waren nach ein paar Minuten alle wieder eingeschlafen: der Trinker, die Stillende, und ich als Erster. Bis mir ein kleiner Hieb meiner wieder erwachten Frau signalisierte, dass ich den schlafenden Trinker nun auch wieder in sein Bett tragen dürfte. Danach schlief auch ich endlich wieder, bis sich dieser Prozess wiederholte, gefühlte 20 Mal pro Nacht.

So perforiert wie der Schlaf, so fragmentarisch wurden meine Träume: Die wunderschöne Frau mit den hohen Absätzen, der Löwenmähne und dem Killer-Dekolleté kam gerade zielstrebig genau auf mich zu und schenkte mir einen Angelina-Jolie-Blick, als es im Nebenzimmer plärrte. Gerade wollte ich im Traum den entscheidenden Elfmeter links oben im Eck versenken, mit traumwandlerischer Sicherheit quasi, als ich wieder einen kleinen Hieb verspürte: »Bist du taub?!«

Schlafen die Kleinen dann eines Nachts endlich durch, muss das nicht für ihre Eltern gelten. Vor allem Mütter liegen in einer Art Wachschlaf auf den Matratzen, hochgradig sensibilisiert, auch nur die kleinste akustische Abweichung sofort wahrzunehmen und darauf zu reagieren: »Oh, Blähungen, irgendwo müssen die Zäpfchen doch sein ... (rumpel, polter), da sind sie ja!«, und schon bin auch ich wieder wach. Danke. Wenig später gesellen sich typische Elternsorgen zu den Schlafstörern hinzu: Klappt das wohl morgen mit der neuen Nachmittagsbetreuung? Sollen wir nicht doch besser impfen lassen? Ob der Acht-Stunden-Flug in den Urlaub gut geht, oder wird das Kind Ohrenschmerzen bekommen, acht Stunden schreien und den Flugkapitän zu einer Notlandung auf einem Feldweg zwingen? Die Ängste, die sich besonders gerne in der Nacht kurz vor dem verdienten Schlaf melden, werden auch nicht abnehmen; dafür werden die Schule, die erste Liebe und ihr Ende, mancher Streit und andere Dinge des echten Lebens schon sorgen.

»Schlafen kann ich, wenn ich tot bin«, hat der Filmregisseur Rainer Werner Fassbinder mal gesagt und dieses Programm dann auch früh umgesetzt. Ich möchte aber schlafen, wenn ich müde bin. Und müde bin ich jeden Tag, seit die Kinder da sind. Wenn Eltern die Gelegenheit haben, findet man sie nachmittags oft schlafend auf dem Sofa, von einer zu kleinen Decke notdürftig bedeckt. Sie träumen dann von langen Nächten in butterweichen Himmelbetten mit Plumeaus aus tausend Daunen.

68. GRUND

Weil sie extrem laut und unglaublich nah sind

Lärm ist Stress, deshalb ist am Arbeitsplatz ab 85 Dezibel ein Gehörschutz vorgeschrieben. Am Arbeitsplatz Kinderzimmer ist kein Lärmschutz Pflicht, dabei kann es deutlich lauter werden: Auf 120 Dezibel bringt es ein schreiendes Baby, das ist verdammt laut! Damit bewegt sich das brüllende Baby in einem Bereich, in den es sonst nur Kettensägen, Presslufthammer und Motörhead schaffen. Ein paar Minuten lässt sich Babygeschrei noch einigermaßen aushalten, aber nach einer halben Stunde werden die meisten Eltern unruhig, und wenn Babys mehr als drei Stunden am Tag an mehr als drei Tagen der Woche seit mehr als drei Wochen schreien, dann werden Eltern zuerst panisch, und am Ende sind sie am Ende. Sie wissen spätestens jetzt, dass sie ein Schreikind haben. Die Dreierdefinition stammt von dem amerikanischen Kinderarzt Morris Wessel und ist bereits 60 Jahre alt. Leiser geworden sind Schreikinder seither nicht, und ein Gegenmittel hat die Pharmaindustrie auch noch nicht entwickeln können. Zum Glück, denn kein Baby schreit aus Jux und Dollerei. Irgendwas hat es. So hoffen Eltern am Rande des Tinnitus inständig, es möge nur »eine dieser Phasen« sein. Etwas Vorübergehendes wie Zahnen oder eine Kolik. Darauf tippen zunächst auch Kinderärzte oft, verschreiben den Kleinen Tropfen und den Großen Ohropax. Vielleicht gibt's noch gratis eine vermeintlich wohlmeinende Diagnose: »Ihr Kind hat eben ein lebhaftes Temperament.« Das sich tagein, tagaus mit 85 Dezibel bemerkbar macht. Dankeschön, Doc!

Wenn sich nichts ändert, wenn alle Tropfen und Zäpfchen, wenn alles Händchenhalten, Pucken und stundenlanges Kinderwagenschieben nicht helfen, man allmählich wahnsinnig wird von dem Geschrei an gefühlten 25 Stunden am Tag, wenn man sich langsam sicher ist, dass der Teufel ins Kind gefahren ist, dann sollte kein Exorzist konsultiert werden, sondern die Schreiambulanz. Die heißen wirklich so, die Einrichtungen des Kinderschutzbundes oder einiger Kliniken und Institute, die davon ausgehen, dass etwa zehn bis 20 Prozent aller Säuglinge häufiger schreien, als sie nicht schreien. Die Spezialisten in der Schreiambulanz, Psychologen und Ärzte, versuchen, in Sitzungen mit den Eltern und den Babys rauszufinden, was die Gründe fürs Gebrüll sind. Sie suchen den Lautstärkeregler und finden in den meisten Fällen Regulationsstörungen. Kleinkinder mit dieser Störung schaffen es nicht, die auf sie einprasselnden Reize der Außenwelt zu verarbeiten. Sie geraten aus dem inneren Gleichgewicht und haben nur ein einziges Instrument, um das den Eltern deutlich zu machen: exzessives Schreien. Wenn das von den Eltern ignoriert und falsch gedeutet wird, wird eben noch mehr geschrien. Ein übler Teufelskreis, der die Beteiligten fix und fertig macht. Diesen Kreis zu unterbrechen, genau das wird in der Schreiambulanz versucht. Meistens mit Erfolg. Die Spezialisten beobachten ganz genau, wie sich Mama, Papa, Kind verhalten. Was Eltern und ihre Babys gemein haben: Sie kennen sich erst seit Kurzem und noch nicht richtig gut. Da kann es schnell zu Missverständnissen kommen. Kind schreit, weil Hunger. Mutti weiß nicht, was es denn hat, und Vati dreht selbstlos ein paar sinnlose Runden mit dem Kinderwagen um den Block. Baby hat jetzt sogar noch mehr Hunger und legt noch ein paar Phon drauf. Vati rappelt am Kinderwagen und hat Schweißperlen auf der Stirn, Mutti fängt an zu weinen, was Baby noch mehr verwirrt. Es ist jetzt alles andere als beruhigt, und die volle Lautstärke ist erreicht. Nichts geht mehr! Wenn Vater oder Mutter ihr Verhalten nur ein wenig ändern, nachdem sie in der Schreiambulanz gezielt beraten wurden, lässt sich das Problem in den meisten Familien lösen. Zwei Drittel aller Fälle, so erfahrene Kinderpsychotherapeuten, sind nach vier bis sechs Sitzungen therapiert. Mit dem sicheren Gefühl, dass das Baby lieb – und leise – schläft, lassen sich gemütlich auf dem Sofa die Kopfhörer aufsetzen: Motörhead, 85 Dezibel, aber angenehmer.

69. GRUND

Weil Vorlesen müde macht, besonders den Vorleser

Wenn man Sie aus dem Schlaf wecken würde mit dem Ruf »2. April«, dann würden Sie sofort ausrufen: »Internationaler Kinderbuchtag! Findet seit 1967 jährlich am Geburtstag von Hans-Christian Andersen statt!« Dann schlafen Sie wieder ein, geht mir genauso. Aber auch erst seit ich weiß, wann der Internationale Kinderbuchtag überhaupt stattfindet. Also seit eben.

Veranstaltet wird dieser Tag vom Internationalen Kuratorium für das Jugendbuch IBBY, das mit diesem Event bei Kindern und Jugendlichen Freude und Interesse an Büchern und Literatur wecken will. Also wird viel gelesen und vorgelesen an diesem Tag. Löblich, löblich, aber ist Lesen nicht total retro und Vorlesen out? So old school wie Hans-Christian Andersens *Prinzessin auf der Erbse*, sein *Des Kaisers neue Kleider* und seine *Kleine Meerjungfrau*? Es liegen doch CD-Player und iPod auf dem Kinderzimmerteppich, und es gibt die tollsten Hörbücher, vorgetragen von Schauspielern, die es doch von der Pike auf gelernt haben, fremde Texte mit der Betonung an der richtigen Stelle vorzutragen. Manche Hörbücher sind so fantastisch, dass man selbst nur noch schweigen will. Was der eigenen Faulheit schön in die Hände spielt. Schließlich ließe sich die Vorlese-Zeit auch sinnvoll nutzen: Man könnte ein Nickerchen halten, ein Fußballspiel gucken oder endlich die Zeitung von gestern lesen. Doch ich habe die Arschkarte gezogen. Ich muss mich Abend für Abend ins Hochbett quetschen und etwas lesen. Sollte ich das verweigern, gibt's Revolte im Kinderzimmer! Und Revolte bedeutet immer das genaue Gegenteil von Einschlummern. Also wird vorgelesen, Abend für Abend, Jahr für Jahr. Es ist dabei völlig egal, ob ich an fünf Abenden hintereinander dieselbe Story vorlese. Wenn's gewünscht ist, führe ich keine Diskussion über die Absurdität dieser Endlosschleifen. Ich mach's einfach. Ohne mich zu beklagen. Denn nur so komme ich später vielleicht doch noch dazu, Zeitung zu lesen, Fußball zu gucken oder ein Nickerchen zu halten, was mir gerne noch auf dem Hochbett passiert.

Während die Große selbst liest, am liebsten Kinder-Krimis, besteht die Kleine auf Bilderbüchern. Die Bilder sind oft interessanter als der Text, deshalb wird das Lesen auch gerne unterbrochen, um vor und zurück zu blättern, um Abbildungen zu vergleichen. Manchmal fallen kleine Ungereimtheiten auf: »Wieso hat der Bauer jetzt blaue Stiefel, die waren eben noch grün?!« Dann muss eine Antwort her, die ansatzweise Sinn ergibt, bloß nicht das Kind aufregen, es schlief schon fast! »Vielleicht sind die grünen die Sonntagsstiefel, und seine Frau hat ihm befohlen, die alten blauen anzuziehen.« »Welche Frau?« Ganz ruhig bleiben, das sei das Wichtigste beim Vorlesen, sagen die Leute von IBBY. Keine Hektik, kein Blick auf die Uhr, kein lärmender Fernseher im Hintergrund. Faustregel: Je kuscheliger und gemütlicher die Atmo beim Vorlesen, desto schneller findet die Geschichte im Traum eine Fortsetzung. Pünktlich zum Anpfiff der zweiten Halbzeit sitze ich doch noch mit der alten Zeitung vor dem Fernseher und finde es überhaupt nicht schlimm, dass die kleinen Augen noch vor dem Ende der Geschichte zufielen. Morgen darf ich die Story sowieso auf ein Neues vorlesen. Von Anfang an.

70. GRUND

Weil alle Wege zur Coke führen

Ist das nicht der Traum eines jeden ernährungsbewussten Anti-Imperialisten: Jedes Mal, wenn meine Große eine Cola trinkt, wird sie schlagartig kreidebleich, um die Augen bilden sich graue Ränder, ihr Kreislauf sackt ab, sie hat kleine Schweißtropfen auf der Stirn und stöhnt: »Mir ist schlecht!« Damit hatte sich die Cola-Frage in ihrem Fall früh entschieden; sie hat vielleicht drei, vier Gläser getrunken seit ihrem vierten Lebensjahr, das war's. Danach hatte sie zwar manchmal noch Lust auf die braune Brause, aber ihr fielen rechtzeitig die Folgen ein. Mich freut es, dass sich dieses leidige Thema bei der Größten in Luft aufgelöst hat. Auch wenn ich Cola nie auf die Liste der verbotenen Früchte gesetzt hätte, vom Eltern-Unbehagen in Sachen Coke bin ich auch nicht ganz frei.

Klar, es wäre noch glorioser, wenn mein Kind aus hehren ethischen Gründen Cola verweigern würde, wenn sie in voll besetzten Restaurants auf den Tisch steigen würde, um mit feierlicher Stimme laut zu deklamieren: »Hinfort mit dem braunen Gift, dieser Gülle des Kapitalismus, die unsere Seelen vergiftet und Körper von innen zersetzt!« Wir kennen aber mindestens ein Kind, das sich von dieser Brandrede überhaupt nicht würde beeindrucken lassen: ihre Schwester. Noch während die Große auf dem Tisch stehend ihre Kampfschrift verbreitet hätte, hätte sich die Kurze das verschmähte Coke-Glas gesichert. Das hat sie auch die Male getan, als ihre Schwester im Gesicht die Farbe von alter Buttermilch angenommen hatte. »Ist dir schlecht? Danke!!«

Die Jüngste findet Cola lecker, was nicht wirklich überraschend ist. Umgerechnet 40 Stücke Würfelzucker aufgelöst in einem Liter Wasser sind einfach ganz nach dem Geschmack kleiner Naschkatzen, die den dick mit Spucke angefeuchteten Finger auch bei jeder Gelegenheit in den Zuckerbehälter stecken. Neben viel Zucker ist noch Coffein drin, Phosphorsäure, und für die legendäre Farbe sorgt E150d. Grob zusammengefasst: Außer Wasser ist nichts, aber aber auch gar nichts Gesundes drin im Urgroßvater aller Erfrischungsgetränke. Warum versündigen wir uns denn dann an unserem Kind so schlimm? Also an dem, das nicht grau anläuft? Weil wir keine Lust hatten, diese braune Suppe erst spannend und geheimnisvoll werden zu lassen. Solange wir Cola bei Bestellungen ausschlossen, also die ersten vier Jahre, war Cola immer Thema und größter Wunsch. Seit sie dann und wann aber mal eine bestellen dürfen, ist der Zauber verflogen und die gute alte Apfelschorle wieder hoch im Kurs. Ab und an sollen sie ihre Coke haben, und gut ist. Zu Hause haben wir das Zeug ohnehin nicht, es wird dann also auswärts bestellt. Am besten da, wo Cola wohnt, in amerikanischen Fastfood-Läden. Denn in richtigen Gasthäusern sind wir schon häufiger böse angeschaut oder gar gerügt worden von Bedienungen, die tagsüber wahrscheinlich Ernährungswissenschaften studieren und uns bei der Cola-Bestellung ansahen, als wären wir Magda Goebbels. Da müssen wir dann durch und gucken extra beschämt. Man will ja nicht erklären, dass es sich um eine ab-so-lu-te Aus-nah-me handelt, und vor den Ohren der eigenen Kinder das Cola-spezifische Erziehungskonzept verraten. Manchmal hoffen wir in diesen Minuten insgeheim, dass sich auch das Gesicht der Jüngsten gleich verfärbt und sie die braune Suppe in hohem Bogen im pädagogisch wertvollen Gasthaus ausspuckt. Doch nix da, die Bäckchen leuchten so rot wie ein Coca-Cola-Truck auf der Autobahn.

71. GRUND

Weil es zu oft zu gut geht

Seinen Kindern muss man vertrauen können. So wie meine Frau. In unserer Küche hat sie die Süßigkeiten in einem Hängeschrank direkt neben den Medikamenten deponiert. Sehen sich auch zum Verwechseln ähnlich. Links die bunten Bonbons, die Schokolinsen mit Zuckerüberguss in allen Farben, und gleich daneben rechts, genauso bunt, Tabletten aller Art. Gegen Bluthochdruck, gegen Schilddrüsenfehlfunktionen, alte Herztabletten aus den Beständen meines Vaters, bestimmt hoch toxisch und seit Jahren abgelaufen. Das Aspirin könnte auch noch aus dem letzten Jahrtausend stammen; seit die Kinder da sind, kommt man ja kaum noch zu einem gescheiten Kater. Auf manchen Tablettenverpackungen steht in dringlicher Schrift: Von Kindern fernhalten! Auf so einer Packung liegt ein Schokoladenriegel. Ich sag dazu nichts. Geht mich ja auch nichts an, ich gehe selten an die Süßigkeiten und noch seltener an die Medikamente. Das ist der Hängeschrank von meiner Frau und meinen Kindern; vielleicht sollte ich aber auf die eine Schranktür einen Smiley kleben und auf die andere einen Totenkopf. Welcher Aufkleber wohin, ist eigentlich egal. Mich regt eher auf, dass im Badezimmer meine Flasche mit blauer Zahnspülung neben dem ebenfalls blauen Abflussreiniger steht, auf dem ungefähr so viele Warnhinweise angebracht sind wie auf einem Sammelbehälter des Kampfmittelräumdienstes. Wenn ich abends nach Hause komme, nachdem es etwas später geworden ist, und ich im Bad das Licht nicht anmache, um keinen aufzuwecken, bin ich immer gespannt, ob ich am nächsten Tag noch lebe. Meistens erlebe ich den nächsten Morgen nur deshalb, weil ich, wenn es mal spät geworden ist, die Zahnspülung Zahnspülung sein lasse.

Die Kinder hingegen überleben den alltäglichen Vertrauensbeweis ihrer Mutter im Hängeschrank wahrscheinlich deshalb, weil sie – wie wohl alle Kinder – einen siebten Sinn haben. Was ich damit sagen will: So schauderhaft und entsetzlich es ist, wenn einem Kind etwas zustößt, eigentlich bin ich viel mehr überrascht, wie selten das doch passiert. Natürlich kenne ich Kinder, denen heißer Tee über den Arm gelaufen ist, die mit ihren eigenen Händen überprüft haben, ob man sich wirklich an einem Kaminofen die Finger verbrennen kann, die dachten, wenn man für zehn Cent Lakritze bekommt, dann kann man doch das 10-Cent-Stück auch gleich essen und muss gar nicht erst den Weg in den Kaufladen antreten. Auch der Klassiker vom Ball, der auf die Straße rollt und dem hinterherlaufenden Kind wichtiger ist als der herannahende Lieferwagen, ist mir geläufig. Trotzdem: Dafür, dass so ein Neubürger auf Erden noch wenig Routine und Erfahrungswerte in allem hat, passiert erstaunlich wenig. Diese kosmische Ursuppe aus Vertrauen, Instinkt, Reflexen, Vorsichtsmaßnahmen und Schutzengeln in Gestalt aufmerksamer Mitmenschen ist schon eine Bank. Da darf man auch mal eine billige Binsenweisheit von sich geben, eine Faustregel für eine schadensarme Kindheit: Je länger es gut geht, desto länger geht es gut.

72. GRUND

Weil immer noch 30 Prozent bleiben

Da geben wir wirklich alles, sogar unsere besten Gene, damit aus dem kleinen Schreihals einmal ein feiner Mensch wird. Einer mit Anstand und Benimm, mit moralischen Grundfesten und ethisch korrekten Einkaufstüten. Doch es bleiben immer noch 30 Prozent Restrisiko: Bei der Persönlichkeitsbildung, so heißt es, kämen 70 Prozent Vererbung zum Tragen, also wir plus Oma Paula und Opa Peter und so weiter, sowie 30 Prozent Umwelt. Also schon wieder wir, plus Oma Paula und Opa Peter, plus Schule, Nachbarn, gute Freunde und falsche Freunde.

Bezogen auf die moralische Entwicklung wird seit einiger Zeit davon ausgegangen, dass es eine neuronale Grundlage gibt, also eine angeborene Bereitschaft zu moralischem – oder unmoralischem – Handeln. Bis zu einem gewissen Grad sind also die Gene dafür verantwortlich, ob ein Mensch gut ist oder böse, freundlich oder feindselig, nett oder aggro. Das bringt man mit, wenn man sich endlich entschlossen hat, den Mutterleib zu verlassen. Ab da prasselt dann die Umwelt auf den neuen Erdenbürger ein. Also erst einmal vor allem wieder wir. Aber warum sitzt dann die Essenz unseres liebenswürdigen Erbguts, aufgezogen in der denkbar liebenswürdigsten Umgebung, im Sandkasten in einem Meer von Förmchen und gibt ums Verrecken kein einziges ab?! Nimmt stattdessen anderen Kindern auch noch Förmchen weg? Weiß der kleine Raffzahn etwa nicht, wie faires Teilen geht? Doch, weiß er. Er kennt die Regeln, er wendet sie nur noch nicht an. Noch ist ihm der eigene Vorteil näher, deshalb das Horten der Förmchen, mit denen er unmöglich gleichzeitig spielen kann. Erst ungefähr vier Jahre später, berichten amerikanische Psychologen in dem Fachjournal PLOS ONE, würden die Förmchen schön geteilt mit anderen Kindern. Weil bei Siebenjährigen die Regeln inzwischen so einen hohen Wert haben, dass sie bereit sind, dafür ihren eigenen Vorteil aufzugeben. Der Dreijährige, der wie ein schweinebackiger König auf den Förmchen thront, ist kein schlechter Mensch. Er ist ein guter, er lässt es sich nur noch nicht anmerken. Sodass wir am liebsten zu den umstehenden Sandkasteneltern rufen möchten: »Der ist nicht von mir!«

Das andere Extrem wäre auch nicht toller. Ein Kind also, das sofort alles hergibt, was es auf den Spielplatz geschleppt hat: »Hier, nehmt nur, soll euer Schaden nicht sein – mein Sieb, die Schäufelchen, die Playstation; alles muss raus!« So nicht. Ein guter Mensch im Kind findet die Balance zwischen seinem Ich mit seinen Wünschen und Bedürfnissen, und den Bedürfnissen und Wünschen der anderen. Schon gar nicht käme ein Kind von alleine auf die Idee, andere absichtlich zu schädigen.

Der Volksmund sagt gerne, dass man doch nur den Schaden habe, wenn man edel, hilfreich und gut ist, während die Dreisten und die Dummen viel besser durchs Leben kommen. Stimmt nicht. Jedenfalls sind die Dreisten, das mag ein Trost sein, wenn man gerade mal wieder über den Tisch gezogen wurde, nicht glücklicher als gute Menschen. Denn Kinder, denen positive, gute, humanistische Ideale vermittelt werden, sind nicht nur als Kind, sondern auch später glücklicher, optimistischer und belastbarer. Sie werden im Leben wesentlich besser mit Krisen zurechtkommen, auch mit Rückschlägen. Ich finde, das ist ein Trost, wenn sich gerade wieder einer an der Käsetheke vorgedrängelt hat.

73. GRUND

Weil sie im Schlaf lernen und wir nicht

Im Schlaf lernen – ein Menschheitstraum so alt wie der Traum von einer weiteren gewonnenen Fußballweltmeisterschaft, so alt wie der Traum von Junk Food als Diätkost, so alt wie ein Witz von Mario Barth. Ganz ehrlich: Alles, was ich in meinem bisherigen Leben im Schlaf gelernt habe, ist ein zielsicherer Hieb mit geschlossenen Augen auf den Wecker. Bei Kindern ist das anders, sie lernen wirklich im Schlaf. Indem sie am Tag Gelerntes in der Nacht in Wissen umwandeln.

Dass Schlaf wichtig ist, um Informationen und Erfahrungen zu verarbeiten, ist schon länger bekannt. Doch was genau abläuft in der Birne und wovon wir nichts mitkriegen, das hat erst die jüngere Forschung enthüllt und belegt: Testpersonen, die nach einer Lernaufgabe nicht schlafen durften, schneiden in Versuchen deutlich schlechter ab als solche, die danach eine Mütze Schlaf bekamen. Denn in der Ruhephase wird Gelerntes verfestigt, vom Kurzzeitgedächtnis ins Langzeitgedächtnis übertragen und dort abgespeichert. Zu diesem Zweck bildet die Hirnrinde, wo das Langzeitgedächtnis wohnt, neue Nervenverbindungen aus.

Besonders erfolgreich umgewandelt wird unbewusstes Wissen, das am nächsten Morgen dann bewusstes Wissen ist. Gut bemerkbar mache sich das beim Erlernen von Sprache, wenn das Kind intuitiv den richtigen Satzbau verwendet, obwohl es doch überhaupt noch keine Ahnung hat von Grammatik. Um diese steile These zu beweisen, stellten Forscher Testgruppen zusammen. Die eine Gruppe führte morgens eine Aufgabe durch und wiederholte diese nach zehn Stunden ohne Schlaf. Die andere Gruppe wurde abends mit der Aufgabe betreut und erneut nach dem Aufwachen am nächsten Morgen, ebenfalls zehn Stunden später. Ergebnis. Die Schläfergruppe war deutlich besser als die ohne Schlaf.

Dass Kinder im Schlaf besser lernen als Erwachsene, liegt an der Tiefe ihres Schlafs sowie den häufiger wiederkehrenden Phasen, in denen die Umwandlungsprozesse besser ablaufen können als bei unsereins, der sich freut, wenn er sich morgens wenigstens noch an irgendwelche Traumfetzen erinnern kann, die schwer erklärbar und vermittelbar sind: Warum hatte ich denn bei der Fahrprüfung im Traum nur eine Unterhose an?

Für schöne Schulerfolge wäre es ideal, wenn Kinder alle Tiefschlafphasen ungestört durchschlafen dürften. Aber ausgerechnet die Schule ist es, die mit Gewalt in den Schlaf grätscht. Kinder sind von sich aus so spät getaktet wie dann nie wieder in ihrem Leben. Sie sind Spätschläfer und schlafen, wenn man sie denn lässt, morgens umso länger. Für die Lernleistungen in der Schule wäre also ein späterer Unterrichtsstart vernünftig, denn ein Schulbeginn gegen acht Uhr bedeutet nichts anderes, als dass man sie aus dem Schlaf reißt, den sie für die Schule so gut gebrauchen könnten. Dieses Phänomen endet erst mit Ende der Jugend und dreht sich dann um. Aber dann ist die Schulzeit zu Ende, und für viele beginnt ein Studium mit tollen Möglichkeiten, morgens auszuschlafen. Davon hat die Hirnwindung dann zwar nichts mehr, vielleicht aber der dicke Schädel von der Semesterparty.

74. GRUND

Weil sie eben nicht jung halten

Es gibt die herrlichsten Mythen: Nie gesichtete Seeungeheuer, die sich in schottischen Tümpeln tummeln sollen, UFOs, die bis auf wenige Meter an die angeschickerten Besucher von Gartenpartys herangeflogen seien, wovon Fotos zeugen, die so unscharf sind wie die Bilder eines Dreijährigen, der mit der Einwegkamera in der Badewanne Unterwasseraufnahmen macht, nicht zu vergessen der Mythos vom sexuell allzeit bereiten und fähigen Mann. Ach nee, das ist ja gar kein Mythos … Dann gibt's noch Mythen, die hilfreiche kleine Lebenslügen sind: Mit 66 Jahren fängt das Leben an, Größe spielt keine Rolle, Frauen achten nur auf innere Werte, oder auch: Kinder halten jung. Die Begründung, die zu dieser These nachgeliefert wird: Man sei gezwungen, immer am Ball zu bleiben, auch wörtlich, also beim Kicken und Werfen nicht den Voll-Deppen abzugeben. Man müsse elastisch bleiben, finden doch gerade in den ersten Lebensjahren des familiären Neuzugangs die meisten Aktivitäten unten am Boden statt, auf dem Teppich, wo Würfel, Bällchen, Greifspielzeug aller Art bewegt werden, begleitet vom wonnigen Glucksen der süßen Kleinen und dem Ächzen ihrer Eltern, wenn's ans Aufstehen geht. Da machen sich Alters- und Gewichtsunterschiede schon bemerkbar. Das reden wir Eltern in der Öffentlichkeit aber klein: Was ist schon ein Bandscheibenvorfall gegen ein Kinderlachen?

Schön sei es auch, heißt es wenige Jahre später, über die Hausaufgabenhilfe selbst wieder fit zu werden in Kopfrechnen und Geometrie, in Grammatik und Geschichte. Dafür hat man die Kinder ja letztlich gemacht, dass sie an den Stellschrauben der eigenen Blödheit die eine oder andere Korrektur vornehmen. In Wirklichkeit habe ich beim gemeinsamen Hausaufgabenmachen leider noch nicht erfahren dürfen, wie jung ich wieder werde, sondern wie alt ich bin. Insbesondere, wenn ich mir bestimmte Lösungsansätze erst mal wieder draufschaffen musste. »Mach ruhig mal eine Pause, Kind«, sagt man dann, um diese Pause heimlich zum Pfuschen zu nutzen, um schnell im Internet nachzuschauen oder Freunde anzurufen, die immer schon besser in Mathe waren als ich.

Nach den gemeinsam mehr oder weniger erledigten Hausaufgaben gehen jung gebliebene Eltern joggen, um noch jünger zu bleiben. Selbstverständlich wird (wenn noch ein Kind in der entsprechenden Größe verfügbar ist) mit Kinderwagen gejoggt. Das kommt dann ja auch den Kindern wieder zugute, weil Papa nach dem Lauftraining gedehnt, gestreckt und aufgewärmt ganze Hochbetten zusammenschrauben kann, ohne sich beide Arme zu brechen. Also kommt Baby in den renntauglichen Buggy, der so olympische Namen trägt wie »Joggster« oder »Slalom Reverse«, »Speedi«, »Roadster« oder »Urban Jungle«, dann nichts wie ab in den Park. Oder in die City, fitnessvernarrte Eltern mit 900-Euro-Urban-Jungle verstecken sich nicht! Auch nicht, wenn Joggen mit Kinderwagen auf manchen Augenzeugen wirkt wie Triathlon mit Rollator oder Powerwalken auf der 100-Meter-Sprint-Strecke.

Doch auch das sportlichste Jogging-Outfit kann die Wahrheit nicht kaschieren: Kinder halten weder jung, noch halten sie das Altern auch nur für eine halbe Sekunde auf. Im Gegenteil: Kinder sorgen mindestens einmal die Woche dafür, dass man sich verdammt alt fühlt, müde, ausgelaugt, lahm und kaputt. Kinder halten einen so alt, wie man ist. Sie halten so wenig jung wie regelmäßige Disconächte bis sieben Uhr früh. Man könnte höchstens streiten, welche dieser beiden auslaugenden Tätigkeiten den Akteuren mehr bringt. Ich persönlich würde ein Remis vorschlagen!

75. GRUND

Weil jedes Kind schlafen lernen kann – aber selten sofort

Wenn ich auf dem Spielplatz unterm Rutschenturm stehe, weil mir mein Kind zum zweihundertsten Mal aus luftiger Höhe in die Arme springen will, und ich in der Sekunde des Flugs von einer Parkbank her den Satz höre: »Also, unser Kind hat ja von Anfang an durchgeschlafen!«, dann drehe ich mich auf der Stelle um und gehe weg. Das tut mir dann zwar leid für mein abgestürztes Kind, das nun verdutzt im Sand liegt, den Abdruck eines Kleeblattförmchens auf der Stirn, aber dieser Satz geht gar nicht. Er mag ja stimmen, aber hören will so was kein Elternmensch auf keinem Spielplatz dieses Universums. Ein paar Zahlen? Ein Viertel aller Viertklässler wacht nachts auf, obwohl (oder weil) viele davon doch erst spät eingeschlafen sind und eigentlich müde sein müssten. Bei Säuglingen sieht's noch heftiger aus. Jeder Fünfte kann nicht durchschlafen – und lässt das auch die Nachbarschaft wissen. Es wird geschrien, dass man sich wundert, wo so ein kleiner Mensch die Energie, den Sound und das Volumen hernimmt! La-le-lu, der Mann im Mond hält sich die Ohren zu! Und nicht nur der. Auch die Geschwister und das Elternteil, das verabredungsgemäß liegen bleiben darf, während es der Partner mit Wiegen, Schunkeln und Summen versucht, mit Fußreflexzonenmassagen, qualmenden Duftlampen, ganzen Salven Globuli und mit überteuerten esoterischen Einschlaf-CDs, die so wenig helfen wie der flehende Schrei: »Verdammte Scheiße, schlaf ein!« So heißt ein herrliches Buch zu diesen Albtraumnächten, in denen die Kinder die Nacht zum Tag machen.[41] Ein anderer Bestseller trägt den Titel *Jedes Kind kann schlafen lernen*[42], und allein die Tatsache, dass es ein Bestseller ist, zeigt, warum der Satz »Also, unser Kind hat ja von Anfang an durchgeschlafen!« in der Regel schwere Hassgefühle auslöst. Also ganz ruhig ausatmen, denn es ist total normal, dass Säuglinge zunächst einen anderen Schlaf haben als ganz vernünftige Menschen. Leicht-, Tiefschlaf- und Traumphase wechseln sich deutlich häufiger ab als bei Erwachsenen, etwa 45 Minuten dauert so ein Zyklus. Nach zwei oder drei Zyklen werden sie wach. Ganz normal. Nicht schön, aber normal. Auch das Wimmern, das dann einsetzt. Damit versuchen die Zwerge, wieder in den Schlaf zu kommen. Es sei denn, panische Eltern greifen ein und holen das Kind, das eigentlich weiterschlafen will, aus dem Bettchen, rasen mit dem Kinderwagen über die Dielen, säuseln dem armen Tropf hysterische »Dududus« in die Ohren oder stopfen ihm hektisch heiß gemachten Brei ins Gesicht.

Die Schlafforscher sind sich einig: Nie sofort und nicht zu früh intervenieren. Erst mal kommen lassen, auch wenn's schwerfällt. Jedes Kind hat sein Schlaffenster, in dem es sichtbar müde wird und nach Heia verlangt. Es gähnt, reibt sich die Augen, quengelt – fast immer zu den gleichen Uhrzeiten. In diesen Zeitfenstern sollten die Hi-Fi-Anlage und der Fernseher ausgeschaltet bleiben, Ruhe einkehren und das Bettchen bereit sein. Eltern von Kindern mit einem späten Schlaffenster haben gute Chancen, dass die Nacht eine ruhige wird. Eltern, die ihr Kind den Tag über kaputtgespielt haben, haben noch bessere Chancen auf ein herzlich schlaftrunkenes Kind.

Noch in anderen Punkten sind sich die Schlafforscher einig. Eine halbe Stunde vor Heiabubu sollten die Kinder wissen, dass sich ihr Tag dem Ende zuneigt. Diese 30 Minuten können aber sinnvoll genutzt werden: zum Schmusen, zum Vorlesen, für Rituale. Auch hierfür gilt: Mit Zen-artiger Entschleunigung fährt man ziemlich zielsicher ins Land der Träume. Und noch ein Premium-Tipp, der mir sehr einleuchtet: Eine Spieluhr kann gute Dienste leisten, ein Dutzend Spieluhren weniger.

76. GRUND

Weil sie genau dazwischenliegen

Kinder gehören ins Bett. Aber nicht in meins! Doch genau da wollen sie immer hin, da schlafen sie am liebsten. Co-Sleeping nennen wir hippen Eltern das. Am allerliebsten liegen Babys wie Hotdogs in der Mitte zwischen ihren Eltern, ist ja auch herrlich warm von beiden Seiten, wie am Gyros-Grill. Hat auch noch den Vorteil, dass sie nicht rausfallen, wenn nicht zuvor Mama oder Papa rausgekullert sind. Klingt wenig wahrscheinlich? Keineswegs, ich lag anfangs immer dermaßen weit außen aus lauter Angst, dieses fragile kleine Wesen aus Versehen zu zerquetschen, dass nicht viel fehlte, und ich hätte neben dem Bett auf den harten Dielen weiterschlummern können. Viel schlimmer aber war, dass so ein Kind in der Mitte des sogenannten Ehebetts eine unüberwindliche Mauer darstellt beim Versuch, den sogenannten ehelichen Pflichten nachzukommen (hehe!). Es gibt Paare, die stört das nicht, wir fanden es immer so stimulierend wie einen toten Goldfisch im Aquarium. Gut, es gibt andere Orte, an denen Sex mindestens so viel Spaß macht wie im Bett … und dann ist da ja auch noch die Zeit, die für die Eltern und gegen die Kinder spielt. Denn eines Tages gehört mein Bett wieder mir! Ohnehin waren die Nächte mit so einem gepuckten Wurm zwischen uns die Ausnahme, die meiste Zeit lagen die Kindchen in ihren Wiegen oder Bettchen, die irgendwo in Hör- und Greifweite standen.

Sobald ein ungewöhnliches Geräusch aus dem Kind kam, saß meine Frau aufrecht im Bett: »Oh Gott, es hat sich verschluckt, es stirbt!« Kam kein Geräusch aus dem Kind, saß meine Frau ebenfalls aufrecht im Bett: »Oh Gott, es atmet nicht, es stirbt!« Ich habe dann versucht, beruhigend auf meine Frau einzuschnarchen. Denn ich wurde nur dann von Geräuschen oder eben Nicht-Geräuschen wach, wenn ich allein die nächtliche Schlafaufsicht hatte. Irgendein verstecktes Verantwortungs-Gen aktivierte dann mütterliche Instinkte in mir, die sofort wieder deaktiviert wurden, wenn meine Frau da war. Er ist und bleibt eine merkwürdige Kreatur, der Mann. Ganz anders die Frau, da macht alles irgendwie Sinn, wie bereits das Beispiel Co-Sleeping zeigt: Die Gefahr einer Wochenbettdepression sei geringer, wenn Mutter und Baby das Bett teilen (mein Bett!), die Milchproduktion werde positiv beeinflusst und der Nutznießer dieser Milchproduktion liegt nur einen Handgriff weit entfernt. Lästiges Aufstehen und müdes Schleichen zum Kinderbett entfällt. Davon profitiert ja auch der Vater, wenn die Rollenverteilung dem Vater das Ranschleppen des hungrigen Babys zuteilt: »Geh mal eben, Schatz, das Baby hat Hunger.« – »Ich hör nichts, lass uns schlafen.« – »Es schreit doch, also los jetzt!« – »Vielleicht ist das gar nicht *unser* Kind, oder es ist eine Katze oder ein Keilriemen?!« – »Gehst du jetzt?!« – »Ja.«

Der Körperkontakt während des Schlafs mache das Baby am Tag zufriedener, sagen die Befürworter des Co-Sleepings, es schreie auch weniger als Babys, die ihre Nächte einsam und allein verbringen. Auch von stärkeren Mutter-Kind-Bindungen wird berichtet. Warum eigentlich nur Mutter-Kind? Ich liege doch auch da!

Heikel wird's, wenn Eltern meinen, es könne gar nicht genug Co-Sleeping geben, und am Ende liegt ein 16-Jähriger zwischen ihnen. Wie auch immer, so angenehm ich es fand, neben einem schlafenden Baby einzuschlafen, so angenehm finde ich es, allein mit meiner Frau in einem Bett zu schlafen, während die Kleinen in ihren eigenen Betten selig schlummern. Wenn die Gegnerinnen des Abtreibungsparagrafen früher riefen: »Mein Bauch gehört mir«, so rufe ich: »Mein Bett gehört mir!«

77. GRUND

Weil sie böse sind

Schlimm, diese Jugend. Sie klauen Handys, Handtaschen und verprügeln unbescholtene Bürger. Intensivtäter werden immer jünger, man könnte bereits von Intensivkindern sprechen. Keine Woche vergeht, ohne dass eine Boulevardzeitung unscharfe Aufnahmen einer Überwachungskamera aus irgendeiner U-Bahn im Blatt hat, in der Jugendliche auf Wehrlose einprügeln. Diese Bilder gibt es, sie stimmen, aber stimmen auch die Behauptungen dazu, mit denen der Ruf nach einem härteren Jugendstrafrecht, nach längerer Haft oder nach Sofortausweisungen für Immigrantenkinder untermauert werden sollen? Laut Polizeilicher Kriminalstatistik sind die denkbar brutalsten Straftaten, Mord und Totschlag also, in den letzten 20 Jahren besonders stark zurückgegangen – seit 1993 fast um die Hälfte. Auch Raubdelikte und Körperverletzungen gingen zurück, sagt die Statistik der Polizei. Die muss es wissen, auch wenn sie naturgemäß nicht weiß, wie es um die Dunkelziffer bestellt ist, um Delikte, von denen die Polizei nichts erfährt. Wenn sich zwei Heranwachsende in einer Kellerbar um eine Frau kloppen, und der eine hat am Ende eine abgebrochene Bierflasche im Oberschenkel, dann geht der wahrscheinlich gar nicht zur Polizei. Weil die Niederlage vor den Augen der Schönen der Nacht bereits demütigend genug ist, da will er nicht noch petzen gehen. Aber er geht bestimmt in die Notaufnahme eines Krankenhauses oder am nächsten Tag zum Arzt. Dann erfahren zwangsläufig Krankenkassen und Versicherer davon, die auch saubere Statistiken erstellen können. Und Gewalt an Schulen wird den Unfallversicherern gemeldet, die ihrerseits feststellen konnten, dass die Zahlen der ambulant oder stationär behandelten Gewaltopfer stark zurückgeht. Trotz der Zahlen hat die Law-and-Order-Fraktion, die nach härteren Strafen schreit und den laschen, weichen und zu rücksichtsvollen Umgang mit der gewalttätigen Jugend geißelt, Hochkonjunktur. Sie wendet dabei auch einen, wie ich finde, spaßigen Kunstgriff an, um die eindeutigen Statistiken zu interpretieren: Der Rückgang der Gewalttaten sei auf strenge Richter zurückzuführen, die endlich durchgreifen würden – und dafür offenbar doch bereits ausreichende Rechtsmittel zur Verfügung haben. Dieser kleine Widerspruch erinnert an die rhetorischen Finten der Flintenlobby in den USA, die nach jedem Amoklauf als Konsequenz fordert, noch mehr Waffen in Umlauf zu bringen, nur so könne man sich wirksam schützen.

Je älter man wird, desto unwahrscheinlicher wird es, Opfer einer Gewalttat zu werden. Doch die Wahrnehmung ist eine andere, und so ließ sich meine über 80-jährige Nachbarin einst zu fast jedem

Geburtstag ein weiteres Sicherheitsschloss für ihre Wohnungstür schenken. Weil sie immer wieder von der brutalen Jugend in der Zeitung las. Wenn sie mal schnell raus wollte, um den Briefträger abzufangen, war der bereits drei Blöcke weiter, wenn das letzte Schloss entriegelt war.

Wenn nun also der Anteil der gewaltbereiten Jugendlichen zurückgeht, was die Statistiken eindrucksvoll belegen, ohne dass das ein Resultat staatlicher Härte ist, woran liegt's dann? Vielleicht daran, dass es einen gesellschaftlichen Wandel gibt: Immer mehr Jugendliche sind durch ihre Kindheit gekommen, ohne von den Eltern geschlagen worden zu sein. Stattdessen erfahren Kinder heute mehr Zuwendung durch ihre Eltern, mehr Liebe. Mit so einem familiären Background tritt man keinem Mitschüler mal eben vor den Kopf, das lässt die Empathie nicht zu, jenes Einfühlungsvermögen, von dem echte Gewalttäter sagen: »Was ist das denn? Hab ich nie gelernt!« Trotz einer insgesamt friedlicheren Gesellschaft werden die Mahner vor der bösen Jugend weiter Erfolg haben – die unscharfen Bilder aus den U-Bahnen und die Richter-Gnadenlos-Bücher, die Kinder nicht nur auf den Mond schießen wollen, sondern sonst wohin, verkaufen sich einfach zu gut.

8

AUSGEHEN UND
ANDERE KATASTROPHEN

Weil Quengelware den Tatbestand der Nötigung erfüllt

Im idealen Supermarkt in einer idealen Welt sieht's vorne im Kassenbereich aus wie auf dem Bauernhof: Rote Äpfelchen, angedötschte Birnen vom Biobauern und leckere Pflaumen mit kleinen Bewohnern drin – ist ja Natur! Daneben frische Salate und fette Milch mit Rahm drauf. In allen Regalen das gesündeste Zeugs. Aber was liegt in unserer realen Welt bei den Kassen aus? Quengelware! Süßigkeiten in kleinen bunten Packungen, synthetische Erzeugnisse bestehend aus Farb- und Aromastoffen, klebrige Kaugummis in leuchtender Verpackung, Schokoriegel, Marzipankartoffeln, Nougatwaffeln und vieles mehr, was zu Hause nur bei ganz besonderen Anlässen (Zimmer aufgeräumt, Kopf gestoßen …) in homöopathischen Dosen als Primitivbelohnung ausgegeben wird. Doch genau diese Produkte beherrschen jenen Bereich des Supermarkts, in dem man sich am längsten aufhält. Auch weil man grundsätzlich in der falschen Schlange ansteht, also da, wo die Verkäuferin ihren Platz »mal kurz« verlässt, um den Preis der nicht deklarierten Ananas (»ist ja nicht dauerhaft im Sortiment«) in Erfahrung zu bringen. Oder man steht in der Schlange, die zwar die kürzeste ist, doch leider hat der Käufer direkt vor einem sein Portemonnaie im Auto liegen lassen oder die PIN vergessen. Das ist die große Stunde der Quengelware. Das Kind im Einkaufswagen, das eben noch fröhlich und zufrieden die Mozzarella-Tüte knetete (darf man eigentlich mit

Lebensmitteln spielen? In der Warteschlange ja!), wird plötzlich unruhig. Es wird der Tatsache gewahr, dass es umzingelt ist von den verbotensten Früchten, von Erdbeergeschmack imitierenden Kaubonbons, von nuklear leuchtenden Lutschdragées, von einer weichen Wolke aus Eischnee, Geliermittel, viel Zucker sowie künstlichen Aroma- und Farbstoffen, auch als Marshmallows bekannt.

Zu gerne würde man seinem Kind die Augen verbinden, die Kapuze tief ins Gesicht ziehen oder irgendwie ablenken mit einem Fingerzeig Richtung Zeitungsständer: »Guck mal, äh, der neue *Playboy* ist auch schon da!« Das wäre weitaus weniger peinlich, unangenehm und demütigend als das, was jetzt unweigerlich kommt: ganz großes Gequengel. »DAS will ich haben!« Gemeint ist eigentlich alles, was zu sehen ist, der kleine Zeigefinger irrlichtert ungenau von einer Süßigkeit zur nächsten, die kleinen Augen beginnen zu rollen wie bei einem Junkie auf Entzug. Gelassenheit ist nun oberstes Elterngebot, gleich haben wir ja die Kasse erreicht. Aber nein, die Kassiererin greift zum Mikrofon: »371 die 400, bitte!« Ihre Kasse lässt sich nicht mehr öffnen. »DAS da will ich HABEN!! Das hatten wir noch NIE!« Ich spüre Blicke im Nacken, die mir befehlen, dem offenbar schlimm unterzuckerten Kind diesen kleinen Gefallen doch jetzt bitte zu erfüllen. Andere Blicke sagen: Immer diese Ökoeltern, aus lauter ideologischer Verbohrtheit lassen sie zu, dass der Kleine gleich den ganzen Laden zusammenbrüllt. Ein anderer Blick sagt: Typisch Egoist, Prosecco im Einkaufswagen, aber am Überraschungsei wird gespart!

»NIE krieg ich Süßes! NIE darf ich was!« Die Kassiererin kämpft immer noch mit ihrer Kasse, die Kollegin kriegt's auch nicht hin. Ich schlage eine Runde »Ich sehe was, was du nicht siehst« vor, versuche verzweifelt, einen Gegenstand zu erhaschen, der die Aufmerksamkeit vom Süßkram ablenkt. »Ich sehe was, was du nicht siehst, und das ist rund!« Es funktioniert – wenn auch nur kurz. Der Kinderblick verweilt kurz beim *Playboy*, schnellt dann zu den Schokoküssen. »DIE will ich haben!« Ich hatte eigentlich Honigmelonen gemeint, aber leider kann ich selbst überhaupt keine einzige erblicken. Wenigstens geht es an der Kasse weiter. »Die Mama kauft mir IMMER was!« Auf diesen Versuch, unsere Ehe auseinanderzubringen wegen ein paar Lollies, lasse ich mich nicht ein, stattdessen fahre ich dem Kunden vor mir mit dem Wagen in die Hacken. Ich stehe halt unter Druck. »Ja, kauft dir dein Papi denn gar nichts?«, höre ich eine schwer rhetorische Frage von der Nachbarkasse. Nein, der Papi kauft heute und die nächsten Jahre gar nichts mehr. Der Papi ist nämlich sehr böse! Böse über die perfiden Tricks der Supermarktketten, Kinder auf das Kleingeld ihrer Eltern anzusetzen.

Hatte ich eigentlich schon erzählt, dass ich, wenn ich alleine einkaufe, im Supermarkt immer einen großen Bogen um Kassen mache, an denen Eltern mit Kindern anstehen?

79. GRUND

Weil Hochbegabung zur Epidemie geworden ist

Ein falsches Wort, schon wird nach Zensur gerufen. Selbst wenn es nur ein falsch verstandenes Wort ist. Das musste eine arme Kollegin der Zeitschrift *Eltern* erfahren, die eine bizarre Begegnung glossierte. Sie hatte nämlich der Mutter eines Mitschülers ihrer Tochter eine Bitte angetragen: »Würdest du deinem Sohn sagen, dass er meiner Kleinen nicht immer aufs Pausenbrot spucken soll?« Die angesprochene Mutter hätte sagen können: »Was macht der? Das geht ja gar nicht, das werde ich ihm sofort ausreden!« Dann hätte sie noch sagen können: »Entschuldigung vielmals!« Das sagte sie aber nicht. Sondern: »Das steht leider nicht in meiner Macht.« Dann habe sie mit einem Lächeln und stolzem Blick eine erstaunliche Erklärung nachgeliefert: »Er ist hochbegabt, da komme ich nicht an ihn heran.« Die Autorin des Textes resümierte, dass es zu einer merkwürdigen Mode geworden sei, rüpelhaftes Benehmen und Verstöße gegen die Minimalanforderungen des sozialen Miteinanders mit Hochbegabung zu erklären. Als hätte ein hoher IQ automatisch zur Folge, sich wie die Axt im Walde zu benehmen und Mitschülern ins Pausenbrot zu speien. Dann wunderte sich die Autorin noch über die epidemische Zunahme an Hochbegabungen. Schließlich treffe der »HB-Befund« Wissenschaftlern zufolge gerade mal auf zwei Prozent aller Kinder zu.[43]

Noch erstaunlicher als diese Schilderung einer Begegnung der besonderen Art waren die Reaktionen auf der Homepage des Magazins. »Ich habe selten einen so verachtenden Artikel über hochbegabte Kinder gelesen!«, schrieb einen Kommentatorin, und eine andere Leserin rief nach Zensur: »Bitte diesen Artikel löschen! Er schürt die Vorurteile gegenüber Hochbegabten noch mehr!!!« Eine HB-Mutti postete: »Dieser Artikel ist frech und geschmacklos!« In diesem Tenor ging's dann weiter, meistens ergänzt um den Hinweis, dass man selbst ein »HBchen« habe und übrigens selbst nachgewiesenermaßen hochbegabt sei.

Bei der Lektüre der Kommentare fielen spannende Dinge auf: Die Wissenschaft scheint zu irren, nicht zwei Prozent der Kinder sind hochbegabt, 98 sind es! Jedenfalls verfügten nahezu alle Leserbriefschreiber über Kinder mit sagenhaften Intelligenzquotienten. Der sechsjährige Sonnenschein einer Kommentatorin »kann lesen, plus und minus auch schon im dreistelligen Bereich rechnen und schreiben und das alles ohne unser Zutun«. Eine andere Mutter berichtete, dass sie ihren Sohn umgehend habe intelligenztesten lassen, »weil er sich mit fünf Jahren Fragen über Tod und Gerechtigkeit und so weiter stellte«. Das Testergebnis hat sie nicht verraten.

Aber doch ließen sich überraschende Erkenntnisse über hochbegabte Eltern hochbegabter Kinder gewinnen beim Lesen der Leserbriefe: Sie haben nicht nur erstaunliche Rechtschreibschwächen, sie haben auch beachtliche Verständnisprobleme. Denn zurück zum vielfach geschmähten Ausgangsartikel, was genau hatte da noch mal gestanden? Dass es ziemlich bescheuert ist, rüpelhaftes Benehmen und die Unmöglichkeit einer erzieherischen Reaktion darauf mit einer angeblichen Hochbegabung zu erklären. Vielleicht liest man mit einem IQ, der an die Spitzengeschwindigkeit eines Porsche Carrera heranreicht, eben nicht mehr das, was Normalbegabte lesen. Und dann wird eben mit der Grazie eines russischen Weltkriegspanzers das »HBchen« bis zur letzten Patrone verteidigt. Immerhin war am Ende klar, woher die Kinder das haben könnten, das mit dem Ins-Butterbrot-Spucken.

80. GRUND

Weil sie immer spielen wollen, wenn's gar nicht passt

Es soll Menschen geben, die keine Lust haben, mit Kindern zu spielen. Ich kann das verstehen, manchmal geht's mir nicht anders. Doch blöderweise gibt es keine Kinder, die nicht spielen wollen. Das geht fast schon im Kreißsaal los. Wer je seinen Finger vor ein Babygesicht hielt, weiß, welche emotionalen Wallungen, welche Reaktionen das bereits auslöst. Kaum dreht sich der Finger im Kreis, versucht der Wurm ungeschickt, danach zu greifen, geht der Finger von rechts nach links, lacht sich Baby grundlos kaputt. Zieht sich der rotierende Finger aber zurück, weil er wieder der Arbeit nachgehen möchte, gibt es auf der Stelle heftigen und lautstarken Protest. Also wandert der Finger zurück ins Kindergesicht. Baby beruhigt sich sofort wieder, und die Arbeit bleibt liegen. Ein höllisches Wechselspiel, geradezu existenzgefährdend.

In unserer Kultur erwarten Kinder quasi ab Geburt Entertainment. Zum Glück gibt es im Freundeskreis immer einen, der jemanden kennt, der von einem todsichern Tipp gehört hat: Nämlich dass es einen goldenen Mittelweg gibt, einen Weg, der Baby glücklich macht ohne Spielchen mit rotierenden Fingern, ohne mehrstündiges Nonstop-Summen, ohne Kraulen, Kitzeln, Kneten. Es sind nicht einmal teure Geräte nötig, die die Babybespaßung übernehmen, weder Rüttelmaschinen noch summende Kühlschränke. Sondern das gute alte Tragetuch, in dem schon ganze Baby-Armeen sicher von A nach B getragen wurden. Das Kindchen mindestens drei Stunden täglich am Körper zu tragen, habe denselben Effekt wie eine intensive Beschäftigung. Einfach Mitlaufen dürfen, das gefalle Babys ausgesprochen gut, sie genießen die körperliche Nähe, die Bewegung, wenn man nicht gerade aufs Laufband oder den Heimtrainer steigt, und sie machen dabei viele neue sinnliche Erfahrungen. Beispielsweise wenn man den Müll runterträgt (»Stinkt das schön!«), die Blumen gießt (»Sind die gelb!«) oder Breichen erwärmt (»Bäh, tu weg!«).

Von diesen Erlebnissen profitieren die Tragetuchinsassen mindestens genauso wie von aktiven Spielzeiten. Drei Stunden, die sich in unserer Ära der Multifunktionalität auch beruflich sinnvoll nutzen lassen: Es kann leise telefoniert werden, natürlich niemals mit dem Handy, sonst fällt wegen der Strahlung bestimmt noch der frische Flaum von der Säuglingsbirne. Es kann gelesen und geschrieben werden, am besten an Stehpulten, gibt's bei jedem gut sortierten und überteuerten Antiquitätenhändler. Oder die Sinneseindrücke werden schlichtweg verdoppelt, indem Baby nicht nur getragen wird, nein, es bekommt zusätzlich noch den rotierenden Finger zu Gesicht. Als Bonus. Weil's seit drei Stunden zufrieden aus der Wäsche schaut.

81. GRUND

Weil jetzt schon Tapeten tätowiert werden

Man darf ja heute nicht mit früher vergleichen (warum eigentlich nicht?), schon gar nicht wenn's um Tapeten geht, aber …! Aber wir konnten doch damals froh sein, wenn wir überhaupt was an der Wand hatten! Alte Zeitungen, in denen am Vortag noch der Fisch eingewickelt war, das war doch der einzige Wandschmuck, den sich unsereins leisten konnte, wenn überhaupt Wände da waren. Wem es aber besser ging, wenn man es geschafft hatte, dann, aber nur dann, leistete man sich vielleicht die eine oder andere Bahn Raufasertapete. Die auf langen Tapeziertischen mit schweren Quasten und Kleister eingekleistert wurde, bevor die durchgeweichten, klebrigen Lappen an die Wände gepappt wurden, wo sie dann beim Antrocknen Blasen und Wellen bildeten, aus denen mühevoll mit der Nähnadel die Luft rausgelassen wurde. Dann kam eine Farbe drauf, meist ein gräuliches Weiß – fertig. Heute lässt sich kein Kind mehr mit einer primitiven Papiertapete ins Kinderzimmer locken. Da muss mehr geboten werden. Wandtattoos sind seit einiger Zeit das Ding der Stunde und dieser Trend verbreitet sich über die Schulhöfe schneller als eine Tröpfcheninfektion. Kaum hat Paula zur Party eingeladen in ihr neues Jugendzimmer, dessen Highlight die Skyline von Bielefeld als Wandtattoo ist, schon wollen Emily, Greta, Kay und Ercüment auch ein Motiv an die Wand tätowieren. Emily wünscht sich die Silhouette eines Pferdes, Greta die Handynummer von Justin Bieber, Kay ein flammenwerfendes Fantasiemotorrad und Ercüment einen lachenden Totenkopf. Alles ist möglich, denn es können sogar eigene Motive hochgeladen und verwandelt werden in Wandtattoos, die je nach Anbieter auch Wandaufkleber, Wandsticker, Wandfolie, Tapetensticker, Wallsticker, Walltattoos genannt werden. So werden Kinderzimmer quasi über Nacht verziert von Sprüchen wie »In Mathe bin ich Deko« oder »Sara liebt Mesut«. Weil deren Beziehung in der tiefsten Pubertät nicht auf ewig halten muss, ist es beruhigend, dass diese Tattoos wieder abgehen. Anders als Körpertattoos tun Wandtattoos auch nicht weh und sind ein feiner Trick, wenn sich der 13-jährige Sohn zum 14. Geburtstag ein echtes wünscht. »In der Altstadt ist son kleiner Laden, da stehen immer Motorräder und Bierkästen draußen vor«, heißt es dann, »die machen die krassesten Tattoos!« – »An was für ein Motiv hast du gedacht, Sohn?« – »Käpt'n Blaubär oder ein Bild von Mutti!« Nun, Sohn, denkt man bei sich, wenn du Rocker zum Lachen bringen möchtest, dann sind das gute Motive. Das sagt man natürlich nicht, sondern stellt sich doof und sucht mit dem tattoobegeisterten Knaben, der entwicklungsmäßig noch genau in der Mitte zwischen Kinder- und Jugendzimmer steckt, einen Shop mit Wandtattoos auf. Sobald sich die erste Enttäuschung über das Missverständnis gelegt hat, wird er begeistert sein. Bereits am nächsten Tag prangt an der Wand oberhalb seines Kopfkissens ein überlebensgroßes Foto von Mutti! Darunter ein selig schlafender Junge in Käpt'n-Blaubär-Bettwäsche.

82. GRUND

Weil ganze Freundschaften im Elternloch verschwinden

Berühmte letzte Worte: »Entweder geht diese scheußliche Tapete – oder ich« (Oscar Wilde in einem offenbar abgrundtief hässlichen Pariser Hotelzimmer). Weil nach diesem Satz aber weder er noch die Wanddekoration gehen wollten, bestellte der verarmte Dichter noch ein Glas Champagner auf Pump, um dann auszurufen: »Ich sterbe, wie ich gelebt habe – über meine Verhältnisse!« James Dean sprach zu seinem Beifahrer, Sekunden, bevor er mit seinem Porsche an einer Kreuzung in einen kreuzenden Ford bretterte: »Der Typ muss anhalten … Er wird uns sehen.« Die letzten Worte von Elvis, als er auf dem Klo verstarb, sind nicht überliefert. Sehr wahrscheinlich: »Baby, noch ein Erdnuss-Bananen-Sandwich!« Womit wir auch schon bei Goethe wären, der unter ähnlichen Umständen wie der King aushauchte. Keineswegs hat er, wie gern behauptet, »Mehr Licht« verlangt. Hätte er wohl gern. Nein, er rief nach seinem Diener und verlangte (zumindest nach dessen Schilderung) einen Botschamperl – einen Nachttopf. Mit dieser Notdurftverrichtungs-karaffe in der Hand ging der Geheimrat also wahrscheinlich ins Jenseits. Sein Dichterkollege Heinrich Heine blieb auch im Augenblick des Todes heiter und entspannt: »Gott wird mir verzeihen – das ist sein Metier.«

Die letzten Worte, die man von Freunden vernimmt, die gerade Vater werden, lauten: »Glaubt mir, es wird sich nichts ändern!«

Nach diesem Satz versterben sie zwar nicht, aber sie gehen. Denn gleich nach der Aussage »Die Erde ist eine Scheibe« gibt es keinen zweiten Satz, der so falsch ist. Alles ändert sich, wenn Kinder kommen. Vor allem Freundschaften. Ging man bis zu den ersten Wehen noch jeden Samstag zum Fußball, jeden Dienstag zum Skat, jeden Donnerstag in die Sauna; sobald das Kind da ist, verschwinden seine Eltern im schwarzen Elternloch. Nicht ohne vorher nach mit Nachdruck, Pathos und Pipi in den Augen das Gegenteil zu behaupten: »Ich schwöre, unsere Freundschaft ist mir wichtiger als Kindergeld, teurer als eine volle Windel, wertvoller als das Schreien eines puterroten Säuglings in der Nacht. Sobald wir aus dem Gröbsten raus sind, geht's wieder zum Fußball, Skat, Sauna ...« Nur, aus dem Gröbsten kommt man nicht raus. Die nächsten Jahre, ach was, Jahrzehnte, jedenfalls nicht. Über Pfingsten in Holland zelten, wie all die herrlichen Jahre vorher? Vergessen Sie's! Skifahren in Tirol über Silvester, dabei wieder schamlos in die prächtigsten Dirndl schmachten und schlechte Witze über dicke Kinder machen? Nie wieder! Das sollte wissen, wer einen Freund an eine Frau mit Schwangerschaftsambitionen verliert. By the way: Bei Frauen ist es nicht anders, eher noch dramatischer. Das regelmäßige Sektfrühstück mit dem Breakfast Club, die schönen Abende mit den Mädels und einem guten Merlot in den Bars der Stadt, wo einem hübsche Jungs hinterm Tresen mit netten Blicken Komplimente machen – over and out. Nicht zuletzt weil Alkohol während der Schwangerschaft und des Stillens ein No-Go ist. Es sei denn, frau lässt von ihren besten Freundinnen einen Frauenarzt empfehlen, der gegen ein kleines Gläschen Wein am Abend auch in der Stillzeit aus medizinischer Sicht keine Einwände hat. (In meinem nächsten Leben werde ich ein Frauenarzt, der stillenden Muttis ein Glas Wein am Abend nach neusten medizinischen Erkenntnissen dringend empfiehlt – dann ist die Praxis garantiert immer gerammelt voll.)

Die traditionelle Tour zu Ostern nach Paris findet zwar auch nächstes Jahr wieder statt, doch wer fehlt? Genau! Weil der Kleine

Brechdurchfall hat, weil der Babysitter nicht kann oder weil die Prioritäten plötzlich ganz andere sind. Eben noch wurde beteuert, dass sich doch wegen eines albernen Kindes nix ändert, jetzt heißt es auf einmal: »Weißt du, gerade Ostern, das ist genau die Zeit, in der wir als Familie mal wieder richtig was machen können.«

Stellt sich nur noch die Frage, für wen der Verlust eigentlich größer ist: für die Eltern, die im Elternloch verschwinden, oder für die Freunde, die jetzt ohne ihren einstigen besten Kumpel auskommen müssen, kurz nachdem die berühmten letzten Elternworte ausgesprochen wurden.

83. GRUND

Weil sie Reisekassen abfackeln

Mittwoch: Mallorca-Flug für 29 Euro, Donnerstag: Malle für 39 Euro, Freitag – letzter Schultag, endlich Ferien: Mallorca für 279 Euro! In Worten: Zweihundertneunundsiebzig. Hallo, was bitte schön ist das denn?! Ein Druckfehler? Ein Zahlendreher? Eine mathematische Erscheinung? Rübezahls Rache? Egal ob Schulferien zwei, drei oder sechs Wochen dauern – die Preise bleiben konstant auf einem Niveau, das jede Reisekasse schröpft, noch bevor das erste Eis am Strand geschleckt ist. »Schatz, ich hab Flüge gebucht.« – »Toll!« – »Hotel können wir uns jetzt aber leider nicht mehr leisten.«

Es bleibt nicht nur bei diesem einen Finanzschock. Denn kaum sind die Flüge unter Ächzen und Stöhnen bezahlt, darf man feststellen, dass es sich bei den Hotels nicht anders verhält. Gerne sind die Preise in Stufen unterteilt, sagen wir mal von Preiszone A (Hauptsaison – schweineteuer, unbezahlbar, Wucher!) über B (Nebensaison – auch noch üppig, nicht von schlechten Eltern, ganz schön dreist) bis C (sonstige Zeiten – super Preise, aber im Januar ist es auch an der Costa Blanca kalt und dunkel). Selbst über Ostern kann es noch zu frisch sein für ein Bad im Mittelmeer, warum also sortieren die Hotelbetreiber die Zeit um Ostern in die Kategorie A? Weil mal wieder Ferien sind! Unmittelbar nach den Osterferien, wenn das Wetter besser wird, sind die Zimmer wieder günstiger. Da freut man sich als Eltern von Herzen – für andere. Für die, die ungebunden ohne die lieben kleinen Kostenfaktorklötze am Bein günstig reisen können.

Doch die Tourismusbranche hat mitunter ein Herz für Kinder. Nehmen wir die Airlines, beispielsweise Billigflieger wie Germanwings, Air Berlin, Ryanair und wie sie alle heißen. Die erkundigen sich beim Buchenden beim Online-Booking ganz lieb nach Kindern und Babys. Schon schöpft man ein wenig Hoffnung, dass es hübsche Rabatte für die Kleinen gibt, tolle und faire Familienangebote. Dass einem nicht auch für die Kinder 279 Euro abgeknöpft werden für einen kurzen Hüpfer nach Mallorca. Nach bestem Gewissen wird das korrekte Alter der Kindchen angeklickt, banges Warten und Hoffen, und dann leuchtende Augen – vor Wut. Denn einige Airlines wollen zwar wissen, ob Kinder mitfliegen, aber es hat null Auswirkungen auf den Preis. Wer mit vier frisch gebadeten Dreijährigen reist, kann auch gleich vier Erwachsene mit auf Tour zum Ballermann nehmen – preislich macht das keinen Unterschied. Aber danke, liebe Fluggesellschaft, dass Sie sich so freundlich nach dem Alter meiner Kinder erkundigt haben. Das macht sonst immer nur die Frau an der Wursttheke.

84. GRUND

Weil Kinder für ihre Eltern haften

Zu den größten Falschaussagen der Menschheitsgeschichte gehören die Sätze »Die Rente ist sicher«, »Niemand hat die Absicht, eine Mauer zu errichten« und »Eltern haften für ihre Kinder«. Mit dem ersten Satz hat Norbert Blüm für Heiterkeit gesorgt, mit dem zweiten Satz hatte die SED früh demonstriert, dass die ganz große Lüge fester Bestandteil ihres Programms sein würde, mit dem dritten Satz hoffen Bauherren, aus der Bredouille zu kommen, wenn Kinder beim munteren Schabernack auf der Baustelle eine Scheibe einschmeißen, weil der Neubau ja schließlich noch gar nicht aussieht wie ein richtiges Haus. Wenn beim Klettern das Schild umfällt, auf dem schwarz auf gelb steht, dass Eltern für ihre Kinder haften, dann liegt das Schild völlig zu Recht im Bauschutt. Denn das Schild gehört zu den großen deutschen Rechtsirrtümern, auch wenn es weiterhin jede Baustelle ziert. Denn weder ist ein Kind immer schuldfähig, noch haften immer die Eltern, wenn ihr Kind etwas Ganzes in seine Einzelteile verwandelt oder mit bunten Farben neu gestaltet.

Eltern haben zwar dafür zu sorgen, dass ihr Kind nicht die Baustelle betritt. Aber sie können es nicht ausschließen, ohne von elektronischen Fußfesseln Gebrauch zu machen. Wenn dann wenig später ein erboster Bauherr vor der Tür steht, das Kind am Schlafittchen, das seinen Betonmischer bis zum Rand mit Ziegelsteinen gefüllt hatte, sollte sich der Bauherr wieder abregen und die Eltern nicht auf. Denn die Gerichte, so sie angerufen werden, werden fragen, ob und wie ordentlich die Baustelle gesichert war. Die Bauherren werden dann meistens sehr still. Klar, Eltern haben eine Aufsichtspflicht und müssen ihr Kind so briefen, dass sie fremde Sachen nicht schreddern (die eigenen Sachen möglichst auch nicht), aber selbst wenn man daneben steht, lässt sich nicht ausschließen, dass das neue und noch unerforschte Fahrrad mit dem Lenker an einem parkenden Auto vorbeischrammt. Ein von Kindern verursachter Schaden ist zwar meistens durch die private Haftpflichtversicherung der Eltern abgedeckt, doch die Versicherung zahlt nicht immer. Wenn ein sechs Jahre alter Kickboardfahrer beim U-Turn auf dem zu schmalen Bürgersteig unabsichtlich eine Autotür mit einer Delle versieht, ist der Sechsjährige nicht verantwortlich und muss für den Schaden nicht geradestehen. In diesem Fall muss auch die Haftpflichtversicherung der Eltern nicht zahlen. Das ist freilich doof für den Geschädigten, und es ist eine Sache des Anstands, mit dem Besitzer des Beulenautos eine gute Lösung zu finden. Ihn trifft ja keine Schuld, also zur Not das Portemonnaie zücken, mit dem man gerade eigentlich zum Weinhändler wollte.

Abends kann man ja das Kindersparschwein zertrümmern und sich ein paar anteilige Euro zurückholen vom entgeisterten Kind. Das wäre immer noch besser, als nach drei Jahrzehnten Besuch vom Gerichtsvollzieher zu bekommen. Denn das kann passieren, wenn ein Gericht einen Schaden festgestellt hat. Noch hat das Kind kein eigenes Einkommen, nur ein paar Euro Taschengeld, doch wenn es später Geld verdient, kommen die alten Schadenskosten zur Geltung: 30 Jahre lang kann so ein Vollstreckungstitel bestehen. Weil nach 30 Jahren auch das kleinste Kind definitiv erwachsen ist, der Titel also vollstreckt werden kann, bieten Versicherungen auch Versicherungsschutz für »deliktunfähige Personen«, wie es im Juristensprech heißt. Oft in einer guten Haftpflichtversicherung enthalten, siehe Kleingedrucktes. Je nach Betriebstemperament des Kindes sollte die Schadenshöhe ausreichend hoch sein; also eine fünfstellige Summe für Rabauken, etwas weniger für Elfen und Ballerinas.

85. GRUND

Weil sich der Qualm verzogen hat

Irgendwann werde ich es meinen Kindern erzählen, und es wird sich für sie anhören, als erzählte Opa vom Krieg oder als erzählte Oma von ihrem Schulweg: »40 Kilometer hin und 40 Kilometer zurück, was haben wir im Winter gefroren und auf dem Rückweg immer noch die schweren, vollen Milchkannen dabei, aber immer haben wir gesungen, die schönsten Lieder …« In dieser Tradition werde ich berichten, wie das war, als noch geraucht werden durfte. Ich finde, die Kinder haben ein Recht darauf, es zu erfahren. Schließlich wurden sie ja bei den großen Anti-Raucher-Schlachten zu Beginn des 21. Jahrhunderts oft ungefragt in Geiselhaft genommen von den Rauchverbietern. Wo Kinder sind, da dürfe nicht geraucht werden, das richte schlimmste Schäden an, und da überall Kinder sind, durfte bald überall nicht mehr geraucht werden. Zuerst im Kreißsaal nicht mehr, dann auf der Säuglingsstation. Dann standen die Kindergärtnerinnen schlotternd in demütigenden Raucherecken, die so klein gehalten waren, dass sie sich eigentlich jeden Moment gegenseitig hätten versengen müssen, was wahrscheinlich Absicht war. In der Schule durfte nicht einmal mehr heimlich auf den Toiletten geraucht werden, und der arme Chemielehrer Schloth starb bald nach Abschaffung des Raucherbereichs im Lehrerzimmer vor lauter Gram an Lungenkrebs.

Rauchen im Restaurant, später auch in Eckkneipen und den dunkelsten Spelunken, in denen in 100 Jahren nie auch nur ein einziges Kind gesichtet wurde, wurde ebenfalls per Gesetz verboten. Das war das Ende der blauen Epoche, wie ich sie noch erleben durfte. Wenn wir mit dem kleinen Familien-Renault zu Familienfesten fuhren und mit der Zündung des PS-schwachen Motors auch die Zigaretten im Fonds angezündet wurden: filterlose Todeszigaretten der Vater, schlanke Filterzigaretten die Mutter. Noch vor der ersten Kurve glich der kleiner R4 einem türkischen Dampfbad. Ich sah nur noch die Lichter der Armaturen und die glühenden Zigarettenspitzen, wenn die Eltern daran zogen – es war herrlich! Ich fand es ungemein gemütlich und familiär und war bestens eingestimmt auf das, was mich erwartete: die Familienfeier. Mit Verspätung, ein R4 ist kein Rennpferd, hielten wir vor einem gutbürgerlichen Gasthaus (»Deutsche Speisekarte«), in dessen Küche offenbar gerade ein Feuer ausgebrochen war. Doch nein, es war Onkel Herbert, der Zigarrenliebhaber. »Liebhaber« ist eine niedliche Bezeichnung für einen Menschen, dessen Lippen mit den Stumpen verwachsen schienen. Ich weiß gar nicht, wie er ohne diese zweite qualmende Nase im Gesicht ausgesehen hat. Außerdem: Die besten Witze über sein Raucherbein machte er immer noch selbst. Mahnen konnte er auch: »Fangt bloß nie an, sagte er, das bringt uns alle noch ins Grab.« Recht hatte er.

Tja, aber diese Zeiten sind vorbei. Selbst unsere eigentlich kettenrauchenden Freunde wagen es ja auch kaum mehr, sich eine anzustecken, sobald sie nur aus 100 Metern eine Kindermütze erblicken. Ich glaube, die einzige Möglichkeit meinen Kindern zu zeigen, wie das war, damals, ist eine lange Filmnacht. Dann gucken wir die Serie *Mad Men*, die in den 1960ern spielt und in der jeder immer und überall raucht: der Frauenarzt am gynäkologischen Stuhl, die Mutter im Kinderzimmer, die Väter bei der Arbeit zum

Whisky. Wie sonst soll ich meinen Mädchen diese einzigartige Zeit näherbringen, ich hab ja nie geraucht!

86. GRUND

Weil es keine wilden Spielplätze mehr gibt

Dinge gibt's, um die beneide ich meine Kinder: Sie wachsen mit Handys auf, während wir früher keine heimlichen Telefonate führen konnten, weil die Schnur nicht bis ins Kinderzimmer reichte und die Wählscheibe so laut war. Sie schauen Filme online, während ich immer bis Sonntag warten musste, nur dann konnten wir King Kong, Jerry Lewis und Louis de Funès im Kinderkino unserer kleinen Stadt sehen. Sie wachsen mit Apps auf und ich mit *Yps*. Doch es gibt auch Dinge, die waren tatsächlich früher besser, nicht nur in der senilen Verklärung, zu der man neigt, sobald man der Generation Gleitsichtbrille angehört. Wir hatten nämlich die besseren Spielplätze. Wilde, geheime und manchmal gefährliche Orte. Die Rede ist von Plätzen in Wäldern, in Steinbrüchen, alten Stollen, an Seen und Löschteichen. Vom Spielen an diesen abenteuerlichen Orten kann ich meinen Kindern nur noch erzählen, zeigen kann ich sie nicht mehr, denn sie sind inzwischen mit Verbotsschildern und hohen Zäunen gesichert oder ganz verschwunden.

So wie unser alter Steinbruch. Die Großen haben dort sogar Schwimmen gelernt; die ganze Schule marschierte an schönen Tagen dorthin, um ein paar Bahnen zu ziehen oder auf die vorstehenden Felsen zu klettern, um von dort mit den herrlichsten Arschbomben ins Nass zu springen. Viele Jahre ging das so. Die Größeren, die Halbstarken also, trafen sich dort abends zum Knutschen und Fummeln, machten Lagerfeuer und brieten Forellen, die sie mit etwas Glück gefangen hatten. Die ganz Verwegenen stiegen nachts noch einmal nackt ins »Loch«, wie das kleine dunkle Gewässer in dem alten Steinbruch genannt wurde. Diesen Ort hätte ich gerne gezeigt, dort wäre ich gerne mit den Kindern ins Wasser gehüpft und hätte geplanscht, bis alle bibberten vor Kälte und die Lippen blau wären in den strahlenden Gesichtern. Doch bevor es dazu kommen konnte, wurde das Loch eines Tages zugeschüttet – aus Sicherheitsgründen, wie es hieß. Anwohner hätten sich beschwert, dass man doch nicht abwarten wolle, bis erst was passiert. Anwohner mit Kindern, sehr fürsorgliche Eltern also.

»Betreten der Baustelle verboten – Eltern haften für ihre Kinder«, stand immer schon vor sämtlichen Baustellen. Hielt das irgendein Kind ab, heimlich in den verwinkelten Neubau einzusteigen, Raum für Raum zu erkunden, um dann Verstecken oder Flaschendrehen zu spielen? Nein, aber heute kann man sich darauf verlassen, dass irgendein Nachbar die Polizei ruft – in bester Absicht natürlich und nur zum Besten der Kinder. Alte Stollen werden zugeschüttet, Bachläufe gesichert oder gleich unter die Erde verlegt, wackelige und deshalb aufregende Holzbrücken abgerissen. Manchmal werden die Behörden von alleine aktiv, manchmal auch die Eigentümer, die sich vor Schadensersatzklagen wappnen wollen, falls doch mal ein Unglück passiert. Doch oft sind es Eltern, die eine Vollkaskomentalität pflegen und jedes Risiko verbannen wollen aus ihrem und dem Leben ihrer Kinder.

Wäre ich polemisch (aber nein, ich bin nicht polemisch!), würde ich mutmaßen, dass das jene Eltern sind, die auch den Anwalt einschalten, wenn das Kind eine Fünf nach Hause bringt, wofür ausschließlich der Lehrer haftbar gemacht wird. Diese Eltern prellen ihre Kinder nicht nur um die prägendsten und wundervollsten

Erfahrungen, sie bereiten ihre Kinder auch nicht gut aufs Leben vor, wenn sie alle kritischen Momente zu eliminieren versuchen. Wäre ich pathetisch (und ja, ich bin gerade pathetisch!), ich würde rufen: Eine Platzwunde und ein blaues Auge sind integraler Bestandteil einer jeden glücklichen und gesunden Kindheit! Mindestens so wie ein paar geklaute Äpfel und Kirschen.

87. GRUND

Weil ich nicht alles teilen will

Der weibliche Körper wartet mit Dingen auf, die Männer wie Säuglinge gleichermaßen begeistern. Beide denken dann nur an das eine, auch wenn das völlig verschieden ist. Denn wenn ich Hunger habe, gehe ich zum Kühlschrank. Das hungrige Baby aber will auf der Stelle ran an die Tröge; für den Säugling ist die weibliche Brust ein gigantischer Supermarkt mit Käsetheke und Bällchenbad, eine atmosphärische Milchbar, eine meditative Shisha-Lounge. Je länger er dort verweilt, desto relaxter wird er. Am Ende schläft er, offen der Mund, geschlossen die Augen, kaum Haare auf dem Kopf, dafür Gneis. Ein schönes Bild, deshalb bin ich auch nicht schlimm eifersüchtig und teile gern. Ist das Kind unruhig, kann nicht schlafen, hat ein Zipperlein, am Busen seiner Mama kommt es schlagartig zur Ruhe, alle Schmerzen sind verflogen. Deshalb blickte ich erst einmal bange an meinem Oberkörper runter, als mir meine Frau erstmals nach der Niederkunft eröffnete, ausgehen zu wollen. Da war nichts an mir zu sehen, was das Kind im Ernstfall hätte beruhigen oder trösten können. Ich hätte versuchen können, mit einer Überdosis Muskelaufbaupräparate eine Art Brust nachzuformen, aber den Schwindel hätte jedes Kind sofort mit viel Gebrüll auffliegen lassen. Ich wurde zwar routiniert gebrieft, wie ein Brei zu zaubern sei im Falle einer akuten Hungersnot, und auch gewarnt: »Niemals füttern, wenn der Brei noch kocht und Blasen wirft! Lieber noch einen Augenblick schreien lassen!« Das hatte ich alles einigermaßen verinnerlicht (wie war das jetzt noch mal, besser kalten Brei füttern? Hm), trotzdem fühlte ich mich, sobald ich alleine war, wie in einem Kriegsfilm, wie ein unerfahrener Soldat, der auf eine Mine getreten ist, die genau in dem Moment explodieren wird, wenn er versucht runterzusteigen. In der ersten Zeit machte ich Dinge, die ich noch nie zuvor im Leben getan hatte: Ich hörte keine Musik. Ich vermied Bewegungen und Geräusche. Ich betätigte nach dem Pipimachen nicht die Klospülung. Gut, wenn ich an dieser Stelle nicht gestehen würde, dass ich (wirklich echt selten) auch schon in meinem früheren herrlich kinderlosen Leben mal die Spülung vergaß, dann könnte es Leute geben, die mich bei der nächsten Begegnung rhythmisch auslachen. Jedenfalls saß ich mucksmäuschenstill im schallschluckendsten Sessel und traute mich beim Lesen nicht umzublättern – zu laut!

Vielleicht war diese ungewohnte Stille schuld, plötzlich drang aus dem Kinderbett ein Geräusch. Bitte nicht! Dann noch eins, dann zwei, drei hintereinander. Oh nein. Das Korbgeflecht des Bettchens knarzte, das ganze Gebilde setzte sich in Bewegung, ruckelte hin und her. Schließlich großes lang anhaltendes Geschrei, lauter als alles auf der Welt in meinen Ohren. In mein Blickfeld gerieten zwei Gegenstände: das Fläschchen zur Rechten, zur Linken mein Handy. Ob es nicht für alle das Beste wäre, ich riefe meine Frau an? Die kann ja auch ein anderes Mal zum ersten Mal seit der Geburt mit ihren Freundinnen ausgehen! Muss ja nicht gerade jetzt sein, man hört ja, was los ist. Also griff ich nach links zu meinem Handy, um einen Notruf per SMS abzusetzen. Anrufen wollte ich doch nicht, mein Name im Display könnte sie jetzt erschrecken. Während ich die SMS schrieb (*Vielleicht ist es für alle besser, du kommst heim …*), fiel mir ein Kneipenabend ein, ein toller Abend mit Freunden, darunter eine Mutter, die zum ersten Mal seit ihrer Unterwasserentbindung ausgegangen war. Sie war bestens gelaunt, bis sie nach vielleicht einer Stunde auf ihr Handy blickte und betrübt meinte: »Ich muss los, der Kleine … Thomas kriegt's wohl nicht hin.« Das fiel mir ein, als die SMS zum Absenden fertig war. Ich habe mir dann das Fläschchen gegriffen.

88. GRUND

Weil Weihnachten der Baum brennt

Wenn der Baum brennt, also wenn der Baum so richtig brennt – dann ist Weihnachten. Es duftet nach fetter Gans, es duftet nach Spekulatius, es duftet nach gerösteten Maronen und es riecht nach Ärger. Keine Zeit des Jahres ist so krisenanfällig wie die Weihnachtszeit – der große Stresstest für die ganze Familie. Man kennt es aus der eigenen Kindheit: Mutti sitzt von Weinkrämpfen geschüttelt vor einem Haufen qualmender Kohle, deren Form nur noch grob an die Umrisse eines Festtagsbratens erinnert. Ob es Mutti aufheitert, die Umrisse der verkohlten Festtagsleiche wie im Krimi mit weißer Kreide auf dem Backblech nachzuzeichnen? Eher nicht, sie scheint untröstlich, denn jetzt hört man kein Schluchzen mehr, sondern sieht nur die Schultern konvulsivisch zucken. Da ist Vati doch viel besser drauf. *La Paloma* pfeifend steht er auf der Leiter und hängt Kugeln in den Baum und feiert jede zweite Kugel, die erfolgreich im grünen Geäst hängen bleibt, mit einem kleinen Schnäpschen. Der Fernseher läuft sich auch schon warm, ein älterer Herr ist zu sehen, der »Früher war mehr Lametta« ruft. Mutti steht derweil draußen bei den Mülleimern und bestattet den verbrannten Braten, bevor sie in ihr Krematorium zurückkehrt und mit Trotz in der Stimme verkündet: »Dann gibt's heute eben Brühwürste aus der Dose, die gab's bei uns früher auch immer zu Weihnachten, und selbst mit diesem Armeleuteessen waren die Feiertage immer wunderschön, denn wir hatten ja nichts …«

Jaja, das alte Lied vom Glück der Armut, ein Lied, das besonders gerne an Weihnachten angestimmt wird, kurz bevor die Bescherung startet, bei der 800-Euro-Kinderfahrräder, der neuste elektronische Schnickschnack und Hi-Fi-Endstufen im Wert eines Kleinwagens die Besitzer wechseln. Geschwitzt wird nicht nur, weil das Geschenkpapier sich aller Anstrengungen beim Auspacken widersetzt und schließlich winzig kleine Papierfetzen in großer Zahl den Teppich bedecken wie draußen der milde Dezemberregen den herbstbraunen Rasen.

Weihnachten kann nicht funktionieren, den Druck hält kein Kind aus, auch das Christkind nicht, Eltern, Großeltern, Onkel und Tanten schon gar nicht. Es geht ja schon weit im Vorfeld los, wenn man sich Jahr für Jahr vornimmt, die Geschenke einmal nicht auf den letzten Drücker zu kaufen. Ein übermenschlicher Druck, dem jedenfalls ich nicht gewachsen bin, und so stehe ich seit Jahren am Heiligen Nachmittag zuverlässig im letzten geöffneten Laden, um wenigstens noch einen Blumenstrauß zu erwerben: beim Friedhofsgärtner. Der Einkaufsterror ist aber noch gar nichts gegen die Erwartungshaltung, die in vorfreudig geweiteten Kinderpupillen zu lesen ist: »Bitte, bitte, ich bin auch ganz lieb, schenkt mir doch das neuste 18-Gang-Fahrrad, ein Pony, ein iPad, den halben Playmobil-

Katalog und die Lego-Gesamtausgabe, sowie eine leistungsstärkere Playstation und ein halbautomatisches Spielzeuggewehr. Das sinnvolle und pädagogisch wertvolle Spielzeug könnt ihr dafür gerne weglassen. Oma muss auch keine unförmigen Socken stricken, ich brauche auch kein *Mathe macht Spaß*-Buch und schon gar keine Spielsachen aus nachwachsenden Rohstoffen. Bitte, bitte, bitte!«

Als wäre da nicht bereits die Katastrophe größtmöglicher Enttäuschung vorprogrammiert, es lauert auch noch die Harmoniefalle: Schön soll es schließlich werden, wenn sich die ganze Familie an Heiligabend unterm Baum versammelt, harmonisch wie noch nie! Stattdessen ist Papi vorzeitig eingeschlafen vor lauter Baumschmücken, Mutti hat einen Rückfall wegen des Bratendebakels, rührt keine Brühwurst an, sondern geht alleine eine Runde spazieren, und die Kinder sind wortlos auf die Zimmer gegangen. Kein Pony, kein Fahrrad, kein iPad dieses Jahr. Nur langweiliger sinnvoller Kram wie Gesundheitssocken und Sachbücher!

Sollen sie stumm schmollen, dann singen sie wenigstens keine Weihnachtslieder. In diese Stille hinein könnten schon mal die mikroskopisch kleinen Verpackungsfetzen aus dem Flokati gepult werden. Am nächsten Tag ist schließlich immer noch Weihnachten, da soll es ja schön und gemütlich sein.

9

WAS MACHT EIN PENIS?
UND WEITERE GUTE FRAGEN

89. GRUND

Weil sie beim Geschwisterchenmachen stören

Sex macht Sounds, die auf unfreiwillige Ohrenzeugen verstörend wirken können. Kinder sind ganz besonders irritiert, gerade wenn sie diese Geräusche zum ersten Mal vernehmen. Sie hören ein Geräusch aus dem Schlafzimmer, das so klingt, als würde jemand auf der Matratze rumhüpfen. Genau das hatten die Eltern den Kindern doch ausdrücklich verboten, und jetzt hüpfen diese deutlich dickeren, jedenfalls größeren und schwereren Menschen selber auf der Matratze rum!? Und wieso grunzt Vati und die Mutti quietscht? Haben sie sich wehgetan, weil sie – ohne jegliche Hüpfburgerfahrung – neben das Bett gefallen sind? Aber dann wundert man sich doch kurz und heult dann los, statt die ganze Zeit rumzugrunzen und zu quietschen. Also mal nachsehen! Hallo, was macht ihr denn da?! Das ist dann eine Situation, die nach einer guten Erklärung verlangt. Also Schweiß von der Stirn wischen, Schnappatmung runterfahren, Bettdecke bequem ausbreiten und ganz ruhig anheben: »Nun, mein Sohn …«

Na ja, man kann auch weniger pastoral ansetzen, aber irgendwas sollte man schon sagen und auf keinen Fall hysterisch werden und den Eindringling rausbrüllen, der im schlimmsten Fall eh schon traumatisiert ist. Weil er ahnt, was Mama und Papa gerade getrieben haben, damit aber bei den eigenen Eltern nun überhaupt nicht gerechnet hat!

Kinder sind zunehmend früher aufgeklärt; kaum in die Welt gesetzt, wissen sie bereits, wie es dazu kam. Jedenfalls ansatzweise. Geschlechtsteile sind in Familien, deren Mitglieder kein Problem haben, nackt zu baden oder sich im Beisein der Kinder umzuziehen, der ganz große Knüller. »Pipimann und Scheide!«, rief meine Kleine, da war sie drei Jahre alt und ich stieg gerade dampfend aus der Dusche. Diese exakte biologische Differenzierung hatte sie wohl von ihrer größeren Schwester, die wiederum kannte diese Fakten entweder von uns, als wir einst die Frage »Wie entstehen eigentlich Kinder?« so gut wir konnten beantworteten. Oder die Grundschule hatte bereits erstklassige Aufklärungsarbeit geleistet. Man darf sich da nichts vormachen: Mit dem Wechsel vom Kindergarten in die erste Klasse geschieht ein Quantensprung. Eben noch ein goldiges Kindlein, das mehr oder weniger unschuldig in der Obhut patenter Erzieherinnen tobt, kommt der Erstklässler bereits nach wenigen Schultagen mit einer Wortschatzerweiterung nach Hause, die unvorbereiteten Eltern die Teetasse aus der Hand schlägt: »Papa, was heißt eigentlich ›Ficken‹?« – »Nun, mein Sohn, lass mich zunächst die Tasse aufheben …«

Für wen das Ertappen in flagranti eigentlich peinlicher ist, darüber gibt es in der Wissenschaft keine belastbaren Erhebungen. Aber es gibt Internetforen, in denen sich sowohl Eltern über den unplanmäßigen Coitus interruptus austauschen, als auch Teenager-Foren, die keinen Zweifel lassen, was Kinder und Jugendliche empfinden beim Gedanken, Mami und Papi beim Poppen zu sehen. *Glücklicherweise ist das mir noch nicht passiert*, schreibt ein Teenager, ein anderer stellt fest: *Das sind Themen, über die ich gar nicht nachdenken will.* Und ein Dritter bringt es auf den Punkt: *Boah, nee, was für 'ne Horrorvorstellung, ich glaub, ich würde danach nicht mehr weiterleben wollen.*

So schlimm ist es für ihre Eltern wohl nicht. Die würden halt einfach nur gerne ungestört weitermachen …

Weil keins besser als eins ist und fünf so gut wie zwei

Eine durchschnittliche Mutter in Deutschland hat durchschnittlich 1,39 Kinder, hat 2012 die Behörde für Durchschnittsermittlung errechnet – auch Statistisches Bundesamt genannt. Diese Mutter zieht also ein vollständiges Kind auf und ein gebruchteiltes zweites, von dem man nicht so genau wissen möchte, wie es aussehen könnte jenseits dieser Statistik. Wie kommt das Amt auf so ein gebeuteltes, nicht einmal halb fertiges Kind? »Bei der Berechnung der durchschnittlichen Kinderzahl je Frau werden alle Kinder berücksichtigt, die im Laufe eines Jahres geboren werden«, erklärt das Amt seine Statistik. »Diese durchschnittliche Kinderzahl je Frau, die auch als zusammengefasste Geburtenziffer bezeichnet wird, wird zur Beschreibung des aktuellen Geburtenverhaltens herangezogen. Sie gibt an, wie viele Kinder eine Frau im Laufe ihres Lebens bekommen würde, wenn ihr Geburtenverhalten so wäre wie das aller Frauen zwischen 15 und 49 Jahren im jeweils betrachteten Jahr.«[44] Mit anderen Worten: Würde sich ein Mädchen, das 2010 15 Jahre alt war, im Geburtenverhalten nach dem Durchschnitt dieses Jahres richten, bekäme es, bis es 49 Jahre alt ist, statistisch gesehen genau diese 1,39 Kinder.

Wie viele Kinder es denn nun wirklich sein dürfen, das ist auch eine Glaubensfrage, im wörtlichen Sinne. Für Baptisten ist das

Zeugen einer maximalen Anzahl von Kindern ein Gottesdienst; es können gar nicht genug sein, die Schwangerschaften folgen dem Muster einer Kettenreaktion. Kaum entbunden, folgt die nächste Schwangerschaft. Spätestens wenn das zwölfte Kind kommt, hat das erste bereits seine leibliche Gebärmutter zur Großmutter gemacht.

Der Kindersegen (habe ich Segen gesagt?) vieler Religionsgemeinschaften, die den Herrn überschütten mit ihren Lendengaben, hat gewiss auch Einfluss auf die Statistik, bestimmt würde die zweite Ziffer hinter dem Komma deutlich niedriger ausfallen, da müsste man mal das Statistische Bundesamt fragen nach dem Beitrag der gebärfreudigen Glaubensgemeinschaften.

Interessanter aber ist die Frage nach der optimalen Kinderzahl für die optimale Familie. Zwei müssen es sein, sagen die Eltern von Max, denn sonst habe Max ja keinen zum Spielen. Mehr müssten es aber auf keinen Fall sein, sonst gelte man ja als asozial. Das sehen die Eltern von Maike und ihren vier Geschwistern aber ganz anders. Beide arbeiten und verdienen Geld und sehen sich ganz und gar nicht als asozial an. So sehen ihr Haus und ihr Carport auch wirklich nicht aus. Maikes Eltern sind auch schlau genug, den Spieß umzudrehen: Asozial sei doch, wer weniger als drei Kinder in die Welt setze, wird mutig beim Gartenfest behauptet, wo der Aperol Spritz nur so fließt. Denn für die Bestandserhaltung einer Bevölkerung sei eine durchschnittliche Kinderzahl je Frau von 2,1 nötig, haben Maikes Eltern gelesen. Oder wir sterben bald alle aus, wirft Maikes Papa betont ungerührt ein Katastrophenszenario in die heitere Runde am Grill.

Nach kurzer Betroffenheit über das baldige Ende der Nation kehren die Gäste gedanklich in ihre Häuser zurück. Denn, Nation retten hin oder her, drei und mehr Kinder sind ja schon eine Belastung – für die Karriere, für die empfindliche Couchgarnitur, für die Nerven und fürs Portemonnaie.

Wie also lautet the perfect number? Gibt's so was wie eine Goldene Regel? Nein, so wenig wie das ideale Alter zum Kinderkriegen!

Machen wir's hier also nach dem binären System: Null Kinder oder eins, das allein ist die entscheidende Frage. Wer sich erst einmal für eins entscheidet, der kann auch beliebig nachlegen. Denn jetzt ist es eh zu spät; ein Leben mit Kindern ist ein völlig anderes Leben als ein Leben ohne Kinder. Die Anzahl spielt dann wahrlich keine große Rolle mehr.

91. GRUND

Weil Watte harter Stoff ist

Das Lieblingswort meiner Kleinsten lautet »Watte«. Sie meint aber keineswegs die flauschigen kinderfaustgroßen Wölkchen aus weißem Zellstoff, aus denen sich der Weihnachtsmann seinen Bart klebt. Sie meint etwas ganz anderes, spricht es aber leider mit leichter kölscher Sprachfärbung aus. Sie meint nämlich: Warte! Und sie sagt es: immer! Immer, wenn sie etwas tun soll, was sie genau in diesem Moment aber nicht tun möchte, weil etwas anderes wichtiger ist. Das geht dann so: »Kommst du Zähneputzen?« – »Watte, muss noch die Puppe zu Ende kämmen!« Das Frisieren kann sich dann theoretisch hinziehen, bis sie eingeschult wird. Also nachlegen: »Komm jetzt Zähneputzen, dann kannst du noch den ganzen Abend weiterspielen!« Was natürlich glatt gelogen ist, weshalb auch das nächste »Watte« folgt, sie sei gleich wirklich fertig, müsse die Puppe nur noch zu den anderen Puppen legen, die allerdings auch noch ungekämmt seien, was ja kein Zustand sei. Das einzige, was jetzt wirkt, sind unerlaubte Hilfsmittel, von denen meine Frau um Himmels willen nichts wissen darf. »Wenn du jetzt die Zähne putzt, darfst du dir bei YouTube eine Szene aus dem *Dschungelbuch* ansehen, das muss aber unter uns bleiben!« Schon fliegt die Zahnbürste über sämtliche Milchzähne, und bald ertönt der finale Schrei: »Fettich!! Mama, ich darf jetzt YouTube gucken!« Zur Strafe (zu meiner) soll ich sie danach umgehend ins Bett bringen. »Watte! Die Folge ist noch nicht zu Ende!« – »Das ist der Abspann, mein Kind, da kommt nix mehr …« Keine Wirkung. »Watte … Was passiert, wenn ich hier draufdrücke?« Schon stürzt der Computer ab, eine perfekte Gelegenheit, den Schlafanzug ins Spiel zu bringen. »Watte, ich glaub, ich muss erst noch mal die Zähne putzen, da ist noch ein Apfel zwischen meinen Zähnen.« Was soll man da sagen? Etwa: »Lass drin, dann hast du morgen schönes Apfelmus.« Nein, man denkt: »Ich glaub dir kein Wort!« Doch man sagt: »Klar, Liebes, hier ist deine Bürste auch schon wieder, aber beeile dich jetzt bitte, es ist schon spät!« Was sie darauf erwidert, ist wohl klar.

Endlich im Bett, einigen wir uns auf eine Geschichte. Nur eine! »Aber eine lange, ja?!« Okay, aber nur eine! Bevor ich anfangen kann: »Watte!« Was ist denn jetzt? »Teddy ist noch im Bad.« Das kann gut sein, denn Teddy ist Teil aller Ablenkungsmanöver und Verlängerungsstrategien, ist Mitwisser und ständiges Alibi in einem. Trotzdem, ohne Teddy ist an Schlaf nicht zu denken. Also will ich ihn mit gequältem Gesichtsausdruck holen gehen. Doch dann: »Watte, Scherz! Der ist doch schon im Bett …«

Endlich kann ich die Gutenachtgeschichte lesen und flüstern: »Schlaf schön, mein Schatz.« Der ist bereits fast eingeschlafen. Fast. »Watte! Eine Geschichte noch!« Wenn ich jetzt auf Einhaltung unserer klaren Abmachung bestehe, könnte sie sich aufregen und wieder richtig wach werden. Auf der anderen Seite brauche ich vielleicht nur noch drei Zeilen einer neuen Geschichte, um sie endgültig einzuschläfern. Ich entscheide mich für eine unlautere Mischform, beginne noch einmal von vorn mit der bereits ge-

brauchten Geschichte. Hurra, es glückt – drei besonders mono-
ton vorgetragene Sätze später ist sie weg und ich schleiche mich
aus dem Kinderzimmer. Mit dem diffusen Gefühl eines halb garen
Triumphs: »Watte, Fräulein, mit mir nicht …«

92. GRUND

Weil Quality Time eine Selbsttäuschung ist

Es gibt Begriffe, da verspüre ich ein Würgen im Hals, wie ich es
sonst nur kenne, wenn ich durstig ein großes Glas Milch trinke, und
erst beim fünften Schluck merke, dass die Milch schlecht ist. Wenn
ich dann noch am Haltbarkeitsdatum erkenne, dass das Kuhzeugs
bereits seit drei Wochen schlecht sein müsste, dann wird mir noch
schlechter, als es die Milch bereits ist. So geht es mir mit »Quality
Time«, ein Begriff der postmodernen Pseudo-Pädagogik, der mich
lachen und weinen macht, und zwar abwechselnd im Zwei-Sekun-
den-Takt. Hätte ich als Zwölfjähriger zu meinem Vater nach dessen
Rückkehr von der Arbeit am frühen Nachmittag gesagt: »Ich würde
mich freuen, wenn wir jetzt Quality Time miteinander verbringen«,
dann wäre er, nachdem er mir zwei Minuten lang ratlos in die Brille
geblickt hätte, wortlos in den Keller gegangen und hätte die bereits
sehr aufgeräumte Werkzeugkiste noch mal aufgeräumt, was er immer tat, wenn ihm gerade »alles ein bisschen zu blöd« wurde.

Quality Time wurde in den 1970ern in den USA erfunden, um
berufstätigen Vätern und Müttern ein perfektes Alibi zu geben, ihre

Karriere zulasten der Kinder zu forcieren. Quality Time bedeutet: Ihr müsst nicht eure ganze Zeit mit den Kindern verbringen, lieber wenig, die aber intensiv. Vielleicht so: Aufstehen, Frühstücken, dann mit dem Kind ein Bungee-Sprung. Dauert nur wenige Sekunden, ist aber ein mega-intensives einmaliges Erlebnis, wie es nur wenigen zuteil wird. Während das Kind noch »Boah!« sagt, ist man bereits wieder im Büro.

Dass Qualität wichtiger ist als Quantität, das mag bei einem Rinderfilet stimmen, es stimmt nicht bei Geld und Kindern. Bei meinen jedenfalls nicht, und das verallgemeinere ich jetzt einfach mal. Aber nicht nur, weil mir bange ist vor Bungee-Jumping! Kinder freuen sich erst einmal, wenn ihre Eltern da sind. Dass das reicht, merke ich, wenn wir weg sind. Oder nur einer von uns. Wenn mein regelmäßiges Fußballtraining ausfällt, freuen sich die Kinder, obwohl sie nichts davon haben. Das Training fällt nämlich in ihre Schlafenszeit.

Wenn meine Frau aus ist und nach Hause kommt, ist die Freude groß und sinnlos, was die Quality Time anbelangt. Denn oft kommen die Kinder, sobald sie das Türschloss hören, angerannt, fragen mich, ob Mama kommt, rufen »Mama!«, weil sie sich in diesem Moment die Frage selbst beantworten können, und verschwinden wieder im Spielzimmer. Präsenz scheint eine Qualität an sich zu sein, auch wenn Quality Time was ganz anderes meint. Nämlich irgendein Event mit Stoppuhr: »Zwei Stunden Rafting, ein Nachmittag in der Sternwarte oder ein Justin-Timberlake-Konzert mit meinen Kindern«, so die Illusion, »ist viel wertvoller für meine Kinder, als wenn ich einfach nur so bei denen wäre; diese Zeit nutze ich dann lieber für wirklich sinnvolle Dinge!« Ich halte das für einen Irrtum. Nichts gegen Rafting, nichts gegen Sternegucken, nichts gegen Justin Timberlake (oder doch), keine Frage, das sind Highlights jeder Kindheit. Aber damit freikaufen von der puren Anwesenheit? Ich verbringe keineswegs jede freie Minute mit meinen Kindern, um Gottes willen, das könnte ich gar nicht! Weil ich auch gerne Zeit nur mit meiner Frau verbringe, mit Freunden, sogar mit der Arbeit. Aber dass die lieben Kindchen fast immer jede Minute genießen, die man bei ihnen ist, ob mit oder ohne Event und Entertainment, das steht für mich außer Frage. So lange, bis meine Kinder mich vom Gegenteil überzeugen und rufen: »Entweder du haust ab oder bietest uns Quality Time!« Dann würde ich mir erst einmal umgehend eine Werkzeugkiste anschaffen.

93. GRUND

Weil Arschlochkinder Konjunktur haben

Wenn die Ökoeltern sich zum Brunchen treffen
Und die Arschlochkinder durch die Cafés kläffen
Wenn der Service hinkt und 's nach Babykotze stinkt
Ja, dann sind wir wieder in Berlin

Mit diesen Zeilen besingt die Autorin und Sängerin Christiane Rösinger eine von vielen typischen Berliner Szenen in ihrem Lied mit dem Titel *Berlin*. Ob man Kinder hat oder nicht, ob man in Berlin lebt oder einer anderen Kleinstadt, man ahnt nicht nur, was sie meint, man nickt. Wenn wir Ökoeltern mit Freunden und Kindern brunchen in einem angesagten Café der Stadt, dann nerven wir, bis der Laden leer ist. Ich weiß, wovon ich schreibe. Selbst wenn ich selbst das Gefühl hatte, dass die Kindchen sich doch geradezu anständig benehmen und wirklich erst angefangen haben, durchs Gasthaus zu laufen, nachdem (!) sie den Teller leer (!!) gegessen hatten, so nahm ich doch die Blicke von den Nebentischen wahr. Angedeutetes Kopfschütteln, wenn eine Gabel vom Tisch zu Boden ging und dabei ein Geräusch erzeugte. Ist doch nur ein Geräusch! Nicht viel anders, als wenn ein Limoglas umgeschmissen wird oder ein Baby schreit. Es gab sogar Tage, da haben die Kinder weniger als gar nichts gemacht, und doch verspannten sich sämtliche im Gastraum befindlichen Körper, und diese Spannung ließ auch nicht nach, solange wir anwesend waren und weniger als gar nichts machten. So ähnlich muss es im Wilden Westen gewesen sein, wenn die Saloon-Tür aufflog und sechs dunkle unrasierte Gestalten mit der Hand am Colt eintraten. Angstvoll blicken die Anwesenden starr in ihre Zeitungen, andere, die allein am Sechser-Tisch sitzen, verteilen den Inhalt ihrer Rucksäcke über alle weiteren Stühle an ihrem Tisch, und wer kann, flüchtet. Ich kenne das von beiden Seiten. Wir waren gerade zum ersten Mal Eltern, begeistert, glücklich und euphorisiert, und gingen nach ein paar Wochen zum ersten Mal aus. Nachmittags in ein Café. Ohne Kind, und doch war es die ganze Zeit unser Thema, begeistert, glücklich und froh, wie wir waren. Da näherte sich aus südwestlicher Richtung ein Kinderwagen, steuerte zielsicher auf uns zu. Es waren höchstens noch drei oder vier Meter Entfernung, als meine Frau sich zu mir drehte und mit zusammengebissenen Zähnen leise zischte: »Bitte nicht zu uns!« Wir hatten Glück, der Wagen zog an uns vorbei und steuerte einen anderen Tisch an.

Auch Gastronomen und Personal tun oft nur so, als würden sie sich über den Besuch von Paaren mit Kindern freuen. Wir Eltern sollten bloß nicht glauben, es sei ein herzlicher Willkommensgruß, wenn, kaum hat man Platz genommen, Buntstifte, Malbücher, Knete und Bauklötze gereicht werden. Das sind lediglich vorsorgliche Beruhigungsmittel für (oder gegen) Kinder, um das Schlimmste zu verhindern: dass sich die Kinder wie Kinder benehmen.

Bleibt die Möglichkeit, in extra darauf eingestellte, voll kinder-liebe Kindercafés zu gehen, wo es keine scharfen Kanten gibt, da-für Wickeltische und Spielecken. Kann man machen, ich nicht. Ich gehe weiterhin für mein Leben gern in richtige Gasthäuser und Cafés, mit und ohne Kinder, und muss dann halt entweder das eine oder das andere aushalten: das Kopfschütteln an den Nebentischen oder die Arschlochkinder der anderen.

94. GRUND

Weil sie allesamt Papakinder sind

Alle Kinder, die ich kenne, und ich kenne fürwahr mehr, als mir lieb sind, sind Papakinder. Ist ja auch klar, kann ich nur zu gut verstehen. Ich war selbst eins. Freilich nicht immer, sondern nur in speziellen Momenten. Immer dann nämlich, wenn's physisch wird, sind Väter unangefochten die Nummer eins. Wenn keine Väter in der Nähe sind, sind natürlich auch Mütter fantastische Väter. Aber: Ist ein Dad da, darf der ran. Sobald Baumbuden in die Wipfel der Baumkronen genagelt werden müssen, ist väterlicher Rat samt Hammer, Nägeln und Säge sehr gefragt. Ob Seifenkisten frisieren, Drachen steigen lassen, eine Armbrust bauen – hier darf der Va-ter noch ein ganzer Kerl sein. Rafting, Freeclimbing oder mit dem BMX durchs Unterholz brettern und den Hasen einen Schreck fürs Leben einjagen, da sind wir die erste Adresse. Auch Arschbom-benweltmeisterschaften gehören zu den letzten Männerdomänen, weit vor Schwergewichtsboxen, Formel 1 und Fingerhakeln. Kinder werden nicht nur zu Papakindern, weil ihre Väter jeden Quatsch mitmachen, sondern weil Väter so gut wie nie »Nein« sagen. Sie verweigern sich nicht, weil sie sich selbst wieder in Kinder verwandeln dürfen, ohne dass es allzu peinlich wird. Wenn gestandene Mannsbilder, die ihre Brötchen in der Bank, in einem Büro oder als Bauarbeiter verdienen, also Anzugträger genau so wie Blaumannträger, plötzlich zum Luftmatratzenrennen antreten oder mit Kickboards um die Häuser jagen und dabei ein lang gezogenes »Yeeeeaaaaaah!« ausstoßen, dann machen sie das, weil das fast nur mit dem eigenen Nachwuchs als Alibi geht. Es ist ein bisschen wie beim Barbecue: Nur am Grill ist der Mann wieder ganz bei sich. Steinzeit pur: Feuer machen, totes Fleisch braten, am besten selbst gejagt an der Fleischtheke beim Schlachter seiner Wahl, da entfaltet sich das Y-Chromosom in seiner ganzen so herrlichen wie primitiven Pracht. Genau daran appelliert fast immer mit Erfolg das Kind, wenn es ruft: »Wer schnitzt mit mir Pfeil und Bogen?« Und es in dem Papa schallt: »Ichichich!«, auch wenn er sich zusammenreißt und nur ein gönnerhaftes »Können wir gleich machen, ich lese nur noch kurz die Zeitung zu Ende« ausspricht.

Ein Kind wird zum Papakind, sobald es sich erfolgreich in Bewegung setzen und die Welt entdecken kann. Bis dahin ist die rundum versorgende Mutter noch Nummer eins im kleinen Leben, doch mit den ersten Aktivitäten werden Väter hochinteressante Partner. Etwas unentspanntere Mütter kann das tatsächlich eifersüchtig machen, dass ihnen auf einmal nicht mehr die absolute Zuneigung des Kindes zuteil wird. Aber man – oder in diesem Fall frau – kann sich darauf verlassen, sobald wieder ganz andere Interessen befriedigt werden müssen, laufen ihre Kinder auch ganz schnell wieder über. Wenn es um Trost oder um Rat geht, sind wir Typen oft als Ansprechpartner nur Kategorie B. Das zweite Kind, so hörte ich, sei oft von Anfang an mehr Papa- als Mamakind. Weil Mama ja bereits vom Erstkind besetzt sei, wende sich das Zweitkind an den

Vater, wenn dringender Kuschelbedarf bestehe. Vorstellen kann ich mir das, teilen kann ich diese Erfahrung nicht. Ich bin bei beiden Kindchen in gleichem Maße gefragt, wenn es darum geht, einen Bach zu stauen oder gemeinsam einen Sandkasten zusammenzunageln. Wenn der Hammer aber dabei irrtümlich einen kleinen süßen Finger trifft und bläulich verfärbt, dann ist das schluchzende Kind wieder für die nächsten fünf Minuten ganz doll Mamakind, jede Wette.

95. GRUND

Weil man nicht noch mal durch die Pubertät will

Nein, was freu ich mich! Nur noch ein paar Hundert Mal schlafen, dann ist sie da, die schönste Zeit im Leben eines Elters: die Pubertät. Eben noch konnte meine Tochter dieses Wort kaum aussprechen, sprach immer von Puberlität, wenn sie aufgeregt von den großen Mädchen erzählte, an denen sie auf dem Schulweg vorbeigekommen war. Mädchen, die, wenn man meiner Tochter glauben darf, basketballgroße Kaugummis kauten und dabei rauchten, was dann geschmacklich ungefähr Pfefferminztee mit Holzkohlearoma ergeben muss. »Die waren voll in der Puberlität«, beteuerte meine Tochter und lieferte Beweise: »Die eine hat gesagt: ›Fick disch!‹ Das hat die gesagt, und die andere hat dann gesagt: ›Fick disch selba!‹ Die sind doch echt voll in der Puberlität, oder? So was sagt man doch nicht! Was heißt eigentlich ›Fick disch‹?«

Ach, könnten die Kleinen doch für immer klein bleiben! Kann man da eigentlich nichts machen? Kann man sie nicht mit Kunstharz oder Haarspray fixieren? Professor Gunther von Hagens, übernehmen Sie! Oder können Sie nur Tote?!

Ich fürchte, ich muss mich den Tatsachen stellen. An der Pubertät führt kein Weg vorbei, sie kommt so sicher wie der nächste Regen, wie der nächste Stau, wie die nächste Folge der *Lindenstraße*. Und dann krieg ich Spaß! Es wäre ja alles nur halb so katastrophal, wenn Mädchen Jungs wären. Das weiß ich aus eigener Erfahrung. Pubertierende Jungs sind ja noch vergleichsweise harmlos. Ein paar Entdeckungsexkursionen mit den Händen unter der Bettdecke, ein bisschen Akne, ein bisschen Rebellion: »Ab morgen gehe ich nicht mehr in die Spießer-Schule, ich kaufe mir Philosophie-Bücher und bringe mir alles Wichtige selber bei.« Vielleicht noch vereinzelte Drogenexperimente mit Hanf – ob lecker im Haschplätzchen oder in der Selbstgedrehten, alles nicht so schlimm. Aber Mädchen! Erst neulich sah ich sie wieder im Straßencafé. Fünf Teeniemädchen, die aussahen wie freiwillig gleichgeschaltet: viel zu kurze Röcke, viel zu flache Schuhe für die viel zu kurzen Beine, viel zu große Handtaschen in der Beuge des angewinkelten Arms, in dessen Hand ein Smartphone festgeklebt war. In der anderen Hand eine kleine Plastikwasserflasche. Man könnte ja schlimm dehydrieren, schließlich liegt das Frühstück mit den Softdrinks ja bereits eine halbe Stunde zurück. In Hollywood oder Florida, wo die Vorbilder dieses Looks leben, macht so ein Wasserfläschchen – stilles Wasser natürlich, hallo! – ja vielleicht noch Sinn, aber in der Fußgängerzone von Wuppertal bei 14 Grad und gelegentlichen Schauern? Ich muss mich zu mehr Nachsicht und Verständnis zwingen. Schließlich ist die Pubertät auch Zeit der Suche und Orientierung. Wir waren Che Guevara mit Kassenbrille, heute sind sie Paris Hilton und Miley Cyrus. Mit Kontaktlinsen, versteht sich.

Vielleicht verreise ich kurz, wenn es so weit ist. Bis es vorbei ist. Bis das Bad wieder frei ist, bis die Parfümschwaden sich gelegt haben und ich morgens nicht auf Batterien von Lipglosspullen ausrutsche und mir die Geheimratsecken auf dem Badewannenrand aufschlage. Aber es hilft nichts, wir müssen da durch, meine Töchter und ich. Keine Ahnung, für wen es eine schwierigere, komplexere, verwirrendere Zeit wird. Ich weiß nur, dass der Tag immer näher kommt, erste Lipglosspullen habe ich bereits gesichtet. Zu allem Überfluss kommt einem die Pubertät ja auch noch entgegen: Ging's früher mit 14 los, dann darf man heute froh sein, wenn auf dem zwölften Geburtstag noch kein Flaschendrehen mit Zungenkuss gespielt wird. Alles Jammern hilft nicht, okay, ich bin bereit. Kannst kommen, Puberlität!

96. GRUND

Weil sie einen rasend vor Eifersucht machen

Eines Tages steht ein Mann vor der Tür. Und der bin nicht ich. Auch nicht der Postbote und auch kein Zeuge Jehovas. Sondern ein junger Mann. Mit Flaum am Kinn. Seine Baseballmütze trägt er falsch rum, und seine Jeans hängt irgendwo im Niemandsland zwischen Gesäß und Kniekehlen. Bestimmt hat er auch dicke Pickel. Als wäre das nicht alles schlimm genug, fragt er, ob meine Tochter da sei …

Noch ist es nicht so weit, aber manchmal spiele ich mögliche Antworten, Gegenfragen und weitere Antworten durch: »Wer sind Sie und was wollen Sie, muss ich erst die Polizei rufen?!« – »Ich bin der Tobias aus der 8. Klasse, Sie können mich aber Tobi nennen, und gehe mit Ihrer Tochter; ist sie da?« – »Nein! Ausgerechnet heute ist sie überhaupt nicht hier!« – »Wann kommt sie denn? Wir wollen ins Kino.« – »Also ich habe meine Tochter seit Tagen nicht mehr gesehen, tut mir leid!« – »Kann ich sie denn telefonisch erreichen?« – »Das glaube ich nicht, sie lehnt Telefonieren aus Datenschutzgründen ab.« – »Aber heute Mittag haben wir doch noch telefoniert!«

So geht's dann ewig weiter, und so wird es kommen, eines Tages. Tobi muss natürlich nicht Tobias heißen, er kann auch Till heißen, Dieter oder Jérôme Baptiste Hagen oder Mesut oder Bibiane. Jedenfalls werde ich irgendwann in den nächsten Jahren abgelöst als Nummer eins im Leben meiner Mädchen. Die Anzeichen verdichten sich, die Einschläge kommen näher. Fotos von schauderhaften Boygroups werden bereits an die Kinderzimmerwand gepinnt, genau dorthin, wo lange Zeit ein selbst gemaltes Bild von mir hing. Ich als große, kräftige, starke, alles überragende und beschützende Brillenschlange. Aber egal, eines Nachmittags wurde das Bild abgehängt und durch eine Boygroup ersetzt. Pah, von denen hat nicht einmal einer eine Brille! Nicht nur das: Waren bislang nur Freundinnen und Mitschülerinnen zum Übernachten da, werden jetzt beim Abendbrot bereits Namen gehandelt, die auch Jungennamen sein könnten: Alexis, Kim, Luca … Ich kann mich verhört haben, weil ich im Keller war, aber ich meine, auch schon mal den Namen Holger gehört zu haben. Kann auch Olga gewesen sein, war wahrscheinlich Olga, wer heißt heute schon noch Holger, also vielleicht noch mal Schwein gehabt. Trotzdem gehen mir immer wieder die Szenarien durch den Kopf; wenn Tobias – oder meinetwegen auch Tobi – nach erfolgreichem Abwimmeln sagt: »Na gut, dann komme ich später noch mal wieder.« – »Ich fürchte, das bringt nichts.« – »Warum denn nicht?« – »Sie wohnt schon lange nicht mehr hier.« – »Bitte, was?!« – »Ja, sie ist jetzt … Au-pair!« – »Seit wann das denn und wo?« – »Och, schon lange. In Australien oder Afrika, um genau zu sein: Zaire.« – »Das heißt doch jetzt Kongo!« – »Sie ist ja auch schon ein Weilchen weg …«

Es hilft nichts, ich werde sie nicht aufhalten können. Eines Tages werde ich die Tür freigeben müssen, für Tobi, für Murat oder für Rebecca. Ich hoffe, es bleibt mir bis dahin noch ein bisschen Zeit. Um die schöne Kunst des Loslassenkönnens ein wenig zu verfeinern.

97. GRUND

Weil das Sandmännchen zum Sensenmännchen schweigt

Wahnsinnig entspannt und supercool sind wir jungen Eltern um die 40, wenn Kinder Fragen zur Sexualität stellen. Dann beugen wir uns nach vorne, legen die Brille ab und klären bis ins letzte weiche Detail auf, bis die Kinder gelangweilt und gähnend abdrehen. Oder es werden die alten Biologie-Bücher aus der eigenen Schulzeit vom Speicher geholt, die ja wie sonst nur die ganz große Welt-Literatur zeitlos gültig sind. Ein Pipimann ist ein Pipimann, daran hat sich in den letzten zweitausend Jahren nicht viel geändert. Auch der weibliche Gegenentwurf hat sich nicht wesentlich gewandelt, nur die Frisuren gehen mit der Zeit. Ansonsten achtet der Herrgott streng auf äußerste Werkstreue und lässt kaum Modifizierungen zu. Die alten Bio-Bücher sind mitunter sogar expliziter und genauer in der Darstellung. Kann ja inzwischen passieren, dass ganze Auflagen zeitgenössischer Titel eingestampft werden müssen, wenn es zu realistisch zugeht in Aufklärungsschriften. Prüde Katholiken und puritanische Taliban starten dann gerne gemeinsam zu Feldzügen im Geiste des tiefsten Mittelalters.

In den Häusern der jungen Eltern um die 40 muss das dann durch radikale Aufklärung im Geiste der freien 1970er korrigiert werden. Sexuelle Aufklärung ist nichts, was uns groß aus dem Konzept bringt, wenn nicht gerade quer durch das Museumscafé gebrüllt wird: »Mami, warum muss man beim Orgasmus so laut sein?« Dann schaut man halt, wo der nächste Notausgang liegt. Sehr viel anstrengender, weil so viel komplexer als Sex, ist dessen Gegenteil: der Tod. Wenn ein Fünfjähriger fragt, ob er irgendwann auch sterben muss, wenn in der Familie oder im Freundeskreis tatsächlich gestorben wurde, nach einer Krankheit oder einem fürchterlichen Unfall, dann wird's erst still am Küchentisch, doch dann sprudeln die Fragen, während die Antworten stocken. »Warum stirbt man? Wo ist man, wenn man tot ist? Wann sterbt ihr?« Das sind die schwierigen Fragen, mit denen uns die Große früh bombardierte.

Dagegen pflegt die Kleine noch einen recht pragmatischen Umgang mit Freund Hein und der unendlich langen Zeit nach dem Ende. Diese Leichtigkeit des Nicht-Seins hätte ich selbst gern: Die Kleine war zwei oder drei Jahre klein, als sie über eine viel zu hohe Mauer balancierte und fragte, ob sie runterspringen solle. Das wollte ich ihr durch übertriebene Dramatisierung gerne ausreden: »Kannst du machen, aber dann bist du wahrscheinlich tot!« Elli zog die Schultern hoch und meinte nur: »Alleballe, neue Elli kaufen!«

Glücklicherweise gelang es, sie davon zu überzeugen, dass ich nicht die Kohle für eine neue Elli dabeihätte, und außerdem würde ich doch jetzt lieber zwei Eis kaufen. Kaum war das Zauberwort mit den drei Buchstaben ausgesprochen, kletterte sie auch wieder runter. Der Sensenmann muss warten.

Weil sich die Bild-Zeitung um mein Sexleben sorgt

Es war ein herrlicher Sommertag, einer dieser Tage, an denen allein die Sonne bereits für beste Laune sorgt. Einer dieser Tage, an denen man mit einem debilen Grinsen im Gesicht und einem Latte macchiato im Straßencafé sitzt und es nicht einmal stört, dass einem die Autos beinahe über die Flip-Flops fahren. Die Menschen um einen herum lachen, unterhalten sich, einzelne breiten die Zeitung aus. So wie mein unbekannter Tischnachbar seine *Bild*-Zeitung. Er verschwindet komplett hinter einer Papierwand mit riesigen Buchstaben und Fotos, mit Schlagzeilen zur Jahrhundertflut und Bildern von Michelle Hunzikers Babybauch in der Toskana. Ein Hecht hat eine Frau beim FKK gebissen, darf ich erfahren, dann werde ich noch von der Zeitung gefragt: »Was kostet uns die Griechen-Hilfe?« Dabei würde ich genau das ja gerne von der Zeitung erfahren, aber egal.

Der Hammer trifft mich erst, als ich rechts oben im Eck die nächste Schlagzeile erblicke: »Guter Sex trotz Kinder – Geht das überhaupt?« Das ist endlich mal eine Frage an die Leser, denke ich, die ich verstehe und zu der ich auch was sagen kann! Doch dann gerate ich ins Grübeln und mein Latte macchiato wird bei 30 Grad im Schatten kalt. Sex trotz Kinder. Hm. Zunächst hatten Eltern ja »Sex wegen Kindern«. Diejenigen, die Kinder wollen, kommen ja in den meisten Fällen um Sex nicht drum herum. Umgekehrt will nicht jeder und auch nicht jede zu jedem Sex ein Kind. Vielleicht überhaupt kein Kind, dem vielen Sex zum Trotz. Nicht jeder Zeugungsakt soll zeugen. Der Akt an sich ist den Beteiligten genug, muss überhaupt keine Folgen haben, die neun Monate später schreien, kacken und nachtaktiv sind. Es ist durchaus nachvollziehbar, sich gegen diese Art sexueller Langzeitkonsequenzen auszusprechen, und es gibt noch einige Tausend Motive mehr. Wenn aus dem Sex aber dann doch Kinder werden, stellt sich tatsächlich die *Bild*-Frage: »Guter Sex trotz Kinder – Geht das überhaupt?«

Geht nicht, sagen die einen. Weil nie Zeit. Immer muss irgendein Kind zum Biathlon-Training oder zum Pauken-Unterricht oder zum Chirurgie-Kurs gefahren werden. Die Schulaufgaben machen sich auch nicht von allein, und am Ende eines langen Tages schläft man synchron mit den Kindchen kurz vor Ende der Vorlesegeschichte ein. Während sich also abends eine große Wolke aus Müdigkeit über dem Ehebett ausbreitet, wäre eine gut ausgeschlafene Nummer am Morgen eventuell eine Option, wenn nicht bereits drei Kinder in der Schlafzimmertür stehen würden, die a) ihr Mäppchen nicht finden, b) Hunger und Durst haben, und c) wissen wollen: »Was macht ihr da?!« Erschwerend hinzu kommt, dass unter Umständen die Attraktivität leidet. Ungeschminkt und in ausgebeulten Jogginghosen lässt sich das Kinderzimmer viel bequemer aufräumen, und Männer verwahrlosen sowieso, sobald sie nicht mehr die Nummer eins im Leben ihrer Frau sind, sondern Nummer zwei oder drei oder vier …

Gibt es Hoffnung, eine letzte Chance auf Sex TROTZ Kindern? Ja. Aber die ist mit Arbeit verbunden und verlangt nach Kreativität. Attraktivität ist Arbeit, doch die muss investiert werden. Sich gehen lassen geht nicht, da müsste hormonell schon der Notstand ausgerufen werden, wenn einen Jogginghosen, Pantoffeln, Kassenbrillen und Nasenhaare plötzlich scharf machen sollen! Es spricht aber nichts dagegen, dem Partner auch nach und mit einem halben Dutzend Kindern zu begegnen wie beim ersten Date. Und dann: Mut zur Lücke. Das Sandmännchen dauert circa zehn Minuten, das reicht für einen Quickie. Für Romantik und alle sieben Bücher

Kamasutra muss mehr getan werden: sich mit seinem Partner verabreden – zu Kurzurlauben, zu Wochenenden, die die Kinder bei der Oma oder bei ihren Freunden verbringen. Zu freien Vormittagen, an denen die lieben Kleinen Klassenarbeiten schreiben und definitiv nicht vorzeitig heimkommen. Es soll also keiner sagen, dass er wegen der Kinder keinen guten Sex mehr hat. Wer das behauptet, hat nur eine schlechte Ausrede gesucht.

99. GRUND

Weil sie immer zum falschen Zeitpunkt kommen

Kinder in diese Welt setzen? Eine Welt, in der es ständig regnet, im Winter saukalt ist, während im Sommer Mücken nerven? In der mehr Geld für Minen ausgeben wird als für Medikamente, noch kein Endlager gefunden ist für den Müll der Atomkraftwerke und Einkaufstüten sich zu riesigen Inseln in den Weltmeeren verklumpen? Eine Welt, deren Reichtum sich im Besitz einiger weniger befindet, die immer reicher werden, während im Gegenzug immer mehr Menschen die Armutsgrenze nach unten überqueren? In der Minderheiten als Bedrohung betrachtet und verfolgt werden? In der es Kirchenfürsten gibt, die Kondome für Teufelszeug und HIV für eine Strafe Gottes halten? In der es Religionen gibt, die Frauen in Burkas halten oder ihnen als einzigen Schmuck einen Sprengstoffgürtel zubilligen? Eine Welt, in der dauernd die Spritpreise steigen und mir erblich bedingter Haarausfall droht? Nein, in so eine

Welt, das war auch lange meine Überzeugung, mein gut gemeinter generöser Vorsatz ‚möchte man keine Kinder setzen. Aus vorauseilendem Mitgefühl erspart man ihnen ihre Existenz.

Wann ich umgedacht habe? Als ich aufgehört habe zu denken. Als wir an dem Punkt waren zu sagen: Machen. Als auch nicht mehr die Frage rauf und runter gewälzt wurde, ob der Zeitpunkt ein guter ist. Es gibt keinen. Gleich nach der Schule? Bisschen früh, wenn man selbst den letzten Pickel noch nicht ganz ausgedrückt hat und auch sonst kaum weiß, wie das Leben funktioniert. Im Studium? Schon besser, wenn man nicht gleichzeitig Auslandssemester einlegen und überhaupt mal für ein Jahr nach Amerika oder Andorra möchte. Also nach Eintritt ins Berufsleben? Auch nicht ideal, wollen Frau und Mann doch erst einmal ein bisschen Fuß fassen oder gar Karriere machen. Dann nach der Rente? Aus anderen Gründen nicht der optimale Zeitpunkt.

Es passt nie, es ist immer falsch. Gerade kein Geld da, ein Haus gebaut, vielleicht bald ein Job in einer anderen Stadt, vielleicht ist die nächste Regierung noch schlechter als die vorherige, vielleicht ist der Partner nur ohne Kind toll, vielleicht erst mal selbst erwachsen werden, vielleicht vielleicht vielleicht. Lauter ehrenwerte Gründe, jeder zu akzeptieren. Aber nicht für den, der wirklich Kinder möchte. Der sollte sich Mut machen lassen von der Generation seiner Großeltern, die auch im letzten Kriegsjahr noch Kinder bekam, und nicht alle aus Versehen. Nicht wenige Afrikaner hätten seit dem Kolonialismus beste Gründe, das Kinderkriegen einzustellen, und tun es doch nicht. Jahrzehnte der Pest und Cholera wären ein überzeugender Grund gewesen, in eine solche Seuchenlandschaft keine Leben zu setzen. Dass das Gegenteil eingetreten ist, dem haben wir zu verdanken, dass wir heute Abend eine Stulle essen und die *Tagesschau* sehen dürfen. Wer also unbedingt ein Kind haben möchte oder meinetwegen auch ein Dutzend, soll das tun. Soll daran denken, dass es nie, also immer passt. Soll einfach machen – obwohl es weiß Gott ja mehr als 111 Gründe gibt, es nicht zu tun!

10

NICHT FÜR DIE SCHULE, FÜR DIE LEHRER LERNEN WIR

Weil Schluss ist mit lustig

Der junge Mensch, ganz besonders der junge Mann, entwickelt mit dem ersten Pickel und dem ersten Flaum auch einen ganz speziellen Humor. Im Zuge der Abgrenzung von der Welt, wie die Erwachsenen sie sehen, werden in der Pubertät Scherze gemacht, die vor allem eins sind: böse, gemein, niederträchtig und fies. Dabei nicht immer witzig. Hatte man nicht eben noch gelernt, dass über Behinderungen und Behinderte keine Witze gemacht werden? Jetzt erst recht! Scherze auf Kosten von Schwächeren und Minderheiten? Immer her damit, immer mehr davon! Je unkorrekter die Späße, desto lauter wird gelacht. Macht die Pubertät aus jedem wohl erzogenen Knaben über Nacht ein Charakterschwein? Natürlich nicht, aber böse Gags sind ein probates Mittel, um sich erst einmal ein bisschen freizuschwimmen. Es steht ja quasi auf den Lehrplänen der Schulen, was richtig ist und was falsch, was böse und was gut. Die Eltern und die anderen Großen tröten ins selbe Horn. Die Welt ist vorformatiert und um zu eigenen Positionen zu gelangen, ist erst einmal ein Neustart erforderlich. Dafür eigenen sind die Techniken Sarkasmus und Ironie ganz besonders gut. Erst einmal alles zynisch und ohne Rücksicht auf Verluste kommentieren, das spült das Hirn durch und sorgt für einen klaren Blick.

Wenn in der Geschichtsstunde die Betroffenheitskeule geschwungen wurde, zogen sich die bösen Buben umgehend in den Schutzraum der politisch unkorrekten Witze zurück. Als Sieger kam raus, wer die Grenzen des guten Geschmacks am weitesten gedehnt hatte. Wir wussten freilich, dass es nicht okay ist, Späße auf Kosten von Opfern zu machen, aber wir wollten nicht einfach nur ein Häkchen machen hinter die Abgründe der Weltgeschichte. Außerdem ist Zynismus eine prima Methode, sich Dinge vom Hals zu halten, von denen man nicht möchte, dass sie einem zusetzen.

Weil die Pubertät ja nie endet, konnte ich auch noch Jahre und Jahrzehnte nach dem letzten Pickel jackass-mäßig über religiöse Spinner lachen, über Betroffenheitsprofis, über Trauerarbeit, über den Tod, wenn er lächerlich war: Ein Ranking der abstrusesten Todesursachen war auf jeder Kellerparty zu allen Zeiten ein sicherer Brüller. Nicht einmal vor Kindern wurde Halt gemacht, was gibt's Schöneres als einen kleinen heulenden Trottel mit seinem kaputten Lieblingsspielzeug in der Hand?

Doch was soll ich sagen, Leute, diese lustigen Zeiten sind vorbei. Over und aus! Schuld sind die Kinder. Die eigenen Kinder. Seit die da sind, kann ich über manche Dinge nur noch sehr verhalten lachen. Wenn überhaupt. Die herrliche zynische Schutzschicht ist durchlässiger geworden, an manchen Punkten ist sie ganz verschwunden. Ich kenne Eltern, die seit der Geburt ihrer Kinder vor dem Fernseher heulen können, wenn Berichte über schlimme Zustände in den Kinderzimmern der Welt gezeigt werden. Früher hätten sie von übler journalistischer Stimmungsmache gesprochen und sich darüber lustig gemacht. Auch ich kann einfach nicht mehr alle Elendsgeschichten in der Zeitung weglachen. Es will nicht mehr recht gelingen. Allerdings: Heute morgen beim Frühstück zwischen Kakao und Rübenkrauttoast fragte mich meine Tochter, ob ich traurig wäre, wenn sie stirbt. »Nein«, habe ich gerufen und sie mit großen Augen angeguckt, »ich werde Böller in die Luft schmeißen und vor Freude und auf dem Dach des Kaninchenstalls tanzen!« Sie hat über diesen eher dürftigen Scherz lauter gelacht als ich. Das macht mir Hoffnung, dass Ironie, Sarkasmus und ein bisschen Zynismus nachwachsende Rohstoffe sind.

101. GRUND

Weil sie die Sprache zerstören

»Guck mal, Mama, der Hund«, sprach das Kind auf dem Parkplatz vor dem Supermarkt. »Ja, süüüß, gell?«, erwiderte glucksend die Mutter, »das ist ein ganz ein lieber Wauwau!« Ich habe noch versucht, meinen Kindern vor diesem letzten Wort die Ohren zuzuhalten, aber meine Kinder haben in der Summe vier Ohren und ich nur zwei Hände, davon hielt eine eine Vorteilspackung Tiefkühlpizza. »Was ist denn los«, wollte meine Jüngere wissen, »was haben die denn gemacht?« Das Kind hat die Sprache seiner Mutter kaputt gemacht, das hat es gemacht, dachte ich. Aber so war es ja nicht. »Das Kind hat gar nichts gemacht«, erklärte ich wahrheitsgemäß, »ich wollte nur nicht, das ihr dieses dämliche Wort hört.« An diesem Punkt schaltete sich meine Große ein: »Scheiße? Es hat doch gar keiner Scheiße gesagt!« Die Situation war hoffnungslos verfahren, wahrscheinlich setzte an dieser Stelle auch ein heftiger Platzregen ein. »Lasst uns zum Auto gehen«, nuschelte ich, »ich erkläre es euch unterwegs.«

Es war schwierig zu erklären und ist es noch, was Kindersprache ist und wie sie entsteht. Denn wer war zuerst da, in sprachlicher Hinsicht, der Wauwau oder der Hund? Wer hat hier wem welchen Begriff beigebracht für ein und dasselbe Tier seinerzeit vor dem Supermarkt, eine Kreuzung aus Pudel, Klobürste und Shrek übrigens.

Die Voraussetzungen für das Erlernen von Sprache sind bereits bei der Geburt vorhanden. Säuglinge liegen kaum zum ersten Mal am Busen der Mutter, da sind sie schon in der Lage, Laute zu unterscheiden. Die der Mutter sind schnell sehr vertraut und rufen später die ersten Reaktionen hervor. Wenn dann die Tanten ins Zimmer stürzen und in höchsten Stimmlagen das Neugeborene willkommen heißen, dann mag das die Umherstehenden nerven, aber der hohe Ton trifft's: Sprechen in einer höheren Stimmlage wird von Babys besonders gut wahrgenommen. Die Tanten wissen offenbar gut Bescheid, instinktiv oder seit Generationen. Aber warum meinen sie darüber hinaus, das eine totale Sprachverhunzung kindgerechter sei als die korrekte Verwendung von Sprache: »Deideidei«, heißt es dann, und: »Hat das kleine Pummelmännchen sein Breichen denn auch fein happihappi?« Oder: »Dudududu, ja, was denn?« Doch nicht nur Tanten, auch Onkel verwandeln sich sprachlich unvermittelt in Teletubbies.

In den ersten Monaten sind besondere Laute, Wiederholungen und Sprachmelodien absolut hilfreich, damit das Babyhirn gewisse Regeln der Sprache aufnehmen kann. Aber warum bleiben Erwachsene ohne Not auf dem sprachlichen Niveau eine Frühchens, wenn das Kind bereits seinen vierten Geburtstag feiert?

Die sprachliche Entwicklung unterscheidet sich nicht von der motorischen: Alle Kinder durchlaufen exakt die gleichen Phasen – wenn auch zu unterschiedlichen Zeitpunkten. Ein Mix aus biologischen Voraussetzungen und den sozialen Einflüssen ist entscheidend für den zeitlichen Ablauf. Ob ein Kind mit zehn oder 15 Monaten zu laufen und/oder zu sprechen beginnt, ist letztlich nicht wirklich zu steuern. Gesteuert werden aber kann der Wortschatz, ganz besonders in den ersten drei Lebensjahren. Wer in dieser Zeitspanne sein Kind korrigiert, weil es »Hund« statt »Wauwau« sagt, hat offenbar Schwierigkeiten, Abschied von der Niedlichkeit zu nehmen, auch wenn das Kind längst weiter ist. Oder aber die Frau vor dem Supermarkt war felsenfest davon überzeugt, dass ein Pudel zur biologischen Familie der Wauwau gehört. Na ja, vielleicht hat sie in dem Fall ja recht, so hässlich wie der Köter war.

102. GRUND

Weil das Fernsehgerät der beste Freund ist

Tage gibt's, da fällt einem nichts mehr ein. Es regnet, alle Spiele sind gespielt und alle Geschichten erzählt, das Schwimmbad ist wegen Renovierungsarbeiten geschlossen, die Freunde sind im Urlaub, die Nachbarskinder bei Oma und Opa, die Schularbeiten erledigt, die Kiste mit den Hörbüchern unauffindbar. Im Kino läuft auch nichts Gescheites. Was nun, was tun? Es ist nur noch eine Frage der Zeit, bis sie kommt, die Mutter aller Kinderfragen: »Mama, darf ich fernsehen?« Ich bin zwar nicht gefragt worden, nicke aber heftig, während meine Frau den Kopf schüttelt. »Papa hat JA gesagt!« Dilemma, ick hör dir trapsen …

Die Fernsehfrage existiert in der Erziehung seit Erfindung des Schwarzweißfernsehgeräts. Am einfachsten haben es in dieser Hinsicht die Dogmatiker. Auf der einen Seite die fernsehfeindlichen Taliban unter den Eltern, für die ein Plasmabildschirm die Fratze des Bösen, der Verdummung, der Fantasievernichtung ist. Auf der anderen Seite die Arglosen, die den Tag mit dem Anwerfen des Fernsehers beginnen. Was will man dagegen auch sagen, alle wirken doch zufrieden. Sogar die kleinsten Kinder sitzen artig vor der Glotze, lärmen nicht, schmutzen nicht, wollen nicht bespaßt werden, ist doch herrlich!

Viele Dinge auf der Welt liegen irgendwo in der Mitte, ganz sicher auch die Wahrheit über den richtigen Umgang mit dem Fernsehen. Radikale Fernsehverbote für den Zeitraum der gesamten Kindheit sind meistens kontraproduktiv. Das weiß jeder, der einen kennt, der Opfer seiner fernsehkritischen Eltern wurde. Dann wurde eben heimlich geguckt, bei Nachbarskindern oder der Oma. Oder es wird später restlos alles nachgeholt, sobald man ausgezogen ist. Viele der größten TV-Junkies unserer Tage stammen aus fernseh-freien Elternhäusern. Die werden also später dick und unbeweglich, während die Kinder des Fernsehens nachweislich früh dick und unbeweglich werden, denn die Zeit auf dem Teppich vor der Glotze wird regungs- und bewegungslos verbracht, während die anderen Kinder draußen toben und um die Hecke jagen.

Im Fernsehen jagen animierte Drachen kleine Kinder oder als Räuber verkleidete Schauspieler arglose Zeitgenossen. Zur großen Erschütterung des kleinen Kinds auf dem Teppich vor der Glotze. Kleinkinder können Realität und Fernsehwelt nicht unterscheiden, davon zeugen auch Fingerabdrücke und Nutellastreifen am Bild-schirm: Kinder wollen die Dinge, die sie da sehen, greifen können, so wie sie doch auch sonst alles in die Finger nehmen wollen. Geht aber nicht, auch wegen der rasanten Schnitte. Eben war noch ein Hase in einer Küche zu sehen, plötzlich ist er verschwunden und es erscheint ein Baum mit Vögeln. Schwer zu kapieren fürs kleine Kleinhirn.

Leichter zu kapieren ist, was die Fachleute sagen, denn es ent-spricht dem gesunden Menschenverstand: Kinder unter drei Jahren haben nichts vor dem Fernseher verloren; sie bekommen ein irritie-rendes und verwirrendes Bildergewitter um die Augen gehauen, das Ängste und Albträume auslösen kann. Drei- bis Fünfjährige sollten maximal eine halbe Stunde am Tag fernsehen. Trick- und Märchen-filme bieten sich an, aber auch Märchen können ganz schön brutal sein. Die abgehackten Zehen in einer Aschenputtel-Verfilmung waren verdammt lange ein Thema an unserem Küchentisch. Dass der erschossene Fuchs in *Drei Haselnüsse für Aschenbrödel*, eine feste Größe im Weihnachtsprogramm, nicht wirklich erschossen wurde, dass das ein Trick ist, und wie so ein Trick geht, das bedarf stundenlanger Ausführungen, während die Festtagsgans allmählich verbrutzelt. »Dann lebt der Fuchs also noch?« – »Nein, er wurde gleich nach Drehschluss überfahren. So, jetzt ein Weihnachtslied …«

Es ist nie verkehrt, das TV-Angebot sorgfältig auf Kindgerechtheit zu prüfen, es ist auch nicht verkehrt, das Kinderprogramm gemeinsam mit den Kindern zu schauen. Auch wenn diese Zeit für die herrlichsten Nickerchen genutzt werden könnte. Denn nicht nur abgehackte Zehen und erschossene Füchse machen den Kindern zu schaffen. Kinder mit hohem TV-Konsum lernen schlechter lesen, neigen zu Aggressionen, werden hibbelig, Dass sie später automatisch Amok laufen, ist hingegen unbewiesen. Trotzdem: Im Zweifel lieber *Biene Maja* und *Wickie*. Zeitlos schön. Auch für Mittvierziger.

103. GRUND

Weil weiterführende Schulen gern in die Irre führen

Neulich wurde in der Grundschule Besuch vom Schulpsychologischen Dienst angekündigt. Allgemeines Elternzittern: »Wollen sie uns jetzt auch noch das Kind wegnehmen?« – »Wieso ›auch‹?« – »Ja, das sagt man doch so!« – »Ach ja.«

Die nette Dame vom Dienst wollte aber etwas ganz anderes, deshalb waren auch keine Kinder eingeladen. Sondern nur Eltern, die über die richtige Wahl der passenden weiterführenden Schule für ihre Viertklässler informiert werden sollten. Ob Hauptschule, Gymnasium, Realschule oder Gesamtschule passen. Ich stellte mich also auf einen öden Abend ein. So langweilig wie als Kind der Besuch im »hervorragenden« (so meine Mutter) Schuhgeschäft der kleinen Stadt, in der ich aufwuchs. Wo »erstklassig« geschultes Personal stun-den-lang meine Füße vermaß (»sehr sorgfältig«), weil nichts wichtiger in jeder Kindheit sei, als richtiges (»das ist noch Qualität!«) Schuhwerk. »Mama«, hatte ich bereits beim Eintreten in dieses hervorragende Schuhgeschäft gesagt, »kauf mir ein Paar Adidas oder Puma, und dann lass uns verschwinden!« Aber da hatte uns das erstklassige Personal auch schon erblickt und eilte auf uns zu, schauderhafte Fußfolterinstrumente bereits im Anschlag. Zwei Stunden später verließ ich in braunen Halbschuhen (»Obermaterial Leder!«) das Geschäft. Mutter strahlte, ich hatte Tränen in den Augen. Die Schuhe passten, aber sie passten nicht zu mir.

Daran dachte ich, auf den Stufen im Atrium der Grundschule sitzend, bis mich schrilles Quietschen des Mikrofons der Schulleiterin aus meinen Schuhträumereien riss. »So, guten Abend erst einmal … (raschel, fiiiiep!)« Der Hausmeister eilte herbei, schraubte mit souveräner Hausmeistermiene am Mikro rum, es fiepte noch lauter, dann endlich ging's los. Mit einer geradezu modernen Powerpoint-Präsentation legte die Psychologin vom Schulpsychologischen Dienst los. Welche Eltern denn jetzt schon wüssten, auf welche Schule sie ihre Kinder schicken würden, wollte sie wissen. Von ungefähr 100 Händen gingen 99 hoch. Am Ende ihrer Powerpoint-Präsentation stellte sie diese Frage noch einmal. Es gingen vielleicht noch 30 Arme hoch. In den zwei Stunden zwischen diesen beiden Abstimmungen hatte die Referentin offenbar ganze Arbeit geleistet. Sorgfältig stellte sie die Schulen mit ihren Vorzügen vor. Lobte die Hauptschule für ihre Praxisnähe, für das Klassenlehrerprinzip und die damit verbundene Schüler-Lehrer-Bindung, erklärte die Durchlässigkeit, also die Möglichkeiten, von der Hauptschule aufs Gymnasium und von dort auf die Universität zu kommen. Die Realschule wurde mit all ihren Qualitäten ausführlich dargestellt, das Gymnasium als theorie- und leistungsorientiert qualifiziert, ideal für alle Kinder, die widerstandslos durch alle Stoffe der Grundschule geflutscht seien. Prima nicht zuletzt auch die Gesamtschule dank der Möglichkeiten, unterschiedlichen Leistungsständen gerecht zu werden. Dass schulische Spätzünder rechtzeitig ihren neuen Möglichkeiten entsprechend gefördert würden, während ein Leistungsabfall keinen Schulwechsel nach sich ziehe, weil ja alle Schulformen unter einem Dach seien. Entsprechend groß seien das Dach und die Schülerzahlen, das könnte ein Nachteil sein.

Welcher Schuh denn nun passe, welche Schule die geeignete sei, dafür gab sie uns einen Satz mit auf den Weg: »Wählen Sie die Schule, auf der Ihr Kind erfolgreich sein kann, wählen Sie die Schule, auf der Ihr Kind glücklich wird.« Ich glaube, es war dieser Satz, der dafür sorgte, dass bei der Abschlussabstimmung die 30 Arme auch eher in Zeitlupe nach oben gingen.

104. GRUND

Weil sie Eltern zu Hubschraubern machen

»Wir wollen für dich stets nur das Beste, und so ist es uns selbstverständlich, dass du ein Elite-Gymnasium besuchen wirst. Eins, das deine Chancen deutlich verbessert, in den diplomatischen Dienst zu gehen«, verspricht der stolze Vater. Seine Frau ergänzt: »Oder eine nützliche nukleare Erfindung zu machen als Atomphysiker, für die es dann einen Nobelpreis gibt, den wir gerne an uns nehmen und in deinem Jugendzimmer in die Vitrine stellen. Dort, wo auch bald deine Urkunden von ›Jugend forscht‹ und zahlreichen Vorlesewettbewerben hängen werden.« Ihr gemeinsamer Sohn Leonardo rülpst, dann läuft ihm ein Schwall Karottenbrei übers Kinn. Leonardo ist noch kein Jahr alt und neigt zu Koliken. Sofort wird Leonardo hochgenommen und getätschelt. Dem Kleinen darf nichts passieren, denn seine Eltern neigen zu »Overparenting«, wie es neudeutsch heißt. »Überbehütung« sagt man auch, wenn Eltern nur das Allerbeste fürs Kind wollen und damit das denkbar Schlechteste erreichen. Denn nicht nur Diplomaten und Nuklearphysiker, auch Krankenschwestern und Kindergärtnerinnen, Bäcker und Busfahrer müssen in ihren Berufen Entscheidungen treffen, und das können sie nicht, wenn ihre Eltern ewig wie Hubschrauber über ihnen kreisen, sich um alles kümmern und so das Entstehen von Selbstständigkeit gar nicht erst zulassen.

Das Phänomen der Hubschrauber-Eltern ist vergleichsweise neu. Entstanden aus der an sich schönen Idee, sich aufs Kind einzulassen, es nicht wie früher irgendwie nebenher groß werden zu lassen, weil es schließlich noch acht oder neun weitere Geschwister gibt, weil Geld verdient werden muss und der Haushalt sich auch nicht von allein macht. Hubschraubereltern haben auch deshalb gerne nur ein Kind, weil diesem dann die ganze Aufmerksamkeit zukommen kann, all die Zeit, die man hat und auch all das Geld. Denn wer nur das Beste für sein Kind will, den Besuch des Elite-Gymnasiums beispielsweise, der wird aber so was von aktiv, wenn die Grundschullehrerin einen anderen Schultyp empfiehlt. Hauptschule beispielsweise, weil das Kind dort Erfolg haben und glücklich sein wird. Dann werden auf der Stelle die besten und teuersten Nachhilfelehrer angeheuert, bis mit Ach und Krach eine brüchige

Gymnasialempfehlung vorliegt. Schließlich ist für Hubschraubereltern jedes Schulzeugnis immer auch ein Familienzeugnis. Darum geht's den rotierenden Eltern eigentlich: ums Kind als Ausdruck eines gehobenen sozialen Status. »Von außen betrachtet, wirkt ihr Familienleben perfekt«, hat die amerikanische Familientherapeutin Wendy Mogel zu Hubschraubereltern geschrieben, »die Eltern besuchen jede Schulaufführung und jedes Fußballspiel ihrer Kinder.«[45] Bei allem mischen sie sich ein, sie sind der Feind eines jeden Fußballtrainers und jeder Leiterin der Theater-AG. Während sie denen mit ihren Ratschlägen aber nur auf die Nerven gehen, richten sie bei ihren Kindern echte Schäden an. Mogel beobachtete bei den Hubschrauberkindern Essstörungen, Bettnässen und schulische Probleme. Später gesellen sich unter Umständen noch Depressionen und Drogen hinzu. Das hält ihre Eltern aber nicht davon ab, sich später auch noch am Arbeitsplatz oder im Hörsaal ihrer Kinder blicken zu lassen, im Irrglauben, auch das sei das Beste für ihre Kinder, die inzwischen auf die 30 zugehen. Der dänische Familientherapeut Jesper Juul geht noch weiter als seine amerikanische Kollegin: »Verwahrlosung, Ignoranz und Desinteresse richteten gar weniger Schaden in Kinderseelen an als jener Narzissmus, der den Nachwuchs glücklich und erfolgreich sehen will, um sich selbst als kompetent zu erleben.«[46] Vergesst den ganzen überambitionierten Förderquatsch und den eigenen aufs Kind projizierten Ehrgeiz, raten die Therapeuten. Stattdessen sollten die Ziele sein: emotionale Stabilität und selbstständiges Handeln, die am ehesten erreicht würde durch einen gelassenen und vor allem liebevollen Umgang. Mit anderen Worten: Wir sollten die Hubschrauber am Boden lassen.

105. GRUND

Weil BRF die Fotoalben verseucht

Ratlos wühle ich mich durch die Fotos von unserem Ausflug in den Zoo. Auf dem Display des Handys, mit dem ich die Aufnahmen gemacht hatte, sah es gar nicht so schlimm aus, jedenfalls war es mir nicht aufgefallen. Also hatte ich verrückterweise (und um den guten Vorsatz umzusetzen, nicht all unsere Bilder in der Cloud verloren gehen zu lassen) gesagt: »Hey, davon mache ich Papierbilder, da haben wir dann auch später noch was davon!«

Jedenfalls habe ich die Fotos von unserem Zoo-Besuch nun ausgedruckt vor mir liegen. Doch was soll ich nur auf die Rückseite schreiben, die Gesichter der Kinder sehen so … seltsam aus; völlig unbeteiligt, irgendwie abwesend, selbst bei den Tigerbabys, die sie doch so hinreißend fanden, machen sie auf den Fotos Gesichter, als wären ebendiese Tigerbabys so uninteressant wie ein Stein. »Was ist denn mit den Kindern los?«, frage ich meine Frau: »Warum gucken die auf allen Bildern so komisch?« Meine Frau legt ihr Buch weg und blickt mir kurz über die Schulter. »Ach so«, sagt sie, und nimmt sich ihr Buch wieder, »BRF.« Ich lasse die Fotos sinken. »BR was?! Blöder Rumpelfußball? Was bedeutet BRF?« Ich werde aufgeklärt, denn dank einschlägiger Frauenmagazine weiß meine Frau Bescheid: »Bitchy Resting Face, das ist das neue Ding bei den Hollywood-Schönheiten, so gucken jetzt alle!« Ach so. Meine Frau seufzt, legt ihr Buch weg, holt eins der einschlägigen Frauenmagazine vom

Stapel und blättert es dicht vor meinen Brillengläsern durch: »Schau, Victoria Beckham, Paris Hilton, Gwyneth Paltrow …« Ich sehe dünne Frauen mit ausdruckslosen Mienen und leerem Blick. »So guckt man heute«, werde ich weitergebildet, »BRF leitet sich ab von RBF, dem ›Resting Bitch Face‹, so werden in den USA Mädchen bezeichnet, die keinen Gesichtsausdruck haben. Und dieser Gesichtsausdruck ist jetzt total in.« Ich verstehe. Nein, ich verstehe nicht. »Und wieso gucken unsere Mädchen im Zoo genauso dämlich?« Ich erfahre, dass seit Neustem die einschlägigen Frauenmagazine auch ihren Weg in unser Kinderzimmer finden. »Cool ist cool«, sagt meine Frau, »und wenn ein gelangweilter Blick das neue Cool ist, dann ist das halt so.« So viel Verständnis bringe ich heute Morgen nicht auf. »Bin ich nur froh, dass das ein reines Frauenphänomen ist, eine Art mentale Menstruation, die wir nicht kriegen«, entgegne ich. Das stimme nicht ganz, erwidert meine Frau und dreht mir den Rücken zu, um in Ruhe lesen zu können. Männer hätten diesen Blick auch drauf. »Das heißt dann RAF, Resting Asshole Face.«

106. GRUND

Weil Charles Bronson nichts gegen Mobbing ausrichten kann

Zu den Dingen im Leben eines Elters, die wahnsinnig schwerfallen, gehört das Passivbleiben, wenn das eigene Kind attackiert wird. Das ist bereits im Sandkasten so, wenn die Förmchen und die Plastikschaufeln fliegen. Wie gerne würde man den zweijährigen

Aggressor mit einem beherzten Sprung in die Sandkiste abgrätschen, noch bevor die Schuldfrage auch nur ansatzweise geklärt ist. Stattdessen schaut man sich das Schauspiel ein Weilchen an, bis die Mini-Kombattanten es selbst wieder geregelt haben, oder man strebt eine Schlichtung ohne Blutgrätsche an, also eine mit den zwei v: vernünftig und verbal. Es ist bitter, wenn das eigene Fleisch, Blut und was sonst noch angegangen wird und sich nicht verteidigen kann. Es tut weh zu sehen, wenn sich kind nicht zu wehren weiß und in der Opferrolle gefangen ist. Das wird auch nicht schöner, wenn der Sandkasten längst verlassen und durch Sportplatz, Schule und das Internet abgelöst wurde. Das Mobbing an all diesen Orten ist für die Eltern der sogenannten Opfer kaum besser zu ertragen als seinerzeit ein heftiger Rempler auf dem Spielplatz. Was tun, wenn das Kind heulend aus der Schule oder tobend aus dem Chatroom heimkommt? Sofort Opas alte Wehrmachtpistole vom Speicher holen und als Ein-Mann-Bürgerwehr für Gerechtigkeit sorgen? Führende Mobbing-Forscher raten stattdessen: Durchatmen, ruhig bleiben. Auf keinen Fall das tun, was man in diesem Moment am liebsten tun würde, nämlich den Täter zur Rede stellen. Genau das zeige den Mobbern, dass sich das Opfer nicht wehren kann, und schwäche seine Position nur noch mehr. Aus dem eventuellen Zufallsopfer werde nun ein amtliches Opfer, sagen Experten des Bremer Landesinstituts für Schule und der Techniker Krankenkasse.[47]

Bleiben ja noch die Eltern der Täter, die kann man ja zur Rede stellen, auf Augenhöhe gewissermaßen, ein offenes und energisches Vier- oder Achtaugengespräch. Nein, sagen die Fachleute, die sich Mobbing-Verhalten genau angeguckt haben, auch jetzt. Denn in den allermeisten Fällen nehmen Täter-Eltern ihr Täter-Kind in Schutz oder leugnen die Tatsachen. Und selbst wenn diese Eltern »ihren« Täter bestrafen, wird der wissen, bei wem er sich dafür zu bedanken hat. Sein Opfer wird mit ziemlicher Sicherheit bei nächstbester Gelegenheit die Konsequenzen zu spüren bekommen. Frustrierende Befunde sind das, wer will schon tatenlos zusehen, wenn seinem

Kind Fieses widerfährt. Was also raten die Fachleute, wenn Selbstjustiz nicht wirklich optimal ist? Wird das Kind im Internet gemobbt, bei Facebook und anderen beliebten Treffpunkten im Netz, dann sollten Eltern sich an den Betreiber des Netzwerks wenden. Der muss handeln, wenn's kriminell wird, dazu gehören Schmähungen, Drohungen und Beleidigungen durchaus. In ganz üblen Fällen mache es auch Sinn, die Polizei einzuschalten und unter Umständen sogar Strafanzeige zu erstatten. Auch wenn es einem der Anstand und die gute Kinderstube doch immer nahelegt, Dinge erst einmal selbst anzusprechen und zu klären, bevor man petzen geht. Doch was nützt es, wenn es nichts nützt. Wenn die Schule der Ort des Psychoterrors ist, dann sollten Eltern ebenfalls Dritte ansprechen: den Klassenlehrer oder die Schulleitung, die dann unter Umständen schulische Beratungsstellen hinzuzieht. Einer der besten Zeugen des Psychoterrors wäre das betroffene Kind, doch das bleibt besser zu Hause. Es sollte nicht mitgenommen werden zum Lehrergespräch, so die Experten, weil die Konfrontation belastend sei und Schuldgefühle verstärke. Besser schaut es sich in der Zeit schöne DVDs an: *Ein Mann sieht rot* mit Charles Bronson oder andere krude Selbstjustizspektakel zum Beispiel. Dann geht's einem doch gleich viel besser als beim Termin der Eltern in seiner Schule. Wäre manchmal doch alles nur so einfach wie in Hollywoods Rachefantasien …

107. GRUND

Weil Schuleschwänzen illegal, aber legitim ist

Darf man die Schule schwänzen? Nein. Muss man die Schule schwänzen? Natürlich! Es gibt in jedem Schülerleben Momente, da kommt man morgens nach sorgfältigem Hin-und-her-Wälzen auf der durchgeschwitzten Matratze zu dem Schluss: »Am besten bleibe ich heute zu Hause.« Die Gründe für diese Entscheidung sind mannigfaltig. Meistens steht im Unterricht irgendetwas auf dem Stundenplan, was noch nicht zu 100 Prozent vorbereitet ist, nicht einmal zu fünf: »Erkläre die Außenpolitik der Weimarer Republik unter Gustav Stresemann.« Tja, wer war noch mal Stresemann, und wo ist Weimar, wenn man's braucht?! Und woher soll ich in Mathe denn schon wissen, was Tangenten sind, wenn ich mich eben noch für Tigerenten interessiert habe?! Oder es steht Zirkeltraining im Sportunterricht an, die dämlichste Übung seit Erfindung des Rhön-rads! Vielleicht war auch einfach die Oberstufenparty am Vorabend ziemlich lang, und der letzte Wodka-Red-Bull war schlecht. Lauter gute Gründe, heute ausnahmsweise mal auszusetzen und einen Tag Sabbatical zu nehmen.

Die entscheidende Frage, die im Bett zu beantworten ist, lautet: Weihe ich meine Eltern ein und hoffe auf ihr Verständnis, weil sie doch selbst neulich noch beim Gartenfest damit geprahlt haben, wie sie seinerzeit mit dem alten Golf spontan für drei Schultage nach Südfrankreich ans Meer gefahren sind? Oder beginnt die große

Schwänzstory am besten schon am Frühstückstisch? Eine gute und glaubwürdige Schwänzlegende fällt nicht einfach so vom Himmel, da ist mehr Fantasie gefragt als im Deutschunterricht, wenn das Aufsatzthema lautet: »Was mag ich an Goethes Gedichten?«

Im Internet finden sich in den einschlägigen Schüler-Foren ganze Baukästen mit den prächtigsten Anregungen für erfolgreiches Schwänzen. So der Kniff mit der vorgetäuschten Bindehautentzündung: »Zahnpaste unter und über die Augen schmieren, zehn Minuten dran lassen, abwaschen und das Ganze noch mal. Deine Augen sind dann ein bisschen geschwollen und rot. Hab damit sogar 'nen Arzt getäuscht«, preist ein pfiffiger Vertreter des gepflegten Schwänzens seine Methode. Auffällig allerdings in dem Forum ist, dass die meisten Schüler nicht mit tollen Tipps zum Täuschen aufwarten, sondern mit dem Gegenteil: »Geh doch einfach hin!«, wird dem armen Schüler mehrheitlich geraten, der doch gerade nicht gehen will und deshalb im weltweiten Netz nach Hilfe ruft. Ein anderer formuliert es fast schon staatstragend: »So bringt man's nicht weit in der freien Wirtschaft. Los, Popo hoch, und zur Schule gehen.«

Falls irgendwen da draußen meine Position interessiert: Ich halte Schwänzen in Dosen für so legitim wie das Recht auf Sitzenbleiben, wie das Recht auf Hitzefrei, wie das Recht des Klassenclowns auf Kreideverstecken. Was eine homöopathische Schwänz-Dosis ist? Nicht unbedingt diese: Auf knapp 1.000 Fehltage hat es ein Berliner Teenager gebracht. Dass er die Schule ohne Abschluss verlassen musste, ist übel, noch übler ist, dass er weder lesen, schreiben noch rechnen kann. Seine Mutter wurde vom Amtsgericht wegen Verletzung der Fürsorge- und Erziehungspflicht zu neun Monaten Haft auf Bewährung verurteilt.

Die Schulpflicht gilt ab dem sechsten Lebensjahr; wird sie grob verletzt, ist es sogar denkbar, dass ein i-Dötzchen von der Polizei abgeholt wird. Mit Blaulicht zur Grundschule gefahren zu werden, da drücken sich die Mitschüler bestimmt die Nasen an den Fensterscheiben platt, aber es gibt schönere Arten, Respekt zu bekommen.

Gemein ist auch, dass nicht einmal Stunden geschwänzt werden dürfen, die sowieso ausfallen, weil Lehrer ausfallen. Es gibt bundesweit keine gesetzliche Regelung für die Höchstzahl an Vertretungsstunden. Wenn also zum wiederholten Male eine überforderte Hilfskraft vorne am Pult steht und nicht recht weiß, was sie tun soll, dann sollten wir Eltern ein kleines bisschen Verständnis aufbringen, wenn am nächsten Morgen die Kinderaugen geschwollen und die Zahnpastatube leer ist.

108. GRUND

Weil Kettenbriefe nicht aufhören zu nerven

Neu sind sie ja nicht, sie sehen heute nur anders aus und kommen per Mail oder SMS: Kettenbriefe. Früher waren es tatsächlich echte Briefe, die einem in den Postkasten flatterten und meist nur ein Ziel kannten: unglaublichen Reichtum in kürzester Zeit zu ermöglichen! Mitunter traf das ja auch für die ersten Absender eines Briefs zu, in dem es ungefähr hieß: »Schicken Sie mir 100 (200, 500, 1.000 …) Mark und schreiben Sie diesen Brief achtmal ab.« Ja, abschreiben! Es waren die dunklen Jahre zwischen Erfindung der Blaupause, die aber nur der Dorfpfarrer und der Hausmeister in der Grundschule hatten, und des Kopiergeräts. Das aber stand wiederum nur in den modernsten Firmen der modernsten Papis und durfte zu Privatzwecken nicht angerührt werden. Also wurde der Brief von Hand achtmal abgeschrieben, in dem es so weiterging: »Verschicken Sie diese Briefe an acht Bekannte, so werden Sie in kürzester Zeit 800 (1.600, 4.000, 8.000 ...) Mark erhalten.«

Für skeptische Briefempfänger wurden dann noch einige »unglaubliche Erfolgsgeschichten aus dem persönlichen Bekanntenkreis« aufgeführt: Ein Mann in den USA konnte in kürzester Zeit von einer Mülltonne in Manhattan in eine Villa in Miami umziehen, eine Frau in England habe 50 Waisenkindern ein neues Heim spendieren können, irgendwer mit einer unheilbaren Krankheit konnte dank der Kettenbrief-Millionen plötzlich die besten Ärzte finanzieren und habe jetzt das Golf-Handicap eines Tiger Woods.

Mir fehlten leider die finanziellen Mittel, um diesen fantastischen Verlockungen zu erliegen, allerdings habe ich auch nie einen Mann wie den aus Amerika, eine Frau wie die aus England oder einen wundergeheilten Golfspieler kennengelernt. Ich habe, um genau zu sein, noch nie einen Menschen getroffen, der sein Glück mit diesen Briefen gemacht hätte. Die, die sich tatsächlich eine goldene Nase verdient hatten, die erste und vielleicht noch zweite Generation der Absender nämlich, die schwieg, weil sie wusste, dass alle späteren Mitspieler bei diesem Schneeballsystem nur verlieren konnten und vielleicht ein bisschen böse waren.

Weil diese Kettenbriefe ja sogar etwas Spielerisches und Kommunikatives haben neben den tollen Versprechungen, erfreuen sie sich auch heute noch großer Beliebtheit – auch bei Kindern und Jugendlichen. Und weil unsere kleinen PISA-Versager (siehe nächster Grund) auch nicht mehr genötigt sind, den Text achtmal handschriftlich abzuschreiben, sondern mit Copy & Paste operieren können, mit Mail-Verteilern oder WhatsApp-Gruppen, weil sie die »unglaublichen Erfolgsgeschichten« mit Emoticons auf stumpfe Trottel-Symbole runterkürzen, erleben Kettenbriefe eine digitale Renaissance. Weil Geld abstrakt, aber die Pubertät konkret ist, winkt kein Geldsegen mehr, sondern »schon ganz bald ein toller Boyfriend«. Oder Girlfriend. Oder super neue Freunde. Da es bei diesen Mails aber nichts zu verdienen gibt für ihre Erfinder, geht es offenbar um eine ganz seltsame Art von Vergnügen. Seltsam auch deshalb, weil die Absender die Wirkung ihrer Ketten-Mails oder SMS in der Regel gar nicht mitbekommen. Es sei denn, ihre Nachrichten bringen es in die Zeitung. So wie eine Todesdrohung, die beim Messenger-Dienst WhatsApp die Runde machte. Wer die anonyme Sprachnachricht nicht weiterleite, hieß es bedrohlich in der Sprachnachricht, dessen Mutter werde sterben. Bevor es dazu kommt, sollte Mutter noch mal kurz und in aller Ruhe den wichtigsten Befehl beim Umgang mit PC oder Smartphone erläutern: Löschen!

109. GRUND

Weil noch immer der PISA-Schock schockt

2001 schockte eine Studie namens PISA die Republik. Das »Programme for International Student Assessment« beziehungsweise »Programm zur internationalen Schülerbewertung« beziehungsweise PISA hatte ergeben, dass Deutschlands Schüler die Deppen Europas sind. Unsere 15-Jährigen lagen in allen getesteten Bereichen, also in Lesen, Mathematik und in den Naturwissenschaften, im internationalen Vergleich im unteren Drittel. Deutschland wurde ein veraltetes, ineffektives und ungerechtes Bildungssystem attestiert. Das uns! Land der Denker und Dichter, und der Deutschlehrer. Waren wir uns nicht immer sicher gewesen, mit unserem dreigliedrigen Schulsystem richtigzuliegen? Waren nicht didaktische Methoden und unsere Lehrstoffe über allen Zweifel erhaben? Schließlich haben wir den VW Käfer erfunden und die Kopfschmerztablette, den Buchdruck und das Papier praktischerweise gleich mit, den Gartenzwerg, das Reinheitsgebot fürs Bier, das Vakuum, das Motorrad und dazu passend die Röntgenstrahlung. Zündkerze auch und Thermosflasche. Relativitätstheorie, Kaffeefilter, Gummibärchen … Sollen wir plötzlich so doof geworden sein? Ja, behauptete PISA, bis auf Weiteres seien von uns keine neuen Gummibärchen oder neue noch geilere Relativitätstheorien zu erwarten. Eltern und Lehrer, Politik und Wirtschaft waren alarmiert. Ganz besonders die Wirtschaft, die jeden wissen ließ, dass wir so den internationalen Anschluss verlieren und schon bald nicht mehr wettbewerbsfähig sein werden. Diese Aussicht wiederum alarmierte viele engagierte Eltern, für die nichts wichtiger ist, als dass ihre Kinder fit sind für den globalen Wettbewerb, aus dem sie dann bitte schön auch als Gewinner hervorgehen sollen. Das war die Stunde der Frühförderung. Denn wenn die Schule nicht mehr gewährleisten kann, dass das kleine Basteltalent aus dem Kinderzimmer in spätestens 20 Jahren mit einem Physiknobelpreis nach Hause kommt, dann muss man ja mal wieder alles selbst machen! Schnell anmelden zu »Business-Chinesisch ohne Vorkenntnisse« und »Schneller krabbeln mit Ergo-Coaching«. Hinsichtlich des Wettbewerbs auf den Weltmärkten hat die Frühförderung ja auch noch einen ganz entscheidenden Vorteil der Schule gegenüber: Frühförderung kostet richtig viel Geld, und das hat nicht jeder. Und wer es nicht hat, der ist schon mal raus aus dem Rennen um die obersten Plätze auf dem ökonomischen Siegertreppchen!

Im Studium habe ich mich regelmäßig mies gefühlt, wenn ich durch die langen fensterlosen Gänge ging, dem Ausgang entgegen, mit dem schönen Ziel Biergarten, wo schon Kommilitonen warteten. Blöderweise waren die langen fensterlosen Uni-Gänge mit Tischen möbliert, an denen Studenten saßen, die wie Bolle büffelten, solo oder in hochkonzentrierten Lerngruppen. Jeder Tisch, der unter dem Gewicht der Bücher und schwer Studierenden nachgab, machte mir ein schlechtes Gewissen und ruinierte die Vorfreude aufs naturtrübe Hefeweizen. So ähnlich geht's mir heute als Vater, wenn ich lese oder höre, was für ein gigantisches Frühförderungsangebot es gibt: Computergestütztes Wirtschaftsenglisch, Fit for Physik, Method Acting im Bällchenbad, Nietzsche spielerisch entdecken … Und ich? Ich lasse meine Kinder verblöden, liefere die PISA-Versager von morgen. Nur weil ich spielen will. Mit meinen Kindern. Die auch spielen wollen: mit einem Ball, einem Lenkdrachen, den Kaninchen oder mir. Und die ich danach auf eine Limo (im Biergarten) einladen möchte. Dort angekommen, wünsche ich mir, dass die Schulen die PISA-Probleme gut und gründlich in den Griff bekommen, ohne dass ich der Frühförderungsindustrie Geld in den Rachen schmeißen muss, nur um die Wirtschaft wieder anzukurbeln. Nein, das möchte ich nicht und beschließe, auf der Bierbank vor der Wirtschaft sitzen zu bleiben.

110. GRUND

Weil die Einschulung eine Pein ist

Quizfrage: Wenn Eltern strahlen und Kinder weinen, dann sind wir a) beim Zahnarzt oder b) vor einem beruflich bedingten Umzug in eine fremde Stadt oder c) bei der Einschulung. Wahrscheinlich stimmt alles bis auf a). Hier soll es aber um c) gehen, um jenen großen Tag nach den Sommerferien, an dem viele Kinder am liebsten in ihren Schultüten verschwinden würden, in denen allerdings kein Platz mehr ist vor lauter Kalorien darin. So versuchen die Kinder, wenigstens hinter diesen knallbunten Behältern in Deckung zu gehen. Doch ihre Eltern und Großeltern kennen kein Erbarmen: »Nu lach doch mal fürs Foto, jetzt strahl doch mal, jetzt zeig mal, dass das der schönste Tag in deinem Leben ist!« Doch das Kind strahlt nicht und ist auch gar nicht davon überzeugt, dass das ein schöner Tag ist. Von den engsten und besten Kindergartenfreunden musste man sich trennen, weil deren Eltern meinen, dass eine andere Schule praktischer, besser oder näher sei. Die Kindergärtnerinnen vermisst man auch schon, den einzigen Kindergärtner, den man hatte, ebenfalls. Sogar die gestrenge Kita-Leiterin war einem am Ende irgendwie ans Herz gewachsen. Und jetzt? Alles neu! Alles ist größer, riecht anders, auf den Kreidetafeln in den Klassen, in die verstohlene Blicke geworfen wurden, sind seltsame Zeichen zu sehen, unlesbare Wörter und viel zu viele Zahlen: 3 x 6 – das kann doch kein Mensch ausrechnen!

»Na, freust du dich?«, fragt die angereiste Tante aus Wuppertal, »Ja, du freust dich«, gibt sie sich selbst eine Antwort, bevor eine ganz andere Antwort aus dem Kindermund erklingen könnte. Um den Neuankömmlingen zu demonstrieren, wie super drauf alle Schulkinder sind, sollen die Schulkinder ein Lied singen. Ein musikalischer Willkommensgruß in möglichst vielen fremden Sprachen. Soll das Englisch sein? Das klingt im Radio aber anders! Können wir jetzt nach Hause gehen? Nein, noch lange nicht. Schließlich hat nicht nur der Kindergarten eine gestrenge Leiterin, auch die Schule hat einen Boss oder eine Chefin. Aus Gründen, die wohl niemals ergründet werden können, bauen sich Boss oder Chefin gerne mit fiependen und rückkoppelnden Mikrofonen auf und erzählen ein Gleichnis. Das vom kleinen Frosch zum Beispiel. Der kleine Gleichnisfrosch nimmt an einem Wettbewerb teil, in dem es darum geht, einen hohen Turm zu erklimmen. Viele Frösche sind in diesem Gleichnis zusammengekommen, um dem Treiben beizuwohnen.

Ganz anders als in allen Wettbewerben, die ich kenne – einmal abgesehen von *Deutschland sucht den Superstar* –, feuern die Zuschauer die Kletterfrösche aber nicht an, sondern lassen ihrem Pessimismus freien Lauf. »Das schafft ihr nie!«, rufen die negativen Frösche, und tatsächlich gibt ein Gleichnisfrosch nach dem anderen entmutigt auf. Nur der kleinste Frosch macht unbeeindruckt weiter und hat das Ziel bald erreicht. An dieser Stelle machen Schulboss oder Chefin eine viel zu lange Kunstpause. Dann nun wollen sie von den Kindern wissen, wie der kleine Gleichnisfrosch geschafft hat, was die anderen Gleichnisfrösche nicht schafften. Die Stille, die nun folgt, ist Stille der Ratlosigkeit. Irgendwann meldet sich das erste Kind und mutmaßt, dass ein unsichtbares Trampolin im Spiel war. Keine doofe Antwort, aber das Blöde an Gleichnissen ist, dass außer der richtigen Antwort gar keine anderen zugelassen sind: »Hm, ja, Trampolin, gut, das heißt, nein, wer hat vielleicht noch eine andere Idee?« Es folgt eine Antwort, die eine beachtliche frühkindliche Allgemeinbildung verrät: »Der kleine Frosch war gedopt!« Gelächter im Publikum, Irritationen beim Lehrkörper. Dann endlich die Auflösung: »Der kleine Frosch«, so Boss oder Chefin, »ist taub und konnte die entmutigenden Äußerungen des Publikums gar nicht verstehen und hat deshalb seinen Weg nach oben unbeirrbar fortgesetzt.« Ein meisterliches Gleichnis für eine Einschulung: Stell dich taub, dann läuft's auch in der Schule!

Ach, wäre die Schultüte doch schon leer, man könnte sie sich über den Kopf ziehen am schönsten Tag des Lebens, der vor allem rätselhaft ist, seltsam und fremd.

111. GRUND

Weil der Sack zu ist

Zum Abschluss dieser kleinen Sammlung von 111 guten Gründen, Kinder auf den Mond zu schießen, stellt sich eine logische und konsequente Frage an mich selbst: »Hättest du gerne weitere Kinder?«

»Ehrliche Antwort?« – »Ich bitte darum!« – »Gut. Meine Antwort lautet ganz eindeutig: Vielleicht ja.« – »Aha. Wirst du also welche kriegen, also ich meine: haben, also ich meine: machen?!« – »Ganz großes Ehrenwort – meine Antwort lautet: Nein! Der Drops ist vom Eis, die Kuh gelutscht, der Käse vom Tisch oder anders gesagt: Der Sack ist zu.« – »Hä, wie jetzt?« – »Sack weg – Vasektomie!!« – »Aua. Musste das denn sein?«

Ja, es musste sein. Zum einen, weil ich so langsam mal meine Frau in der Abteilung Verhütung abklatschen musste. Ein gefühltes halbes Jahrhundert mit Pillen in allen Formen und Farben, oder mit obskuren Kalendermethoden: »Jetzt schnell, nee warte, doch nicht, ich hab mich um einen Monat vertan. Du kannst doch so lang noch warten, ja?!« – »Na klar, Schatz (grummel).«

Alles wurde durchprobiert. Schaumteppiche wurden gelegt wie bei einer Feuerwehrübung auf dem Frankfurter Airport. Ganz zu schweigen von High-Tech-Instrumenten wie dem Computer, der mittels Teststäbchen aus dem Morgen-Pipi die Hormone misst und die fruchtbaren Tage bestimmt. Vor allem die unfruchtbaren. Denn um die ging es lange ja. Um die Tage und Nächte, an denen an den Mini-Rechnern das grüne Licht aufleuchtete und herrliche unfruchtbare Stunden ankündigte. Faustregel und Eselsbrücke bei den Freunden dieser besten Erfindung seit dem Eierkocher: Grünes Licht – Liebespflicht, Lampe rot –Wichsen droht! Doch dieser Taschenrechner der Liebe verlangte eine präzise Handhabung und einen noch präziseren Mittelstrahl. Sonst Systemabsturz und dauerrotes Licht. Meine eigenen Beiträge zur Verhütung waren rar, meistens schlecht durchgeführt und abtörnend: Gummis (»Ui, ich war mir sicher, ich hätte noch eins«) oder rechtzeitig rausziehen (»Ui, das war aber knapp«). Alles, was Männern keinen Spaß macht. Frauen auch nicht, deshalb war sie es, die irgendwann ganz beiläufig damit anfing: »Oh, guckst du gerade Zweitliga-Fußball? Spannend! Kann ich mitgucken?« Ich ahnte, dass etwas Unerfreuliches kommen würde, doch ich rechnete nicht mit dem Todesurteil für seine Majestät, den kleinen Prinzen. »Hör mal«, säuselte sie, »das machen jetzt alle Männer, der Didi, der Ecki, der …« – »Was genau machen die?«, wollte ich jetzt wissen. – »Vasektomie, das ist so ein winziger Eingriff, bei dem die Samenleiter durchtrennt und deren Enden verödet werden.« Wieso wusste meine Frau, wie es in meinem Hodensack aussah? Und warum wollte sie Gottes Meisterstück kaputt machen? »Wenn wir keine weiteren Kinder wollen, fände ich es nur fair, wenn du die Konsequenzen trägst.«

Mit diesem Appell ans Ehrgefühl hat man früher Offizieren Harakiri nahegelegt. Ich war bereit, meine Hoden bis zur letzten Patrone zu verteidigen, dafür gab's fürwahr gute Argumente, mir fiel nur kein einziges ein. Ich schaute an mir herunter: Adieu, mein Freund, dachte ich, schloss die Augen, sah eine riesenhafte Guillotine und einen Henker. Er grinste dämonisch und hatte Brüste. Wenige Wochen später hatte ich meinen Termin. Was soll ich sagen, da, wo der Doc in wenigen Minuten das Ende meiner Vermehrungskapazitäten besiegelte, hatte ich schon schönere Erlebnisse. Während des Eingriffs lief das Radio. Das passt, dachte ich, die Toten Hosen. Ich werde also keine weiteren Anlässe liefern, noch mehr Gründe zu finden, Kinder auf den Mond zu schießen. Ich konzentriere mich jetzt voll und ganz auf die, die da sind. PS: Mein Arzt und Eierdieb hat übrigens gesagt, dass eine Vasektomie auch rückgängig zu machen ist.

Anmerkungen

1 Juul, Jesper: Ich kämpfe täglich mit deutschen Müttern. In: Die Zeit, Nr. 09/2010

2 Skynner, Robin; Cleese, John: … Familie sein dagegen sehr. Junfermann 2006 (6. Auflage)

3 Fried, Amelie: Die StörenFrieds. Mosaik 1995

4 Familien Leitbilder. Vorstellungen, Meinungen, Erwartungen. Hg. Bundesinstitut für Bevölkerungsforschung, Wiesbaden Juni 2013

5 Verrückte Vornamen für Kinder: Nicht jeder ist erlaubt. dpa-Meldung, 17.9.2009. Eingesehen unter: lifestyle.de.msn.com/leben/leben.aspx?cp-documentid=149751004

6 n-tv-Meldung, 11.9.2008. Eingesehen unter: www.n-tv.de/ratgeber/Verbotene-Kindernamen-article22148.html

7 Hornby, Nick: About a Boy, Kiepenheuer & Witsch, 1998

8 Milsch, Torsten: Mutti ist die Bestie: Die heimliche Diktatur vieler Mütter. Piper 2013

9 Rousseau, Jean-Jacques: Emil oder über die Erziehung. UTB 1998 (13. Auflage)

10 Brasch, Christine: Ordnung im Kinderzimmer. In: Eltern, Nr. 2/2009

11 www.rki.de/DE/Content/Kommissionen/STIKO/Empfehlungen/Aktuelles/Impfkalender.html

12 www.kidsgo.de/baby-kinder-gesundheit-36/impfen-pro-contra.php

13 Familien Leitbilder. Vorstellungen, Meinungen, Erwartungen. Hg. Bundesinstitut für Bevölkerungsforschung, Wiesbaden Juni 2013

14 ernaehrungsstudio.nestle.de/start/kindundfamilie/kleinundkindergartenkinder/PlatzfuerLeckereien.htm

15 www.centerforamerica.org

16 Schweiger, Til: Ich spiele aus Prinzip keinen Nazi. In: Zeit Magazin, Nr. 40/2012

17 Zollinger, Barbara: Die Entdeckung der Sprache. Haupt Verlag, 2010 (8. Auflage)

18 Buß, Christian: Götter in Windeln – BR-Polizeiruf über Elternwahn. Spiegel Online, 27.9.2013. Eingesehen unter: www.spiegel.de/kultur/tv/muenchner-polizeiruf-ueber-elternwahn-mit-matthias-brandt-a-920657.html

19 www.babyprofi.de/BUGABOO+Cameleon+3+Special+Edition+All+Black+inkl-+Bekleidungsset.htm

20 www.baby-walz.de/BUGABOO-CAMELEON-Kombikinderwagen-Cameleon-VictorRolf-506596.html

21 ebd.

22 www.kinderaerzte-im-netz.de/bvkj/aktuelles1/show.php3?id=4664&nodeid=26

23 Peterson, Andrea: Study Says Yelling Is As Hurtful as Hitting - Parents Who Yell at Teens Can Increase Risk of Depression and Aggression. The Wall Street Journal, 4.9.2013. Hier zitiert nach: www.advisory.com/daily-briefing/2013/09/05/study-yelling-screaming-at-kids-can-be-as-hurtful-as-hitting

24 www.goldener-windbeutel.de/die_wahl/die_kandidaten/index_ger.html

25 ebd.

26 www.handelsblatt.com/panorama/aus-aller-welt/foodwatch-studie-722-8-millionen-euro-allein-fuer-werbung/6321500-2.html

27 www.spiegel.de/fotostrecke/fotostrecke-foodwatch-sucht-den-goldenen-windbeutel-2013-fotostrecke-95631-5.html

28 www.focus.de/gesundheit/news/tid-31238/tid-31239/foodwatch-vergibt-negativpreis-capri-sonne-erhaelt-den-goldenen-windbeutel-2013_aid_991433.html

29 www.bild.de/news/inland/kindergaerten/kita-wirft-kind-raus-29675048.bild.html

30 Lindgren, Astrid: Pippi im Taka-Tuka-Land. Oetinger 2007

31 Preußler, Otfried: Die kleine Hexe. Thienemann 1957 (74. Auflage)

32 cms.thienemann.de/daten/dokument/leseprobe/9783522176507.pdf

33 Bueb, Bernhard: Lob der Disziplin. Eine Streitschrift. Rowohlt 2008

34 www.bild.de/ratgeber/kind-familie/kindererziehung/deutschland-nicht-kinderfreundlich-neue-studie-28186254.bild.html

35 ebd.

36 www.menshealth.de/food/fast-food/die-zehn-kalorienreichsten-suessigkei-ten.104732.htm

37 Schwabe, Alexander: Ich bin ein Zombie, und ich lerne wie eine Maschine. Die Zeit, Nr. 02/2009

38 Bergheim, Wolfgang: Kleine Jungs – große Not: Wie wir ihnen Halt geben. Beltz 2008

39 Bergmann, Wolfgang: Jungs von heute – verweichlicht und verweiblicht. Die Welt, 23.2.2010

40 Chua, Amy: Die Mutter des Erfolgs. Wie ich meinen Kindern das Siegen bei-brachte. DTV 2012

41 Mansbach, Adam: Verdammte Scheiße, schlaf ein! DuMont 2011 (5. Auflage)

42 Kast-Zahn, Annette, Morgenroth, Hartmut: Jedes Kind kann schlafen lernen. Gräfe und Unzer 2007

43 Czermak, Barbara: »Mein Kind ist ja so hochbegabt!«. Eingesehen unter: www.eltern.de/schulkind/erziehung-und-entwicklung/kind-hochbegabt.html?page=1

44 www.stern.de/panorama/geburtenziffer-in-deutschland-frauen-bekommen-wieder-weniger-kinder-1897740.html

45 Padtberg-Kruse, Carola: Kinder-Psychologie. Zu viel des Guten. Spiegel Nr. 33/2013

46 ebd.

47 www.tk.de/tk/saarland/pressemitteilungen-2014/pressemitteilungen-2013/518876

52 WUNDERBARE WOCHENENDEN

FANTASIEVOLLE, PRAXISERPROBTE TIPPS FÜR DIE GANZE FAMILIE –
EIN INSPIRIERENDER RATGEBER!

52 WUNDERBARE WOCHENENDEN
LUSTIGE, VERRÜCKTE UND SCHÖNE IDEEN
FÜR DIE GANZE FAMILIE
Von Sabine Bohlmann
232 Seiten, Taschenbuch
ISBN 978-3-86265-223-5 | Preis 9,95 €

Langweilige Wochenenden gibt es bei Sabine Bohlmann nicht. Wie wäre es mit einer Reise in die Vergangenheit? Oder einer Fotosafari? Wie sieht ein Wochenende aus, an dem man kein Geld ausgeben will? Kann man zwei Tage ohne Strom verbringen? Und faulenzen auf Kommando – geht das?

»52 wunderbare Wochenenden« enthält neben unterhaltsamen Anekdoten aus Sabine Bohlmanns eigenem Familienleben zahlreiche konkrete Vorschläge für eine abwechslungsreiche Freizeit mit Kindern, seien es Bastelanleitungen, Rezeptvorschläge oder Spielideen. Ganz oben auf der Liste steht allerdings der Hinweis: Alles kann, nichts muss! So verstehen sich die fantasievollen Tipps in erster Linie als Anregung, die kostbare gemeinsame Zeit zu genießen.

Ein liebevoller, kreativer Ratgeber, der in keiner Familie fehlen sollte.

DER AUTOR

Martin Klein, Jahrgang 1965, hat sich wie viele Männer seiner Generation erst spät für das entschieden, was er lange Jahre ausgeschlossen hatte: Kinder. Bei der Niederschrift dieses Buchs waren seine beiden Töchter fünf und acht Jahre alt. Er kann allerdings gefühlte 40 Jahre Erfahrung in der Kinderzimmerhölle vorweisen. Dieser entkommt er erst, nachdem er seine Jüngste im Kindergarten abgeben hat, um dann für die WDR-Sendung ZIMMER FREI! zu schreiben. Nach 111 GRÜNDE, MOTORRAD ZU FAHREN ist dies sein zweites Buch im Schwarzkopf & Schwarzkopf Verlag.

Martin Klein
111 GRÜNDE, IHR KIND AUF DEN MOND ZU SCHIESSEN
(UND NOCH MEHR, ES NICHT ZU TUN)
*Wie Sie entspannt bleiben und die ersten Jahre mit den kleinen
Nervensägen mehr oder weniger gut gelaunt überstehen*

ISBN 978-3-86265-358-4

KATALOG
Wir senden Ihnen gern kostenlos unseren Katalog.
Schwarzkopf & Schwarzkopf Verlag GmbH
Kastanienallee 32, 10435 Berlin
Telefon: 030 – 44 33 63 00
Fax: 030 – 44 33 63 044

INTERNET | E-MAIL
www.schwarzkopf-schwarzkopf.de
info@schwarzkopf-schwarzkopf.de